大是文化
THE BRITISH MUSEUM
BBC

看得到的世界史（下）

A History of the World in 100 Objects

大英博物館館長
尼爾・麥葛瑞格 Neil MacGregor／著
劉道捷・拾已安／譯

獻給我在大英博物館所有的同事

目錄

CONTENTS

上冊

第2篇 冰河期後的食與性（西元前九千年~西元前三千五百年）

目錄
CONTENTS

上冊

第3篇　最早的城邦與國家（西元前四千年～西元前兩千年）

第4篇 科學與文學的起源（西元前兩千年～西元前七百年）

第5篇 舊世界，新勢力（西元前一千一百年～西元前三百年）

目錄

CONTENTS

上冊

第7篇

帝國締造者（西元前三百年～西元十年）

目錄

CONTENTS

上冊

第8篇　古代玩樂，現代刺激（西元一年～西元五百年）

第9篇 世界信仰的興起（西元一百年～西元六百年）

第10篇 絲路綿延不絕（西元四百年～西元八百年）

目錄

CONTENTS

上冊

下冊

第12篇

朝聖者、劫掠者與經商者（西元八百年～西元一千三百年）

目錄

CONTENTS

下冊

第13篇　身分地位的象徵（西元一千一百年~西元一千五百年）

第14篇 面見諸神（西元一千兩百年～西元一千五百年）

第15篇 現代世界的開端（西元一三七五年～西元一五五〇年）

目錄

CONTENTS

下冊

第17篇

宗教寬容與不寬容（西元一五五〇年～西元一千七百年）

目錄

CONTENTS

下冊

第18篇 探索、剝削與啟蒙（西元一六八〇年～西元一八二〇年）

第19篇 大量生產、大眾宣傳（西元一七八〇年～西元一九一四年）

第20篇 我們所製造的世界（西元一九一四年～西元二〇一〇年）

目錄

CONTENTS

下冊

第11篇

殿堂深處：宮廷的祕密

西元七百年～西元九百年

本篇將透過掌權者的私密文物，探討世界各地偉大王室的宮廷生活。儘管這些文物的由來各不相同，卻都能讓這個世界的當權者，一而再、再而三彰顯自己充分的統治權威──對自己、對百官、還有對他們的神明。

有時候，這些文物也顯示出當權者如何看待伴隨統治權威而來真正的職責。中國的唐代文明、伊斯蘭帝國和中美洲的馬雅文明，都在這幾百年間來到全盛時期。歐洲在中世紀時雖然幾度陷入混亂局勢，卻還是擁有極高的藝術成就，例如法蘭克王國時期的藝術成就。

▼巨大城市為何被遺忘在叢林深處

51 馬雅王室放血浮雕

石浮雕，來自亞旭蘭城（位於墨西哥恰帕斯州）；西元七百年—西元七五〇年；
高一百零九公分、長七十八公分、厚六公分。

在上位者的日子其實並不好過：工作時間長、得在公眾面前曝光、責任又重大——至少，他們希望我們這麼認為。然而，我們大多會反駁，他們也得到了相應的地位和薪俸，而且許多人似乎也願意勉為其難地接受這種特殊的利益交換。不過，如果權貴階級的日常工作，包括必須經歷這幅石雕作品裡的折磨與酷刑，那不管在上位者享有多大的特權，每個人在羨慕他們之前，都會重新考慮。我甚至不忍心直視這幅浮雕的圖像。

這是一幅石灰岩浮雕，約有小茶几那麼大，長方形的畫面裡有兩個人，站著的是男性，手上拿著燃燒的火把，旁邊跪著的是女性，兩人都盛裝打扮，戴著極其奢華的頭飾。到目前為止還沒什麼，但如果你再仔細觀察這個女性，整個畫面就變得令人惴惴難安，因為你可以看到，她正拉著一條繩子刺破自己的舌頭，繩子上結滿了刺，刺穿並劃傷了她。

以我這個易受驚嚇的歐洲人來看，這真是令人瞠目結舌的一幕，但是對西元七百年左右的馬雅人來說，這一幕卻表明了國王與王后宗教上的夥伴關係，兩人正在一起完成一項攸關本身權力地位的重大儀式——國王授予王后私人建築，而且肯定只有極少數人能夠受邀觀禮。

偉大的馬雅文明在這幅石雕作品完成後沒多久，就崩潰瓦解了，徒留那些成為廢墟的城市，讓十六世紀初來乍到的西班牙訪客困惑不已。幾百年後，探險家在墨西哥南部和瓜地馬拉遊歷時，偶然發現了這些藏在叢林深處、被遺棄的巨大城市。美國探險家史蒂芬斯（John Lloyd Stephens）是第一批現代訪客之一，他在西元一八三九年，試著描述他所感受到的震撼：

> 這些矗立在雨林深處的遺跡，沉靜而肅穆，與其他民族的建築作品截然不同。我們對它們的用途、目的和整個歷史，是如此的一無所知，而能夠解釋一切的象形文字，又無人能解，以致論及遺跡是否具有任何道德上的作用時，我不敢妄下任何斷言。

馬雅的版圖涵蓋現在中美洲的宏都拉斯、瓜地馬拉、貝里斯和墨西哥南部，最早的城市出現在西元前五百年左右，只稍早於雅典興建帕德嫩神廟的時間，而且馬雅文明綿延了一千年以上，最大的城市有上萬名居民，城市的中心為金字塔、公共紀念碑和宮殿等建築。拜近來破譯馬雅文字之賜，現在我們能解讀紀念碑上難倒史蒂芬斯的象形文字，了解實際統治者的姓名與歷史。在二十世紀這段時間，馬雅不再被視為神話中消失的人種，而是曾經真實存在於歷史的民族。

這幅王后刺破自己舌頭的石雕來自亞旭蘭城。西元六百至八百年間、也就是馬雅文明古典時期的後期，亞旭蘭是一座重要的大城市，也是這個區域的權力中樞。這座城市能有如此顯赫的地位，要歸功於這幅過梁石雕上的國王盾豹王（Shield Jaguar），他七十五歲時下令進行一項建築計畫，慶賀自己成功統治六十年的豐功偉業。這幅過梁石雕，就來自獻給王后造兕夫人（Lady K'abal Xook）的神殿。

石雕中的盾豹王與王后身著華冠美服，碩大的頭飾可能是用玉和貝殼鑲嵌而成，綴以中美洲特有的長尾鳥綠咬鵑（quetzal bird）閃閃發亮的綠色羽毛。在國王頭飾的頂部，我們可以看到祭祀犧牲者已經乾癟的頭顱，可能是敵人首領的首級。國王胸前戴著一件太陽神形狀的飾品，腳上穿著美洲豹皮毛製成的斑點涼鞋，膝蓋還綁著玉做的護膝。他的妻子則是戴著精緻的項鍊和手鐲。

這幅石雕是神殿裡三幅石雕的其中一幅，每幅石雕分別擺在個別入口上方的過梁上。如果你同時觀看這三幅石雕，就會知道刺破舌頭的舉動，不只是要讓王后以血為獻祭，還要刻意造成劇烈的疼痛——經過這道儀式後，這樣的疼痛可以讓她進入迷幻的恍惚狀態。

施虐與受虐狂（SM）大都讓人觀感不佳，我們多數人都會想方設法逃避疼痛，因此刻意「自殘」，不免讓人想到不穩定的心理狀態。可是古往今來一直都有人相信，自我加諸的疼痛是通往超脫體驗的途徑。對二十一世紀的人而言，當然包括我在內，願意承受這種痛苦，真是令人難以置信。

王后讓自己承受如此劇烈的疼痛，其實是一種很了不起的虔誠之舉——她的痛苦能召喚並取悅這個國家的眾神，最終成就國王的勝利。心理治療師、同時也是女性心理作家蘇西·奧巴赫博士（Dr Susie Orbach）就認為：

如果你能在身體製造疼痛又能熬過去，就會進入一種境界，雖然不至於到狂喜的地步，但也算得上非比尋常，你會覺得自己能超脫心靈、能做點特別的事情。

我覺得這幅駭人的圖像有趣的地方，是這名女子的痛苦如此明顯。我認為現代人會隱藏自身的痛苦，我們會拿自己忍痛的能力來開玩笑，卻不會真的把痛苦展現出來。

我們在這裡看到的是某種女性能夠體會和反思的東西，儘管看起來非常誇張；這是一種女性與自我的關係、與丈夫之間的關係，或是與子女之間的。這些是男性獲取不了的東西，只有女性做了這些事、完成這些過程，才能感受到自我，讓她們的身分有了意義。我敢肯定王后一定這麼認為。

在這組石雕的下一幅圖案，我們可以看到王后自我傷害的結果。這個放血儀式和承受的疼痛，轉化了造剋夫人的意識，讓她看見承接血液的缽裡，升起神聖大蛇的幻影，蛇口出現一位揮舞長矛的戰士，也就是開創亞旭蘭王朝的先祖，這讓國王與先祖們建立了連結，因而賦與了國王統治的正當性。

對馬雅人來說，放血是悠久的傳統，標誌了馬雅生活裡所有的重要時刻，更是取得王權和神權的途徑。在十六世紀，也就是這幅石雕完成的八百年後，馬雅文明早已成了斷垣殘壁，而西班牙人卻猶能碰上存留下來的類似放血儀式，如天主教第一任猶加敦州（Yucatán）主教所描述的：

他們用自己的鮮血獻祭，有時還會把身體割得稀爛，卻置之不理，當成一種記號。有時他們以身體的某些部分獻祭，有些人會以驚險的角度刺穿自己的舌頭，並用短麥稈穿過這些孔洞，來承受可怕的痛苦；有些人會割開陽具多餘的部分（包皮），一如他們對待耳朵的方式。

這幅石雕不尋常之處，在於由女性擔綱儀式的主角。造剋夫人出身亞旭蘭的權貴家庭，國王娶她為妻，代表兩個權貴家庭的結盟。這幅特別的過梁石雕是罕見的例子，呈現出種種王后可以參與的權利和儀式。在其他的馬雅城市，我們找不到這樣的成套石雕組。

就當時的情況來說，造剋夫人的丈夫盾豹王在位時間算是非常長，但這對夫婦過世短短數十載，馬雅所有的大城市無一倖免陷入混亂，其後的馬雅紀念碑，幾乎都在描述戰爭。最後的一批紀念碑，年代為西元九百年左右。國祚千年的悠久政治制度崩潰瓦解，一度擁有數百萬民居的盛況如今罕無人煙，為什麼會變成這樣？我們至今沒有明確的答案。

最廣為大家接受的答案是環境因素。有證據顯示，這裡曾經發生長期乾旱，由於人口稠密，乾旱造成的資源減少極有可能帶來災難性的後果。然而，馬雅人並沒有就此消聲匿跡，至今許多地區仍有馬雅人的聚落，而且馬雅社會還是持續正常運作，直到十六世紀西班牙人的大征服才宣告終結。如今全世界大約有六百萬名馬雅人，而且非常重視他們的傳統。

而今，新修築的道路打開了昔日「失落」城市的通道，以此幅石雕的出處亞旭蘭城來說，

以往只能搭乘輕型飛機或是沿著河道走上幾百英里的路程才能抵達，但一九九〇年代以後，從最近的城鎮前往只需坐船一個小時，因而吸引了大批觀光客爭相造訪。

馬雅不久前出現過武裝起義，一群自稱薩帕塔民族解放軍（Zapatista Army of National Liberation）的武裝組織，曾在一九九四年對墨西哥政府宣戰，他們的獨立運動震驚了現代墨西哥。當地一齣戲劇演到西班牙征服者的雕像被推倒在地、砸成一堆瓦礫時，台詞如此宣告：「我們來到了新『馬雅時代』。」如今，馬雅人利用歷史重新爭取自己的身分，設法讓他們的遺跡和語言，再次成為全體國民生活中的重要角色。

從承接造剋夫人鮮血的缽裡，
升起神聖大蛇與先祖戰士的幻影。 ▶

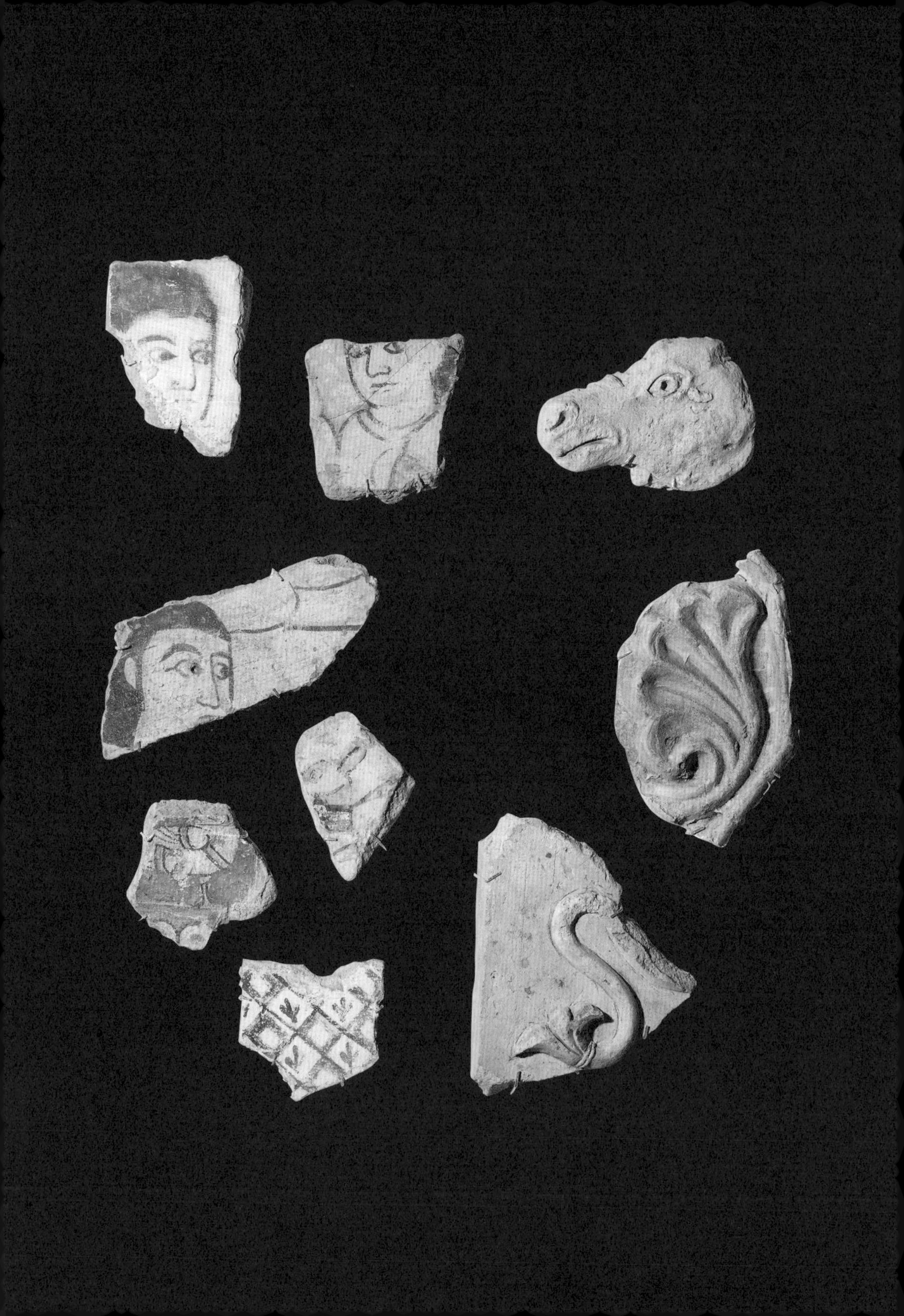

▼一千零一夜與快活之城

52 後宮壁畫殘片

壁畫殘片，來自伊拉克的撒馬拉城；西元八〇〇年—西元九〇〇年；
高十四・四公分、長十・二公分、寬三公分／高十一公分、長十・五公分、寬二・七公分。

《一千零一夜》是美麗的王后莎赫札德（Scheherazade）為了保命，不讓國王殺她，講了一千零一夜的故事，這些故事把我們帶回了一千二百年前的中東世界：

女孩圍坐在我身邊，當夜幕低垂，五個女孩起身擺設筵席，當中有許多堅果與香料，接著她們取來酒器，我們就坐著喝起酒來。女孩們全都圍坐在我身旁，有的唱歌、有的吹笛子、有的吟誦詩篇、有的彈著魯特琴或其他各種樂器。在酒足飯飽、杯觥交錯之際，我開心得忘卻世上所有的悲傷，我告訴自己：「這就是人生，唉，稍縱即逝的人生。」然後她們對我說：「主人，請從我們當中挑選您想要共度良宵的人。」

莎赫札德就這樣，用這些永遠未完待續的誘人故事，來取悅國王。

今天我們對《一千零一夜》的認識，是透過好萊塢和童話劇那些曲解事實的濾鏡而來的，它們召喚出萬花筒般令人目不暇給的角色：辛巴達、阿拉丁、巴格達盜賊；哈里發與魔法師，高官與商人；還有一大堆女孩子，她們許多都是奴隸之身，卻聰明又敢直言。我們可以看到這些角色在當時宏偉的穆斯林城市、壯闊而繁華的背景中登場，這些城市當然少不了盛況空前的巴格達，也包括開羅，以及發現這些壁畫殘片、最重要的撒馬拉城——這座城市位在現代伊拉克首都巴格達的北方、底格里斯河東岸。

儘管我們視《一千零一夜》為充滿異國情調的虛構故事，但這些故事也透露出許多阿拔斯王朝（Abbasid）宮廷裡哈里發生活的真實樣貌；哈里發是遼闊的伊斯蘭帝國最高的統治者，在八到十世紀期間，其版圖從中亞擴展到西班牙一帶。歷史學家羅伯特．歐文博士（Dr Robert Irwin）曾撰寫一本《一千零一夜》導讀手冊，追查這部作品諸多的歷史關連：

當中有些故事，確實反映出巴格達在八到九世紀的實況。當時阿拔斯王朝的哈里發會雇用一群叫作「弩達瑪」（Nudama）的職業清客，他們的工作是和哈里發一同坐席，陪他吃吃喝喝，用發人深省的街談巷語、笑話、美食評論或逸聞趣事，來娛樂他們的主子，因此《一千零一夜》裡有一些故事，其實是這些職業清客表演內容的一部分。

這是一個封閉的社會，宮牆之內極少有人敢大膽行事，而且據說虔誠的穆斯林被哈里發召見時，會帶著自己的壽衣一同進宮，可見平民百姓對於哈里發宮殿群的高牆內會發生什麼事，其實相當恐懼。

我在這裡刻意使用「宮殿群」這個詞，是因為阿拔斯王朝的哈里發對這些宮殿似乎抱持著用過即丟的態度，一座宮殿「用完了」，他們就會再建一座，然後再拋棄。所以我們會看到巴格達不斷在興建宮殿，後來他們搬到了撒馬拉，還是不斷在興建宮殿。

不論在巴格達或撒馬拉，阿拔斯王朝大部分的宮殿如今都成了廢墟，但還是有一些部分殘存至今。大英博物館裡有一些來自某位哈里發後宮的灰泥繪畫殘片，帶領我們回到九世紀伊斯蘭帝國的心臟，認識《一千零一夜》裡那些女孩的真實樣貌。對我來說，這些殘片比任何電影都更具魔力，它們是跨越好幾百年的淒美一瞥，也許還給了《一千零一夜》故事靈感。

這些小肖像畫的應該都是女性，儘管有些看起來像是男孩子，它們是大型壁畫上的殘片，讓我們直達中世紀的伊拉克。巴格達幾乎沒有從西元八百年的盛世留下一磚半瓦，因為這座城市後來毀於蒙古人的鐵蹄之下。幸好，我們對阿拔斯王朝宮庭的樣貌，還是能擁有相當完整的概念，因為有將近六十年的時間，王朝的首都遷移到往北七十英里以外的新都城撒馬拉，而撒馬拉古城的許多部分都存留下來了。

乍看之下，這些圖畫沒有太多的可看性，它們確實也只是壁畫的殘片，最大的頂多像光碟片這麼大。殘片上的圖案相當簡單，在赭黃色的背景描出黑色的輪廓，用幾道粗略的線條抓住神韻，但圖畫裡金色的斑點，暗示著它們早年的榮景。這些殘片就像從拼圖裡隨機取出的幾塊拼片，我們很難據此推測原本更大的畫面究竟為何，況且這些圖案也並不全都是人像，有些殘片上的圖樣是動物，有些是衣服和軀體的片段。然而，在這裡捕捉到的面孔，顯然具有某種明確的性格——她們的眼神憂鬱得如此明顯，從與世隔絕的遙遠世界裡，往外盯著我們瞧。

這些灰泥小碎片是考古學家從達拉西拉法（Dar al-Khilafa）宮殿的廢墟裡挖出來的，達拉西拉法宮殿是哈里發在撒馬拉的主要居所，也是這座為了成為首都而建造的新城，宗教典禮與活動的中心。從名字來看，就可以知道這座城市絕對是享樂至上，宮廷對這座城市的名稱，是從「Surra Man Ra'a」簡化而來，以阿拉伯語來說，就是「快活之城」。

然而，嬉鬧作樂的表象下，其實潛藏著不祥的暗流——西元八三六年之所以決定把首都從巴格達遷往撒馬拉，是為了化解哈里發的武裝禁衛軍與巴格達當地居民之間的緊張態勢——那樣的緊張關係在當時已經引發了一連串的暴亂。建造撒馬拉城的目的，一方面是作為宮廷的避風港，一方面也讓哈里發的軍隊有個安全的基地。

撒馬拉新城規模宏偉，比任何時代的宮殿都要壯觀，而且造價非凡；光是現在已確認的宮殿，數量就超過六千座。也許從當代的描述，我們能對這些宮殿的壯觀程度有個大略的印象，建造這些宮殿的哈里發穆塔瓦基勒（al-Mutawakkil），可能是阿拔斯王朝最了不起的建造者：

> 他用許多描金鑲銀的巨幅繪畫裝飾宮殿，還有一個超大的水盆，內外貼滿了銀箔，在上面豎起一棵金樹，樹上有鳥兒鳴叫……他還有一把巨大的黃金寶座，上面繪有兩頭大獅子，所有通往王座的臺階都畫滿了獅子、老鷹和其他圖案，宮牆內外則貼滿了馬賽克與鍍金的大理石。

這根本就是別有用心的建造狂，企圖讓這座首善之都的宮殿與兵營，看得訪客目眩神迷，成為令人難忘的大伊斯蘭帝國中心。

後宮的居所，就隱身在哈里發宮殿裡、有如迷宮般密密麻麻的小房間中，房間裡裝飾著展現歡愉與享樂景象的壁畫，我們的壁畫殘片就是在這裡找到的。殘片上可以看到這些奴僕的臉孔，這些女孩和可能是男孩的臉孔，都是哈里發用來享受聲色之娛的。住在這些房間裡的女性都是奴隸，卻能享有相當大的特權。在劍橋大學教伊斯蘭研究的阿米拉·班尼森博士（Dr Amira Bennison）對這些存留下來的畫像，做了這樣的評論：

它們透露了哈里發所享受的娛樂，其範圍從跟知識分子、宗教學者一起共度的沙龍會談，到更輕鬆的娛樂都有；壁畫上所描繪的角色，唱歌或跳舞的女孩，應該就是在這些統治者的面前表演。必須注意的是，這些女孩都訓練有素，有點類似日本的藝伎。

成為哈里發家庭的一分子——這說法比成為哈里發的後宮好一些——其實是當時的女性所嚮往的，如果你出身卑微卻能歌擅舞，只要加以適當的訓練，這會是個不錯的轉業選擇。

這裡可能充滿自我放縱與喧鬧狂歡的景象，從穆塔瓦基勒好幾次把宮廷詩人阿布伊巴（Abu al-'Ibar）用投石機砸進景觀池裡，我們就知道他的幽默感並不怎麼高明。比較不愉快的是，《一千零一夜》裡有個故事，記錄了穆塔瓦基勒在整晚的歌舞宴樂後，遭人行刺的經過。我們從故事中得知，這位喝得醉醺醺的哈里發和兒子發生了激烈的爭吵，卻被自己的突厥士兵殺死了，當時只見女孩與朝臣驚恐地四散奔逃。

《一千零一夜》中的這個故事絕非虛構，穆塔瓦基勒確實在西元八六一年被自己的突厥指揮官殺害，而他的死也終結了撒馬拉的首都地位。不到十年，軍隊就從這座城市撤得一乾二淨，巴格達重新恢復了首都地位，任由撒馬拉的宮殿如衰敗的鬼魂。宮廷裡的獅子雕像被推倒，而我們在畫像裡看到的女奴與歌者也被遣散了。最後在撒馬拉壓鑄的錢幣，標注的年份是西元八九二年。

撒馬拉建造於阿拔斯王朝英雄年代的末期，在某種程度上，它算是一座見證政治挫敗的遺跡。導致穆塔瓦基勒遇刺身亡的緊張局勢，最終也導致了整個帝國四分五裂。有一位詩人被放逐到衰敗的撒馬拉，對著它衰亡的景象沉思，吟誦出哀悼的輓歌：

我所熟悉的撒馬拉，彼時充滿了人群與歡樂，
渾然不覺大難臨頭的時間與災厄。
王國的獅子高視闊步
繞行在頭戴冠冕的伊瑪目身旁；
後來，他的突厥禁衛軍倒戈——變成
一群鴟梟，哭著失敗與滅亡。

儘管撒馬拉成為大帝國首都還不到五十年的光景，但還是伊斯蘭什葉派（Shi'a）的重要朝聖之地，因為有兩位偉大的伊瑪目在此葬身安息。現代的撒馬拉也有一段悲慘的歷史：二〇〇

六年，著名的阿里哈迪清真寺（al-Askari mosque）大圓頂慘遭炸彈摧毀。一年後，這座古城的考古遺址，包括以螺旋尖塔而聞名的大清真寺，被聯合國教科文組織認定為應受保護的世界文化遺產。

撒馬拉城裡無名的男男女女，從沒想過要在哈里發家族之外的人前露臉。他們存留下來，算是當年阿拔斯王朝對平民百姓十分罕見的記錄；而且持續注視著我們，我們也看著他們。諷刺但美妙的是，我們看到的圖像不是建造撒馬拉城的偉大哈里發，而是他們的奴僕——這讓我們得以從好萊塢動畫誇張的表現手法，回歸到沉痛的歷史現實。

53 洛泰爾水晶

刻畫蘇珊娜與老人的水晶，可能產自日爾曼；西元八五五年—西元八六九年；
高十八．六公分、寬一．三公分。

王室離婚通常會引發政治風波，亨利八世（Henry VIII）的婚姻問題讓英國陷入數十年的宗教衝突，愛德華八世（Edward VIII，即溫莎公爵）想迎娶離過婚的女人也引發憲政危機，最後賠上他的國王寶座。

這裡要說到的文物跟一位國王有關，他一直處心積慮要廢掉王后，以保衛自己的王國。但這件事要是失敗了，他自己性命堪虞不說，還肯定會造成自己與王國的血脈就此絕斷。這件水晶石雕本身就顯示了國王的名字，上面用拉丁文刻著：「法蘭克國王洛泰爾（Lothair）下令製作」。

洛泰爾水晶又名蘇珊娜水晶（Susanna Crystal），是一塊直徑約十八公分的水晶淺盤，上面刻著一則《聖經》故事（有些信仰傳統認為這段記載雖然廣為流傳，但真實性很可疑），分成八個場景，就像水晶做的連環漫畫。

故事說巴比倫有一位美麗少婦蘇珊娜，是當地富商的妻子，有一天，她在丈夫的果園裡沐

▲ 水晶盤上最後一幅圖案，是兩個長老被判以石刑處死、蘇珊娜被宣判無罪。

浴，兩個老頭子闖了進來，還企圖性侵她，她向僕人大聲呼救，結果這兩個老傢伙惱羞成怒，誣告她跟別人通姦。

接著我們就看到蘇珊娜被判處以石刑，她幾乎是必死無疑了，但就在此時，睿智的少年先知但以理（Daniel）插手此事，質疑定蘇珊娜死罪的證據。他把這兩個老頭子隔離訊問，分別向兩人提出法庭戲碼裡最經典的訊問題目：他們看到蘇珊娜與人通姦，是在果園的什麼樹下發生的？結果兩人的答案互相牴觸，證言顯然是捏造的，所以最後被石頭砸死的，反而是被判偽證罪的這兩個人。在最後一幅畫面，我們看到蘇珊娜被宣告無罪，並感謝上帝。

我請教曾任英國首席大法官、上議院高級法官的賓翰勛爵（Lord Bingham），請他給予我們一些法律人的觀點：

但以理所做的，和電視劇「老貝利（倫敦中央刑事法院）的魯波爾」（Rumpole of the Old Bailey）並無二致——如有必要，就應該對說謊的證人進行反訊問。在現實中，但以理真的很幸運，才個別訊問證人一個問題，就拆穿他們的謊言；然而這個訊問原則相當明確，而且但以理顯然是個老練的訊問者。

水晶盤上每一幅圖案都是微雕藝術的傑作，藝術家還在每一幅圖案周圍找到以蠅頭小楷刻寫拉丁文的空間，用來說明故事的進展。在最後一幅圖案旁邊，我們讀到「*Et salvatus est sanguis innoxius in die illa*」這個拉丁文警句，意思是「這一天，無辜的生命獲得拯救」，我們是就在這幅圖案旁，看到洛泰爾國王的名字。

下令製作蘇珊娜水晶的洛泰爾國王，是中世紀時權傾歐洲的查理大帝（Charlemagne，即查理曼）後人。西元八百年左右，法蘭克國王的查理大帝建立帝國，版圖幾乎涵蓋整個西歐，包括義大利北部、日爾曼西部和整個現代法國，是自羅馬帝國滅亡以來西歐所見的最大國家，而且帝國的安定與繁榮讓多年以後藝術得以大放異彩，這個水晶盤就是「加洛林文藝復興」（Carolingian Renaissance，「加洛林」是拉丁文的「查理」）最出色的例證。

這件飾品一向受到看重，幾乎自誕生以來就被珍藏在今天比利時沃索特（Waulsort）的修道院裡，當時是查理帝國的中央所在地。我們很肯定水晶盤在十二世紀時一定在這間修道院裡，因為修道院的年鑑裡，如此明確地記載著：

> 這件令人垂涎的珍寶……是洛泰爾——知名的法蘭克國王下令製造的。中央的綠寶石刻畫了《聖經．但以理書》裡，蘇珊娜如何被兩名長老惡意地構陷入罪。〔這個水晶盤〕以多樣化的作工，展現它藝術上的技巧。

很可能到一七九〇年代法國大革命的軍隊洗劫這所修道院之前，水晶盤都收藏於此，也許就是這夥人把水晶盤扔進附近的馬士河（River Meuse），因為它顯然是革命軍厭惡的王室打造的。

當人們把它找回來時，發現它雖然已經龜裂，卻沒有其他任何損傷，這是因為水晶石硬得出奇，由於硬得無法刻鑿，只能用磨料慢慢研磨，完成這整件作品勢必曠日費時、又需要高超技巧，這也是水晶盤會如此華貴的理由了。我們無從得知國王製作蘇珊娜水晶的目的為何——也許是獻給某個聖地的供品——但不管怎麼看，這都是一件與國王身分相稱的物品。

水晶盤完成之時，查理大帝的帝國已經分裂了，整個歐洲西北部被他那爭吵不休、嚴重失和的三個後代子孫給瓜分了。這樣的爭吵導致整個帝國終於一分為三：東法蘭克王國，即日後的德國；西法蘭克王國，即日後的法國；洛泰爾所繼承的「中法蘭克王國」被稱為洛泰爾尼亞（Lotharingia），領土涵蓋現代的比利時、普羅旺斯和義大利，在這三個國家中向來最積弱不振，受到兩位強橫叔叔的左右脅迫。洛泰爾尼亞必須有能力保護自己，這個國家需要一位厲害的國王。

劍橋大學中世紀史教授羅賽蒙．麥奇特里克（Rosamond McKitterick）如此描述當時的情形：

我們對洛泰爾二世的宮廷狀況幾乎一無所知，理由很簡單，因為有關他的史料，多半可分成兩類，其中一類主要敘述他這個小王國夾在東西法蘭克王國之間是多麼的風雨飄搖，他那兩位叔叔——西法蘭克王國的「禿頭查理」（Charles the Bald）和東法蘭克王國的「日耳曼人路易」（Louis the German）對他的王國虎視眈眈；而另一類的史料和這塊水晶的關係比較密切，因為它和洛泰爾企圖廢掉王后索伊特博嘉（Theutberga）有關。

洛泰爾二世似乎繼承王位不久後就迎娶了王后，不過他老早就有一個名叫娃扎達（Waldrada）的情婦，並和她生下一兒一女。由於婚後王后始終沒有生下一兒半女，洛泰爾似乎下定決心，認為押寶在娃扎達身上贏面會比較大。於是他找來科隆（Cologne）和特里爾（Trier）的主教，要以索伊特博嘉和她的兄長亂倫為由，宣告這段婚姻無效。

洛泰爾之所以想要休妻、再娶情婦為妻，並不是一時的任意妄為，他需要合法的繼承人，這是他維護繼承權和他的王國的唯一機會。但在當時，王室離婚跟現在一樣，都會引爆政治上的大地雷。

可能是透過嚴刑拷問，科隆和特里爾的主教還真拿到了王后索伊特博嘉的自白，承認她和兄長不倫；不過王后隨後向教宗提出上訴，於是教宗介入調查，最後還給她清白。這對洛泰爾來說是一大挫敗，但他似乎接受了教宗的決定。儘管他還是繼續想別的門路要跟王后離婚，但似乎也公開承認自己對索伊特博嘉的指控毫無根據，這位被詆毀的女人完全是清白的。

由於這跟蘇珊娜的遭遇實在太像了，所以把這個水晶盤看成跟這齣王室戲碼關係匪淺，一直都是非常誘人的說法。也許水晶盤是送給索伊特博嘉的禮物，用來表達洛泰爾誠心誠意接受了王后無罪的判決——果真如此，那它就是一種兩人婚姻大戰暫時休兵的私密宣言。

不過，水晶盤處理最後一個場景的方式，透露出某個更重要的訊息：在最後一幅圖案，藝術家偏離了《聖經》上的描述，讓國王在法庭上宣布蘇珊娜無罪，而水晶盤上銘刻的國王名字，就是洛泰爾。這麼做所傳達的訊息相當清楚：國王的主要職責之一，就是確保正義獲得伸張——簡單地說，就是國王必須維護並尊重律法，即便個人必須付出極大的代價。正義幾乎等同於王室美德的定義，有一篇專題論文，也許是為洛泰爾寫的，就詳細說明了這項特質：

> 這位公義且愛好和平的國王，會仔細思考每個案件，不會藐視生病或貧苦的百姓，他必止惡揚善，做出公正的判決。

這些理念早在一千多年前就被明確表達出來，而且至今仍是歐洲政治的核心。賓翰勛爵告訴我：

> 在水晶盤中間，我們看到下令製作這樣東西的國王，扮演著法官的角色。這很有意思，也非常重要，因為就歷史而論，王位和王權一向被視為正義的泉源。當女王伊莉莎白二世在

一九五三年的加冕典禮宣誓時，她那古老的誓詞源自一六八八年光榮革命的一項法案，矢言在所有的裁決中，都會秉持正義和慈悲的原則。我們在洛泰爾國王身上也看到了這樣的角色——實際且親自來執行正義。當然，女王現在已不再親自執行，但是以女王之名行使審判權的法官們，都以身為女王陛下的法官為榮。

這件蘇珊娜水晶，是一位身後沒有繼承人、國家沒有未來的國王下令製作的。西元八六九年洛泰爾駕崩時，沒能如願離婚，而他的叔叔們也確實瓜分了他的領土。當年洛泰爾尼亞的領土，就是今天法國的洛林（Lorraine），一千多年以來，一直到一九四五年，洛泰爾的中法蘭克王國都是他那強橫叔叔們的後代——法國與德國——激烈爭奪的對象。假使當年洛泰爾能跟王后離婚、有了合法的王位繼承人，洛林現在也許能和西班牙、法國與德國並列為歐陸列強。

洛泰爾尼亞滅亡了，但是洛泰爾水晶鐫刻文字所彰顯的原則卻流傳下來：一國之君的首要職責，是冷靜地在公開法庭上，確保正義得到伸張。無辜者必須受到保護。洛泰爾水晶，是歐洲第一個描繪法治概念的圖像。

▼身材曼妙的慷慨救度者

54 度母菩薩像

青銅像，來自斯里蘭卡；西元七〇〇年—西元九〇〇年；
高一百四十三公分、長四十四公分、寬二十九．五公分。

幾乎所有的宗教都有聖靈或聖徒、男神或女神，讓我們在患難時能祈求祂們的眷顧。如果你是西元八百年左右的斯里蘭卡人，你可能會祈求度母菩薩（Tara，玄奘法師等舊譯多羅）保佑。數百年來，許多藝術家都為度母菩薩塑過像，但很難想像有哪一尊會比大英博物館裡安詳地坐鎮在亞洲館的長廊上、那尊逼近真人大小的金身塑像，更加美奐絕倫。

這尊度母菩薩以純青銅澆鑄而成，外面再覆以一層金箔。我們可以想見她剛完成時，沐浴在斯里蘭卡的驕陽下有多麼光彩奪目；即便到了現在——儘管金光褪了色、又只能照著倫敦布倫斯伯里（Bloomsbury）寒冷的陽光——也依舊神采照人。她的尺寸約是真人大小的四分之三，一如往昔地站在基座上，因此當你仰望她時，她也會慈祥地俯視著你。她的臉一望即知來自南亞，但是當參觀者見到她時最感震撼的，是那匪夷所思的沙漏型身材和完全裸露的上半身，優美而豐滿的雙峰輕盈地聳立在纖細的蜂腰上，腰部以下繫著一條閃亮而貼身的褶裙，展現她下半身誘人的曲線。

度母菩薩在一八三〇年代抵達大英博物館後，被直接送進儲藏室長達三十年之久，只有提出申請的專家學者可以入內觀看。當時可能擔心將她公開展示有傷風化，不過這尊塑像可不是為了煽動情慾而製作的，度母菩薩是宗教修行者、心靈守護者，是虔誠佛教徒在苦難裡會求助的對象之一；她來自一個神性與感官享受能毫無困難、愉快地合而為一的宗教傳統，帶領我們進入一個世界，在那裡，信仰和身體之美會結合起來，促使我們超越自我，同時，她也透露了很多斯里蘭卡與南亞一千兩百年前的景況。

斯里蘭卡是一個島國，隔著二十英里的淺海與印度遙遙相望，一直都是海洋貿易的重要樞紐，將環印度洋的各個陸地板塊牢牢地聯繫在一起。在西元八百年前後，斯里蘭卡不但和比鄰的南印度王國有密切而頻繁的接觸，跟中東的伊斯蘭阿拔斯帝國、印尼與中國唐朝也有所往來。斯里蘭卡的寶石在當時十分貴重，一千兩百年前島上的紅寶石和石榴石就定期銷往東方與西方，最遠達到地中海、甚至包括英國。在英國薩頓胡出土的盎格魯撒克遜船葬（見第四十七章）找到的一些寶石，可能就是來自斯里蘭卡。

不過，海上運輸的不只是商品，還包括西元前五百年左右誕生於印度北部的佛陀所傳下來的教義（見第四十一章）；祂的教義此時已逐漸演變成一種複雜的哲學與宗教修行體系，目的是讓個人的靈魂從塵世的虛幻與痛苦中得到解脫。這種新的信仰很快就沿著印度的貿易路線傳播開來，所以這尊度母菩薩像完成時，佛教在斯里蘭卡已經盛行了一千年以上。當時盛行於斯里蘭卡的佛教支派賦予這些名為「菩薩」的神一種特殊地位，相信祂們能幫助信眾改善生活，度母菩薩就是其中之一。

佛教歷史與思想的權威專家理查·宮布利希（Richard Gombrich，《寫給年輕人的簡明世界史》作者的獨子）教授對她的背景作了以下說明：

她是一個化身，象徵佛陀帶領佛教徒脫離輪迴苦海的救贖力量。佛教裡有一尊很特別的未來佛叫作觀世音菩薩（Avalokiteshvara），有關祂最早的文獻記載可能出現於西元前一世紀。起初祂自己度化眾生，但幾百年後出現了一種想法，認為祂救度眾生的工作可以化身成女身菩薩來執行。度母菩薩代表觀世音菩薩的慈悲與法力，她正是觀世音菩薩的化身之一。

度母菩薩原先可能被供奉在寺廟裡，旁邊應該還有一尊與她搭配的男身觀世音菩薩雕像，只是這尊雕像沒有留存下來。

嚴格說來，度母菩薩像不是用來膜拜的，而是讓人對她所代表的特質——慈悲為懷、救度眾生——進行冥想用的，基本上只有特權階層的僧侶能見到她的金身，因此實際上只有極少數人能對著她的形象進行冥想。

站在她的面前，了解一些她對信徒代表的意義，我們就更能了解為什麼製作者會這樣呈現她的樣貌。她的美麗與安詳訴說著她無盡的慈悲，她垂在腰際的右手並非靜止不動，而是做了一個「予願印」（varadamudra）的手印，這清楚表明了她所扮演的主要角色：在虔誠信眾心中，她是一個慷慨的救度者。她那鍍金的外表和曾經戴在身上的珠寶，則顯示出委託製作這尊度母菩薩像的人，財力多麼雄厚。

很少有這麼大型的雕像能保存下來，逃過被熔燬的下場；確實，斯里蘭卡中世紀留存至今的雕像中，我們也找不到任何像她這麼大的雕像了。當時大型的青銅塑像多半是在泥胚核心上澆鑄金屬，所做出來的塑像大多是空心的；而這尊度母菩薩像卻完全用青銅打造，因此不管是誰來打造這尊塑像，都得耗費大量的銅材、運用罕見的技巧、需要豐富的經驗，才能完成這件深具挑戰性的作品。度母菩薩像不只是一件美麗的文物，還代表著非凡的技術成就，而且造價肯定非常昂貴。

我們不知道是誰出錢打造這尊度母菩薩像，有可能是西元八百年左右、斯里蘭卡幾個為了領土而交戰不休的王國中任何一個統治者。但不管是誰，都顯示他想透過她的幫助得到救贖。斯里蘭卡和任何其他地方一樣，送禮物給宗教機構也是統治者政治謀略裡相當重要的一環，是公開宣告自己與神明之間存有某種特殊關係的手段。

這尊雕像迷人的故事之一，就是製作這尊塑像時，度母菩薩才剛變成佛教裡的神；她本來是印度教裡的救度佛母，後來才被佛教徒採納——這是個典型、卻又特別美麗的例子，見證了佛教和印度教持續幾個世紀不斷的對話與交流，而且至今還是能從遍布東南亞的雕像和建築，看見這一點。

度母菩薩顯示出佛教和印度教不是嚴謹的信仰規範，而是以各種存在與行動的方式，讓人能在不同情況下，相互汲取彼此的智慧。用現代的說法就是，度母菩薩像展現出驚人的兼容並蓄形象：她是為佛教徒、說著僧伽羅語（Sinhala）的斯里蘭卡宮廷打造的，但是在風格上還融合了印度南部操泰米爾語（Tamil）的印度教宮廷。事實上，他們共同擁有斯里蘭卡，不論在當時或現在，僧伽羅人與坦米爾人之間、印度教與佛教之間，他們透過外交、通婚和頻繁的征戰，建立了密切的聯繫與大量的交流。

荷蘭萊頓大學（Leiden University）的歷史與國際關係教授妮拉・維克拉馬辛（Nira Wickramasinghe）為我們說明這種長期建立起來的模式，對這個區域的現況有著何種意義：

印度南部與斯里蘭卡在很多方面都有共通點，在文化上及政治上也是如此。它們在藝術、宗教和科技方面也一直都有著雙向交流的影響。當然，它們之間並不總是和平共處，印度南部各邦與斯里蘭卡的酋長之間，也陸續發生過大大小小的侵略和戰爭。

真的是貿易的緣故，吸引許多人從印度移民到斯里蘭卡。九到十三世紀時，斯里蘭卡有一些社會就是由印度南部的新移民建立的，他們融合了對印度南部的認同，以及更多對於斯里蘭卡的認同，奇怪的是，這些人有許多現在反而成了最熱心的僧伽羅民族主義者。

這般錯綜複雜的關係，其實早就體現在這尊度母菩薩像上，不管在僧伽羅人和坦米爾人之間、斯里蘭卡和印度南部之間、還是佛教徒和印度教徒之間，在她誕生後的一千兩百年中，還在不斷地進行。這樣的關係也讓斯里蘭卡悲慘地陷入最近漫長而血腥的內戰之中。

不過這尊度母菩薩像能倖存至今，還得感謝戰爭。塑像表面的汙痕說明她曾在某個時間點被掩埋起來，也許是為了避免被侵略者搶走、然後拿去熔燬。可惜沒人知道這尊塑像是什麼時候、如何被找回來的，也沒人清楚她是怎麼在一八二〇年左右落入錫蘭總督羅伯特・布朗里格爵士（Sir Robert Brownrigg）手中（當時的斯里蘭卡被稱為錫蘭）。拿破崙戰爭（Napoleonic Wars，一八〇四—一八一五）期間，英國從荷蘭統治者手中接收了錫蘭這個殖民地，而羅伯特・布朗里格在一八一五年征服了斯里蘭卡島上最後僅存的獨立王國，並於一八二二年將這尊度母菩薩像帶回英國。

曾讓度母菩薩占有一席之地的佛教支派，已經在數百年前的宗教動亂中被島國上的居民遺棄了，她的塑像可能在當時被人從寺廟裡撤下來，為了保全她而埋藏。然而，儘管度母菩薩如今在斯里蘭卡不再如往日受到崇敬，還是在許多地方展現出她的生命力，尤其是尼泊爾和西藏。全世界至今仍有數百萬人和一千兩百年前的斯里蘭卡人一樣，祈求她的保佑，幫助他們度過人生的難關。

▼生前訃聞自吹捧，死要排場貪無厭

55 唐墓葬陶俑

陶俑，來自中國河南省；西元七二八年左右；
墓誌銘高一百零七·七公分、長四十九公分、寬二十五公分。

據說，如果你拿起報紙第一件事就是翻看訃聞，那你肯定已經步入中年了。但我猜，不管是不是中年人，我們大部分人都會想要知道，別人在我們死後會如何評價我們？不過，在西元七百年左右的中國唐代權貴不會煩惱這件事，因為他們太想確定自己在後人心中的地位，所以乾脆親自、或請人代筆預先寫好自己的訃聞，以告列祖列宗與天上神明，他們是多麼位高權重、值得嘉許。

大英博物館北側的亞洲館裡，站著兩尊中國陰間判官的塑像，記錄著每一位亡魂生前做過的好事跟壞事，這些判官就是那些唐代菁英想討好的對象。在這兩尊判官面前，是一隊栩栩如生的陶俑，共十二尊，高度介於六十到一百一十公分之間，當中有人、動物，以及某種介於兩者之間的東西。他們全都出自一位唐代要人——劉廷荀的陵墓，他曾任忠武將軍、河南道與淮南道校尉、中央樞密使，最後在西元七二八年，以七十二歲的高齡辭世。

劉廷荀除了告訴我們這些，還說了更多豐功偉業，他的訃聞極盡吹捧之能事，與他的陪葬

陶俑埋在一起，這些文字和陶俑，讓我們得以一窺一千三百年前的中國樣貌，但最重要的是，它們代表一種厚顏無恥的努力，企圖得到流芳百世的結果。

不過，不是只有古人想控制自己死後的名聲，前《泰晤士報》訃聞版編輯安東尼．霍華德（Anthony Howard）回憶道：

過去我常常收到大量來信，信上說：「我似乎已居暮年，所以想讓你知道我這個人的一些重要事蹟，對你可能有幫助。」真是難以置信，居然有人可以自負成這樣，說出「雖然我是個風采絕倫的人」這類的話，我實在無法相信有人會這樣形容自己。當然，現在已經沒有人會找人代筆寫自己的訃聞了，而那些發出去的訃聞，收到的人應該會直接扔進廢紙簍吧。

我以前總是相當自豪，認為《泰晤士報》的訃聞是「我們正在書寫這個世代的第一版歷史」，覺得訃聞就該是這個樣子，它本來就不是為亡者的家人或朋友而寫的。

唐代的訃聞（即墓誌）也不是寫給家人和朋友看的，但也絕對不是那一代的第一版歷史記錄。劉廷荀墓誌的目標讀者不在人間，而是陰曹地府的判官，他們會辨識他的地位和能力，賜給他應得的尊崇地位。

劉廷荀刻在碑上的墓誌是褒美自己的生動典範，而且他冀求的美名比安東尼．霍華德的「風采絕倫的人」大得多了。他告訴我們，他的操守豎立了一種楷模，而且注定會引發民間的禮貌變革。他擔任公職時，是「寬厚、公正、幹練、謙虛、忠心、誠實和服從」的典範，而且

▼ 跨頁：一隊栩栩如生的墓葬陶俑。

兩位中國陰間判官。 ▶

他帶兵打仗的能力也媲美過去傳說的英雄。我們可以確信他在某一項英勇事蹟中，「不費吹灰之力」就擊退了來犯的敵軍。

劉廷荀在唐朝的盛世追求著自己顯赫、儘管還是起伏不定的仕途，這個朝代始於西元六一八年，結束於西元九〇六年。對許多中國人來說，唐代無論對內或對外，都是成就斐然的黃金年代。當時這個向外擴張的大帝國，和中東伊斯蘭阿拔斯帝國一起，打造出一個龐大而有效的單一市場，這個奢侈品市場西至非洲的摩洛哥，東至日本。你不會在很多歐洲史裡看到這一段，但是這兩個巨人——大唐帝國與阿拔斯帝國——確實形塑、並主宰著整個中世紀初期的世界。而在劉廷荀過世、這些墓葬陶俑誕生的西元七二八年，西歐還是一個偏僻、生活水準低落、局勢不穩定、由許多小王國和搖搖欲墜的城邦拼湊起來的地區。大唐帝國統治著一個統一的國家，其版圖北起韓國，南到越南，往西則沿著當時已經聲名遠播的絲路延伸到中亞一帶。這個國家的權力與結構，以及對自身文化的極度自信，都很清楚地體現在劉廷荀的墓葬陶俑上。

這些陶俑被排成六對，身上只有三種顏色：琥珀黃、綠色和棕色。這是一個兩兩並行前進的行列：走在最前面的是一對怪獸，這些長相誇張的半人半獸有著滑稽的鬼臉、尖角、翅膀跟獸蹄，牠們是領頭的傳說神獸，也是保護陵墓主人的守衛者。在牠們後面是另一對保護者，但有著全然的人類外貌，外型顯然深受印度的影響。再下一排的陶俑看起來拘謹而嚴肅，而且絕對是中國人；他們是兩名官員，雙手有禮地交疊在胸前，準備執行他們的專門任務——草擬劉廷荀的案子，交給陰間審判。

行列裡最後的人形陶俑是兩個小馬夫，但被後排他們所照料的高大動物完全遮住了。首先是兩匹駿馬，快一米高，其中一匹乳白色的馬身上有著黃色與綠色的斑點，另一匹則全身都是棕色。接著，在行列的最後是一對漂亮的大夏（Bactrian）雙峰駱駝，頭頸後仰的姿態彷彿正在嘶鳴。劉廷荀啟程前往另一個世界時，真是陣容浩蕩。（按，這兩段作者形容的列隊，為大英博物館實際擺設。本書跨頁圖片為特寫版。）

隨行的駿馬和駱駝，顯示劉廷荀如你所料，富得要命；然而，牠們也突顯了中國唐代透過絲路，與中亞、以及更遠的地方之間，有著密切的商業和貿易往來。這些陶製的馬俑幾乎可以確定是一種價值很高的新品種，牠們又高又壯，沿著當時世界上最重要的貿易路線之一，從西方來到了中國。這些駿馬可說是絲路貿易最迷人的部分，這麼說吧，就像現代的賓利或保時捷；而那兩頭大夏雙峰駱駝就像大型貨車，每一頭都能背負高達一百二十公斤的高價商品——絲綢、香料、藥材、辛香料——穿梭於廣大無垠的不毛之地。

西元七百年左右，有大約五十年的時間，這類陶俑被大量製造，而且唯一的用途就是做這些權貴人物的陪葬品。大部分的陶俑都是在中國西北方、劉廷荀辦公的幾個唐代大城附近出土的。中國古人相信，你必須在陵墓裡備妥生活中不可或缺的所有東西，因此這些陶俑只是劉廷荀陵墓裡的部分殉葬品而已，陵墓裡還有絲綢、漆器和金銀等奢侈的陪葬品。動物和人類的塑像能提供服務和娛樂，而那些神怪守護者能替他摒擋惡靈。

這些陶俑在製作完成到入墓陪葬之間，應該只有一次機會能在活人面前展示，也就是隨著送葬隊伍前往陵墓的途中，然後，它們就從此不見天日了。一旦進入了陵墓，它們圍著棺槨擺放的位置就不會再更動，墓穴的石門也將永遠緊閉。當時的唐代詩人張説曾賦詩感嘆：

往來皆此路，生死不同歸。

就像中國八世紀的許多東西，這類陶俑的製造也受到官方的管制，唐朝為數龐大的官員中，只有一小撮人能享有陶俑墓葬。劉廷荀身為朝廷高官，帶了兩尊官員陶俑陪葬，想必是死後還有繼續辦公的需要。奧利弗・摩爾博士（Dr Oliver Moore）一直在研究這種菁英官僚階級，這個階級幾乎已是中國政府的同義字，以至於我們今天還是會用mandarin（意即「大人」）這個字眼稱呼高階公務人員：

國家官僚是由非常古老的世族和我們稱為「新貴」的人共同組成的，分成許多不同的部門，如工部、戶部、兵部，以及規模最龐大的禮部。他們會統籌每年或每月的經常性儀式，例如為皇帝、皇子和公主祝壽；安排季節性的儀式，例如演耕儀式：皇帝會在春天時，在皇宮裡象徵性地犁一下田，宣告春耕活動就此展開。

當時還有一類人數很少的新貴，隨著王朝的發展變得愈來愈重要，他們是透過科舉考試晉升為官。後來，這個制度規模愈來愈大，到了西元一千年，你會看到全國有一萬五千多名學子進京會考，當中大概只有一千五百人能夠題名金榜，至少有九成以上的考生會名落孫山，而這些人會窮其一生重演同樣的故事；然而，科舉制度也促進了對朝廷的忠誠度，而且效果卓越。

劉廷荀是唐朝忠誠的官員，而他整個陵墓的配置——人物、動物和訃聞——也總結了十世紀中國唐代的許多面相：軍人與民政的密切關連、在官方管制下能出現這種井然有序的繁榮、如此高水準的藝術品，以及隨著帝國在海內外都能威重令行，而帶來的信心。

第12篇

朝聖者、劫掠者與經商者

西元八百年～西元一千三百年

中世紀的歐洲並未孤立於非洲和亞洲之外，當時的戰士、朝聖者和商人帶著各種商品與思想，定期往返於各大陸之間。

北歐的維京人穿梭於格陵蘭與中亞之間做生意，印度洋上龐大的沿海經濟網路更是連結起非洲、中東、印度和中國。

佛教和印度教就沿著這些貿易路線從印度傳到印尼；即使是十字軍，也阻擋不了信奉基督的歐洲與伊斯蘭世界之間活絡的貿易往來。

相形之下，這些重要的亞洲貿易路線末端——日本，卻在接下來的三百年裡，選擇鎖國，連對鄰國中國也不例外。

▼敬禮聖伯多祿也信雷神索爾的維京人

56 約克郡河谷寶藏

維京文物，發現於英格蘭東北的哈羅蓋特市（Harrogate）附近，埋藏於西元九二七年左右；銀砵高九．二公分、寬十二公分。

一眼望去，約克郡的一切是如此詩情畫意：開闊如茵的田野，遠處起伏的山丘，還有晨光穿透薄霧的林地。這安詳不變的景致，正是典型的英格蘭。但如果輕輕刮開它的表層——更切確地說，是用金屬探測器在地面掃過一遍——就會出現一個截然不同、充滿暴力與驚恐的英格蘭，與歐陸相隔的海峽雖可提供屏障，卻對侵略者毫無招架之力，一點也不安全。

一千一百年前，一名驚恐的男子在這片田野埋下大量銀幣、珠寶和錢幣，使得這一帶的英格蘭似乎與世上其他遠到不可思議的地方——俄羅斯、中東和亞洲——產生了聯繫。這名埋下寶藏的男子，是維京人。

接下來的五件文物，我們將眺望九到十四世紀遼闊的歐洲和亞洲，探討兩條重要的貿易路線，其中一條起自伊拉克與阿富汗，往北進入俄羅斯，最後來到不列顛（Britain，包括英格蘭、蘇格蘭與威爾斯）；另一條在南方，從印尼跨越整個印度洋，延伸到非洲大陸。

說到「交易兼掠奪者」，我們馬上就會想到維京人。維京人總是能激發我們對歐洲的想

像，他們的聲名也是時好時壞，而且非常兩極。在十九世紀，英國人視他們為殘暴的壞蛋，戴著有角的頭盔到處姦淫擄掠。當然，對北歐人來說就不是這樣了：維京人是北歐傳說裡戰無不勝的英雄，維京人隨後進入一個比較文明的階段，在歷史學家眼裡他們更像四處旅行的生意人，而非掠奪者。

然而，近來在約克郡河谷發現的寶藏又讓他們看起來沒那麼無害，以往民間傳統認為維京人充滿侵略性的觀點似乎又捲土重來，只是現在這種觀點多了點四海遨遊的魅力，事實上，維京人一直都與浮而不實的暴力行為脫不了干係。

西元九百年初期的英格蘭被維京人所割據，他們領土的主要範圍是北部和東部，南部和西部則屬於盎格魯－撒克遜王國中的威塞克斯（Wessex，盎格魯－撒克遜七王國之一，意思是「西撒克遜」）。盎格魯－撒克遜人奪回維京人占領的版圖，是不列顛十世紀的重大事件，而我們的寶藏不僅精準地指出這部民族史詩的這一小部分，更點明了維京人與廣大世界的貿易關係。

這些寶藏是西元二〇〇七年冬天韋倫父子（David and Andrew Whelan）發現的，當時他們正在約克郡北方的哈羅蓋特南部，用金屬探測器在田野間尋寶。

這些寶藏裝在一個小甜瓜大小的美麗銀缽裡，驚人的是，銀缽裡的錢幣超過六百枚，而且全是銀幣，直徑跟現在一英鎊的錢幣差不多，但很薄，大多是盎格魯－撒克遜錢幣，但也有一部分是維京人在約克郡製造，還有一些是從西歐和中亞等國外進口的。和這些錢幣埋在一起的還有臂環，一個金的、五個銀的。此外還有一些肯定是維京人、而非盎格魯－撒克遜人的寶藏

寶藏中的錢幣：（上方）迪拉姆幣，（中間）刻著聖伯多祿之名的錢幣，▶（下方）艾塞斯坦發行的錢幣。

——考古學家稱之為「碎銀」，是胸針、戒指和薄銀條切開的碎片，多半只有幾公分長、維京人把它們拿來當成貨幣使用。

這批寶藏訴說著英格蘭歷史的關鍵時刻——盎格魯—撒克遜王艾塞斯坦（Athelstan）終於戰勝維京侵略者，建立了英格蘭王國。最重要的是，它讓我們知道維京人當年統治英格蘭北部時的連絡範圍，這些北歐人與外界往來頻繁，正如歷史學家邁可．伍德（Michael Wood）的解釋：

寶藏中有來自愛爾蘭的維京人臂環，以及從撒馬爾罕、阿富汗和巴格達遠道而來的硬幣，讓我們可以得知當時人的活動範圍，這些維京國王、政府代表和貿易路線遍布西歐、愛爾蘭和北歐。

我們從阿拉伯人的文獻得知，維京販奴業者的足跡甚至遠達裏海沿岸。當時有一位人稱「俄羅斯人古利」（Guli the Russian）的商人，以其總是戴著俄羅斯遮耳帽而得名，但他其實是愛爾蘭人，在裏海以及這類船運路線上經營買賣奴隸的生意。

這些船運路線會沿著黑海經過諾夫哥羅德和基輔等城市，因此我們就能得知這些錢幣怎麼會這麼快出現在約克郡，例如撒馬爾罕在西元九一五年鑄造的錢幣，在西元九二〇年以後就出現在約克郡了。

約克郡河谷的寶藏顯示維京人所統治的英格蘭，其交易規模橫跨整個大陸。當中有撒馬爾罕的迪拉姆幣（dirham），也有中亞的伊斯蘭幣。當時的基輔和約克郡一樣是一座維京大城，來自伊拉克、伊朗和阿富汗的商人，在這裡取道俄羅斯和波羅的海，將商品輸往整個北歐。在這過程中，基輔周遭的居民變得非常有錢，當時一名阿拉伯商人說，他們會熔解經商賺取的金幣銀幣，為妻妾打製項圈：

她的脖子戴著金項圈或銀項圈；當一個男人存滿一萬迪拉姆，就會為妻子打一副項圈；存滿兩萬迪拉姆，就打兩副……。這些女人通常都有好幾副項圈。

而在這些寶藏裡，確實就有一副俄羅斯項圈的碎片。

雖然基輔和約克都是維京城市，兩者之間卻鮮少直接往來。這條貿易路線設有好幾個轉運站，把南方的香料、銀幣和珠寶一站一站地往北方運送，把北方的琥珀和皮草一站一站地往南運送，而且每一次的轉手都有利可圖。不過這條貿易路線也讓維京人的惡名因此遠播，因為維京人會在東歐到處抓人，把他們賣到基輔龐大的奴隸市場——這就是為什麼歐洲語言裡的「奴隸」（slave）一詞，至今仍和「斯拉夫」（Slav）密切相關。

這些寶藏也透露當時約克郡發生的許多事。維京人在這裡成為基督徒，但這些新的皈依者往往很難割捨舊有的宗教象徵，當時北方眾神的信仰尚未滅絕，所以從一枚西元九二〇年左右在約克郡鑄造的錢幣上，我們看到長劍的形狀，也看到基督的門徒聖伯多祿（St. Peter）的北歐拼法 Petri：妙的是，字母「i」的形狀是一把大鎚，而大鎚是北歐舊神雷神索爾（Thor）的象徵；新的信仰依然揮舞著舊宗教的武器。

我們很確定這批寶藏埋下的時間是西元九二七年過後沒多久，這一年威塞克斯國王艾塞斯坦終於打敗維京人、征服約克郡，並接受蘇格蘭和威爾斯統治者的宣誓效忠，這是羅馬人離開後不列顛以後最重大的政治事件，寶藏裡甚至有一枚艾塞斯坦為此發行的紀念幣，他在銀幣上送給自己一個沒人用過的新頭銜：艾塞斯坦，不列顛全境之王（Athelstan, King of All Britain）。現代大不列顛聯合王國的概念就發軔於此，儘管這個概念還要再等八百年才會落實，但一般還是認為艾塞斯坦就是現代英國的奠基者。對此，邁可．伍德解釋說：

這批寶藏之所以非比尋常，是因為它埋下的時間正好是英格蘭即將建立王國、變成國家的那一刻。十世紀初正好也是「國家認同」這個詞彙首度出現的時候，而這就是為什麼後來所有的英格蘭國王——無論是諾曼王朝（Normans）、金雀花王朝（Plantagenets）或都鐸王朝（Tudors），都尊艾塞斯坦為王國的創始人；在某種程度上，你可以說他們全都回溯到西元九二七年那一刻。

不過，那是非常混亂的一刻，這批藏寶顯示維京人和盎格魯—撒克遜人之間的對抗尚未結束。寶藏應該屬於一位有錢有勢的維京人，住在盎格魯—撒克遜人轄下的約克郡裡，因為當中有些錢幣是西元九二七年艾塞斯坦在約克郡鑄造的。

這個維京人當時一定發生了什麼事，導致他埋下這批寶藏——不過他埋得很慎重，一定是打算日後再挖出來。他是不是在維京人與盎格魯—撒克遜人持續進行的戰鬥裡慘遭殺害？還是回到北歐或跑去愛爾蘭了？

不論他發生什麼事，當年待在英格蘭的維京人，大部分都沒有離開，而且很快就都被同化了。今天在英格蘭東北部，許多地名結尾為「比」（by）和「索普」（thorpe），例如林肯郡東北部的格里姆斯比（Grimsby）和克利索普斯（Cleethorpes），就是維京人留下來的活見證。約克郡河谷的寶藏提醒了我們，這裡在西元九〇〇年左右，曾是繁華的貿易路線的尾端，從英格蘭東部的斯肯索普（Scunthorpe），一路延伸到中亞的撒馬爾罕。

▼清水變美酒，真的

57 聖海德薇的寬口大酒杯

玻璃製品，可能產自敘利亞；西元一一〇〇年－西元一二〇〇年；
高十四．三公分、寬十三．九公分。

對許多人而言，提到海德薇（Hedwig）這個名字，如果能想到什麼，想必是幫哈利波特送信那隻乖巧的貓頭鷹；但如果你來自中歐，尤其是波蘭，海德薇這個名字會喚起截然不同的事物：她是一位出身王室的聖徒，在西元一千兩百年左右成為國家與宗教的象徵。數百年來她所傳遞的不是神的訊息，而是奇蹟，而所有海德薇奇蹟中最知名的一個，就是她的玻璃杯裡的清水經常會變成美酒，中歐各地至今仍有一些謎團般的獨特玻璃杯，宣稱就是當年她盛裝這些奇蹟液體的杯子。

其中一個海德薇玻璃杯現存放在大英博物館裡，它讓我們立刻回到十字軍東征那個神權高漲的年代，那個屬於獅心王理查（Richard the Lionheart）和薩拉丁（Saladin）的偉大時代，以及基督徒與穆斯林開戰的意外結果——貿易大大地繁榮起來。近來的研究顯示，這個在中歐被視為基督信仰的奇蹟證物而受到崇敬的海德薇玻璃杯，極有可能是中東伊斯蘭玻璃工人做的。

海德薇嫁給人稱大鬍子亨利（Henry the Bearded）的西里西亞公爵（Duke of Silesia），他的領地橫跨今天波蘭、捷克與德國的國界。亨利與海德薇一共生了七個孩子，包括爽朗的卷毛康拉德（Konrad the Curly），然後在西元一二〇九年，也許不怎麼意外，這對夫婦宣誓禁欲。當時公爵夫人已經顯現她聖潔善良的天性，她創辦了一所專收女性痲瘋病患的醫院，對當地修道院的修女也禮敬有加到令人困惑不安的程度：

> 她用修女的洗腳水來清洗眼睛，還經常拿來洗臉；更妙的是，她還用修女的洗腳水漂淨小孫子的頭和臉。她堅信用過這些水的修女是聖潔的，使用這些水將有利於孩子得到救贖。

儘管貴為公爵夫人，她卻穿著粗劣的衣服，經常赤腳走路，甚至下雪也不例外，所以還有記載提及她在雪地裡留下血汙的足印。而且她只喝水，這在當時幾乎聞所未聞，這種滴酒不沾的行為讓她的丈夫非常憂慮；當時水通常不乾淨，喝酒比喝水安全，所以他很怕她會生病。不過有一天——傳奇故事是這麼說的——公爵看到她拿起玻璃杯要喝水時，目睹清水變成美酒的奇蹟，於是她的聖徒名位從此確立，想必健康也從此獲得保障。

她那用來喝水的杯子也從此聲名大噪。中世紀的歐洲對於和奇蹟相關的聖物有一種永不滿足的飢渴，當中最負盛名的聖物，是宣稱曾在迦拿婚禮使用過的杯子——耶穌在這裡行了第一個神蹟，把清水變成美酒。海德薇玻璃杯是這個輝煌傳統的一部分。

大英博物館的海德薇玻璃杯，目前世上僅存十二個左右，樣子出奇地相似，而且每一個都有虔誠信徒驗明是海德薇用來喝過水的杯子。這個玻璃杯說是水杯，其實更像小花瓶，通體以厚實的玻璃製成，呈現煙燻的黃玉色，高度約有十四公分，得用雙手才能拿好，用來喝水一點也不方便。如果你在杯子裡倒一點水、然後試著一口喝掉，很容易因為杯緣太厚而濺出來，而且令人傷心的是，清水沒有變成美酒。

但這還是一種不同的奇蹟：試想有一打易碎玻璃物品，經過幾個世紀居然還能完整無缺地保存下來，一定是受到精心呵護。我們知道當中有幾個杯子成為王室的收藏，或是存放在教會的寶庫裡，因此事實上它們很可能在王室的禮拜堂或教堂裡，當作盛葡萄酒的聖爵使用。現存的海德薇玻璃杯有許多都曾鑲上貴金屬，於彌撒時使用，我們館藏的玻璃杯底和側邊，也能看出鑲嵌過金屬的痕跡。

值得注意的是，海德薇是新類型的聖徒。西元一二六七年她被封為聖徒時，女聖徒的數量達到教會的史上新高，終於打破教廷封聖的玻璃天花板。當時受封的新聖徒，有四分之一是女性。

這種情況應該和當時的宗教復興有關。當時的新興宗教團體方濟會與道明會認為，真正的基督徒生活不該在修道院裡，而是在市鎮當中，並堅持女性應該發揮全然的作用，所以他們鼓勵王室的女性要多做好事，海德薇對痲瘋病患的支持就很有代表性，而我們都知道黛安娜王妃照顧愛滋病患的慈善事業，可見王室在這方面能發揮的力量多麼強大。

中世紀的教會讓這些女性在死後封聖，藉此強化這樣的楷模，而這份王室聖徒名單亦令人歎為觀止：神聖羅馬帝國皇后聖庫妮根（St Cunegunde）、匈牙利公主聖瑪格麗特（St Margaret）、波希米亞公主聖依搦斯（St Agnes），以及西里西亞公爵夫人聖海德薇（St

Hedwig）。她們全都因為奇蹟而封聖，但只有海德薇得到變水為酒的奇蹟。

宗教復興的另一種展現是：修道者不但被召叫要做好事，還要打好仗。方濟會和道明會的會士就是十字軍東征最有力的擁護者，當聖海德薇喝著她的「美酒」時，十字軍也正在全速前進。

西元一二一七年，她的姐夫匈牙利國王加入十字軍，帶領一支武裝遠征軍前往聖地。說也奇怪，明明是帶兵去打仗——搞不好就是因為這樣——雙方的貿易反而益發興盛起來。對此，劍橋大學地中海歷史教授大衛・阿布拉斐亞（David Abulafia）做了如下的詳細說明：

> 在十二和十三世紀，歐洲與中東的往來建立在熱絡的貿易上，尤其是威尼斯人、熱那亞人和比薩人，在經商上尤其成功——你可以想見，這有時會招來某種程度的反感，例如當他們人來到亞歷山卓城的港口之際，薩拉丁卻正在聖地準備跟基督徒開打。
>
> 這種貿易基本上是以西方的原物料換取伊斯蘭世界的奢侈品，特別是絲綢、玻璃器皿和陶瓷等，當時的西歐根本製造不出這種品質的東西。

這種既通商同時又打仗的罕見狀態，是海德薇玻璃杯之所以不凡的理由之一。所有的海德薇玻璃杯，在設計上都有著類似的圖案：獅子、獅身鷹首獸、老鷹、花卉和基本的幾何圖形。但我們館藏的這個杯子卻是唯一結合所有這些元素的一個。杯子上有一頭獅子和一頭獅身鷹首獸，各自舉起一隻腳爪，向站在牠們中間的老鷹致敬。

整個杯子都是這種刻痕很深的圖案，肯定是玻璃在高熱液狀時用模具壓制，再以雕刻的方式仔細雕刻細部的紋理和圖案，從而展現出鳥羽和獸皮的真實感；但最重要的是，這還展現出一種強烈的風格，我認為許多不知情的人很可能會認為這是一九三〇年代裝飾藝術（Art Deco）的玻璃傑作，而且很可能出自北歐。海德薇玻璃杯確實一點也不像中世紀歐洲的產物，也許就是因為這樣，這組不凡的杯子才會跟奇蹟扯上關係。

發現這些大杯子的地點，顯然不是它們的原產地。它們的原產地到底在哪裡？這個謎題超過兩百年還是無人解開。但我們現在已經比以往更接近答案了，因為以科學分析這個杯子和其他海德薇玻璃杯後，發現它們不是歐洲傳統的鉀玻璃，而是現代以色列、黎巴嫩和敘利亞沿海一帶流行的鈉玻璃。

這些海德薇玻璃杯的形狀、材質和風格是如此相似，讓我們很難不認為它們是在同一個工坊生產出來的，而且這個工坊一定就設在這些地中海沿岸城市裡——而且幾乎肯定的是，這些玻璃一定是穆斯林工匠製作的。

我們知道，這個時期有大量的伊斯蘭玻璃商品是專門為了出口到歐洲而生產的，「大馬士革玻璃」就經常名列中世紀藏寶的清單上，而亞克（Acre）這個十字軍建立的耶路撒冷王國最重要的貿易中心，就是當時進行這類貿易的主要商港。強納森・瑞利-史密斯（Jonathan Riley-Smith）教授是十字軍歷史的權威，他如此描述當時的景況：

> 亞克港位於今以色列西北部，是當時地中海東岸最重要的商港；當年有許多商船載滿歐

洲布料來到這裡，再把東方香料帶回西方。我們手上有一張很棒的商品交易清單，上面記載著十三世紀中葉亞克港各項商品課徵的關稅。清單上其實沒提到這些玻璃，但在主要課稅項目上卻列出了穆斯林陶器，因此，這類器皿何以會在歐洲出現或存留至今，必須從東西方大量貿易的脈絡來理解。無論是西方與地中海東部諸島、沿岸諸國的貿易，還是西方與更東方的亞洲做生意，全都得透過由十字軍控制的港口來進行。

這一切發展出一個很有意思的可能性。我們知道海德薇那貴為匈牙利國王的姐夫曾在亞克城待過一段時間，會不會是他在這裡時，委託製作了這些玻璃杯呢？這也許就能說明這些杯子後來為什麼會跟他們家族的聖徒海德薇產生關連，以及這些杯子後來為什麼會出現在中歐，而且他布達佩斯的王宮裡也找到一些海德薇玻璃杯的碎片，所以這是很有可能發生的事。當然這只是推測，卻也是一個誘人的假設，可能就是海德薇玻璃杯這道始終難解謎題的最終答案。

▼看過源氏物語，拋進神聖水池

58 日本青銅鏡

青銅鏡，來自日本，西元一一〇〇年—西元一二〇〇年；直徑十一公分。

大多數人都曾經丟過一、兩枚銅板到許願井或許願池裡以祈求好運，每天丟進羅馬知名景點特萊維噴泉（Trevi Fountain）裡的硬幣，大概就價值三千歐元，為的就是得到好運、或是將來能重遊羅馬。人類把值錢東西丟進水裡的行為已經持續好幾千年了，這是一種很奇特的強烈欲望，而且丟進水裡的，未必是許個小願的幾枚錢幣，在過去，這種行為是對眾神提出極度認真的懇求。

考古學家常在英國各地的河流和湖泊發現數千年前獻給眾神的武器、珠寶和貴金屬，大英博物館裡有來自世界各地的這類文物，它們都曾被鄭重或欣喜地投進水裡，而這當中最迷人的文物之一，是九百多年前被丟進日本寺廟池塘的一面鏡子。

日本歷史名著《大鏡》撰寫於西元一一〇〇年左右，書中的鏡子不但會說話，還會揭露日本的歷史：

我是一面很久以前的普通老鏡子，用上好的白色金屬打造而成，不需拋光就光可鑑人……我將討論一些重要事件，請諸位仔細聆聽，當你聽的時候，可以把這些事件想成是日本的歷代史……

大英博物館的這面鏡子和這部歷史名著的成書時間非常接近，雖然一直到最近我們才確定它的出處，並根據新的資訊了解九百年前的日本。這面鏡子要告訴我們的，是有關情人與詩人、宮廷女性與女神、僧侶與帝王的故事。

這面鏡子是圓的，大小約為放茶杯的小茶碟，用手托著大小適中，沒有把手，但原本應該有個讓人掛起來的吊環。這不是一面鍍銀的玻璃鏡子——我們所熟悉的現代鍍銀鏡面，要到十六世紀才開始使用。早期的鏡子是像這種青銅鏡，完全是用金屬打造，再經過高度拋光，才能在鏡子裡照出你的臉孔。

如同日本文化裡的諸多事物，鏡子也是從中國傳入日本的。大約一千年前，歐亞大陸上的不同社會不但積極交易商品，也積極交流思想和信仰。整個八世紀和九世紀，日本都積極參與這些交流，其中和中國的往來尤其密切。然而位處大亞洲貿易路線的末端，加上隔著海洋，使得日本有別於其他文化，能選擇退出這個相互連結的世界。日本在歷史上有好幾次做出這樣的選擇，但最顯著的是西元八九四年時，它終止了與中國官方的所有接觸，同時也切斷了跟世界其他地區的聯繫。

不受外界的紛擾或新事物的影響，日本鎖國了好幾百年，這個決策至今依然影響著日本，也使日本發展出獨具特色的文化。京都宮廷裡的生活層面愈來愈精緻、追求美感，也追求愈來愈講究的享樂。在這樣的社會裡，女性在文化上扮演著非常關鍵的角色。這也是第一本以日文書寫的文學鉅著誕生的時代，而且作者是一名女性。因為這部書，我們才能對當時的日本，以及這面鏡子的身世詳加了解。

這面鏡子最早的主人很可能讀過日本第一部偉大小說——這部小說也是世上最早的小說鉅著之一——《源氏物語》，作者是宮廷貴婦紫式部。小說家伊恩．布魯瑪（Ian Buruma）同時也是日本文化專家，這樣說明這部作品的背景：

> 紫式部有點像寫《傲慢與偏見》的珍．奥斯汀，《源氏物語》讓我們對日本平安時代貴族溫室般的生活樣貌，有了驚人的深刻理解。中世紀的日本文化之所以別具一格，就在於極端地追求美感；對美的追求已經變成一種狂熱的崇拜。這種狂熱無所不在，不單體現在鏡子、筷子等日常用品，也體現於高度儀式化的生活當中。所有的貴族社會裡都會出現這種情形，但平安時代的貴族比以往的文化更加講究。他們以作詩來溝通，還舉辦聞香比賽，是追求各種美感的專家，包括男女之間的感情。當然，說到感情總是五味雜陳，也會招來嫉妒與許多正常的人性反應，紫式部把這一切寫得非常唯美。

我們可以從這面鏡子一窺紫式部那個講究美感和比賽香味優劣的世界。鏡子的背面裝飾華美，我們看到一對飛舞的白鶴，頭頸上揚，翅膀開展，嘴裡啣著松枝。頭頸彎曲的弧度與圓鏡的曲線搭配得恰到好處，鏡子的外緣是更具裝飾性的松葉，整體來說是一件對稱嚴謹、構圖完美的藝術品。除了美觀，這面鏡子還有一層含意：白鶴代表長壽，日本人相信牠們可以活過千年。紫式部告訴我們，在她那個時代，尤其在宮廷裡，許多人會穿上繡有海濱舞鶴圖樣的禮服：

弁內侍（宮廷女官）的禮服拖曳的下擺，是以銀線繡成的海濱舞鶴圖。這可是新鮮貨，她還在下擺邊上繡了松枝，真是聰慧，因為這些全是長壽的象徵。

白鶴還有另一層含意——這種鳥一生只有一個伴侶，因此也象徵對配偶的忠貞不二。鏡子背面所傳達的訊息很簡單，就是此情永不渝。《源氏物語》裡提到，源氏在遠行前拿著一面鏡子，對鏡吟誦一首濃情蜜意的情詩，然後把它交給愛人；他離開後，她就可以拿著鏡子睹物思人，不但感受到他的情意，還彷彿能在拋光的鏡面上看到源氏的身影。這面鏡子裡的忠誠白鶴，肯定能好好傳達這種愛的宣言。

在日本，鏡子不只可以用來對人表示情意，也能傳達神祕的訊息——透過鏡子，我們可以進入靈界，還能與神對話。伊恩．布魯瑪解釋說：

鏡子在日本文化裡確實有好幾種含意，有些似乎還自相矛盾。鏡子可以辟邪，但也會吸引惡靈；這就是為什麼一直到今天，傳統日本家庭會在鏡子不用的時候把它罩起來的原因——他們會用布把鏡子蓋起來，以免它招來邪靈。但是鏡子同時也是一種神器，日本最莊嚴的伊勢神宮裡禁止任何人進入的內宮，就藏有國家三神器之一，這件神器就是一面鏡子……

伊勢神宮裡的鏡子，其實是日本太陽女神「天照大神」的鏡子。根據古老的信仰，在天地創始之初，天照大神命其孫子下凡統治整個日本，為了協助他統治帝國，她賜給他一面神鏡，讓他和繼任者永遠都能回歸神聖太陽的懷抱。一直到今天，日本天皇的登基儀式裡仍然少不了天照大神這面神鏡。

因為這種讓人神溝通的特殊能力，圖中的這面鏡子才得以保存至今。西元一九二七年時，這面鏡子和另外十八面鏡子一起送進大英博物館，這些鏡子全是青銅鏡，全都有著獨特的黯淡外觀，但是直到西元二〇〇九年，一位日本學者到大英博物館做研究，才首度揭露這十九面鏡子的外觀為何如此的祕密。

原來這些鏡子全都來自同一個地方——日本東北羽黑山腳下的神聖水池。二十世紀初，廟方為了方便香客上山而造橋，工匠施工將池水抽乾後，赫然發現池底的淤泥裡有六百多面鏡子（包括我們的館藏），都是這幾百年間被扔進去的。我們的日本訪問學者、考古學家原田雅之如此描述：

信眾開始上山進香，因為他們發現這裡的風景很有靈氣、非常莊嚴，適合神靈在此居留，例如終年不化的靄靄白雪，就很有神聖的味道。因此水池成為信徒膜拜的對象，百姓認為有神明住在池水裡。日本人普遍相信這輩子必須多做善事，來世才能再投胎做人。也許是這種想法的延伸，讓人願意把這些作工精美、造價昂貴的鏡子交給佛教僧侶，以示他們的虔誠——奉獻給神明，好讓他們能夠再一次回到人間。

所以，我們現在可以根據這些資訊推測這面鏡子的身世。它應該是西元一千一百年左右在京都的青銅精鑄作坊裡生產的，用於高深精妙的宮廷儀式和表演當中；對於所有要在眾人面前展現自己最美一面的貴族男女來說，這是不可或缺的道具。後來有一天，它的主人決定把它轉交給僧侶，於是它踏上漫長的旅程，來到北方的寺廟，最後被投入寺廟的水塘裡——依舊映照著主人的影像，要把訊息傳遞到另一個世界去。不過鏡子的主人和僧侶都想不到，有一天它成了傳達給我們諸多訊息的媒介，和《大鏡》一樣，對現代觀眾訴說著日本古代的歷史。

▼媲美希臘羅馬的爪哇雕像山

59 婆羅浮屠佛頭

佛頭石雕，來自印尼爪哇島，西元七八〇年－西元八四〇年；高三十三公分、長二十六公分、寬二十九公分。

我們正沿著一千年前連結歐、亞、非三大洲的重要貿易路線繼續走，透過這個佛頭，我們可以畫出一條橫跨中國海與印度洋的廣闊交通網路，東南亞的人們藉此互相交流商品、思想、語言和宗教。

這個佛頭來自印尼爪哇島的婆羅浮屠（Borobudur），就在赤道再往南幾度的位置。婆羅浮屠是世界上最大的佛教遺跡之一，也是人類最偉大的文化成就之一，它是一座巨大、方形、階梯狀的金字塔建築，以石雕來表現佛教的宇宙觀，並飾以超過一千幅的浮雕作品，還擠滿數百尊佛陀的雕像。

當參拜者爬上這裡，他們是走在一條能反照心靈之旅的有形小路上，象徵性地把造訪者從人世間帶到一個更高的生命境界。在肥沃又占有重要戰略地位的爪哇島上，婆羅浮屠遺跡是見證佛教如何突破發源地的界限、透過航海路線傳揚開來、成為世界性的宗教的最重要典範。

婆羅浮屠聳立在島中央的火山平原上，是一座階梯狀的金字塔建築，用掉超過一百五十萬

▲ 婆羅浮屠，布滿浮雕和佛陀雕像。

個石塊，竣工於西元八百年左右，共有七階向上延伸的平台，愈往上面積愈小：下面四層是方形，上面三層是圓形，頂層是一座圓頂佛塔。

訪客一層層地往上爬，從有形的道路走向心靈的覺醒之路。最底層的浮雕雕像呈現俗世生活的虛妄與失落、種種的煩惱和不足；這些雕像顯示姦淫、殺戮與偷盜會受到什麼因果報應，很像但丁在《神曲》中闡述犯了什麼罪會受到什麼相應懲罰的想像。再上層則是以多幅浮雕描繪佛陀的一生，他超越這個不完美的世界，放下王子之尊、拋開家族的榮華富貴，最終悟道成佛。之後全是佛陀的雕像，祂或冥想或講道，指引信眾不斷放下，以追求精神的超脫。

十六世紀伊斯蘭教成為爪哇島最大的宗教後，婆羅浮屠就被遺棄了，幾百年來被草木掩蓋，幾乎看不見。三個世紀後，一八一四年，一位現代訪客多馬斯・史丹佛・萊佛士爵士（Sir Thomas Stamford Raffles）重新發現了這個地方。

萊佛士爵士是英國派駐此地的行政官，也是學者和軍人。英國在拿破崙戰爭期間占領爪哇後，任命萊佛士為副總督，他很快就對當地的人民和過往變得非常熱情，聽說當地有一座「雕像山」，立刻派一組人前去調查。調查團隊帶回來的消息實在令人振奮，萊佛士因此決定親眼去看看這個當時叫做「婆羅婆羅」（Boro Boro）的遺跡：

婆羅婆羅真是值得讚揚、雄偉壯觀的藝術傑作。這座龐大的建築物占地遼闊，有一部分被繁茂的熱帶植被覆蓋，部分遺跡展現出美麗、精緻的手法，整體看起來對稱又有一致性，裝飾著大量有趣的雕像和浮雕，讓我們不禁懷疑它們不是調查團隊先前細查、畫下和形容的那些東西。

這個遺址曾經受到地震的嚴重破壞，而且大部分都被火山灰給掩埋了。即使到了今天，遺址附近還是有很多碎石成排散落，周圍花草叢生。不過萊佛士還是欣喜萬分，他馬上就看出婆羅浮屠是建築和文化上的偉大成就，並帶走兩個掉在地上的石佛頭。

萊佛士重新發現了婆羅浮屠後，又發現島上有印度教的重要遺跡——爪哇同時接受佛教和印度教——於是重新徹底審視爪哇的歷史。萊佛士想要說服歐洲人，爪哇曾是偉大的文明，如同人類學家奈吉爾・巴利博士（Dr Nigel Barley）所解釋的：

▲ 在婆羅浮屠發現的船隻雕刻。

萊佛士強烈地相信文明的概念，他沒有解釋過什麼是文明，卻指出許多明確的標誌：一是擁有文字，二是擁有社會階層，再來就是擁有複雜的石造建築。所以，如果這有說服你，那婆羅浮屠就是爪哇曾經擁有偉大文明的證據——可媲美古希臘和羅馬文明。他在大英博物館的收藏品——萊佛士收藏品（Raffles Collection），以及他所撰寫的《爪哇史》（*The History of Java*），都企圖證明這個主張。

萊佛士收藏品中有婆羅浮屠的兩個佛頭和一些碎片，還有一些印度教和伊斯蘭的藝術品，不過萊佛士還收藏了一些文物，來總結爪哇文化。他的結論非常特別：他希望這些文物能為印尼文明辯護，說清楚爪哇文化是大南亞文化傳統信仰的一部分，能跟歐洲文化平起平坐——一種不以地中海文明為中心、不認為地中海文明最優越的世界史觀。

萊佛士在婆羅浮屠廢墟發現的石佛頭，其中一個現在就在大英博物館東亞館的爪哇專區。它比真人尺寸略大，呈現眼睛朝下、內心平靜的冥想狀態，嘴角一貫似笑非笑的模樣，頭髮很捲，耳垂非常長，很可能是因為長年戴著沉重的金耳環，透露他成佛前貴為王子的身分。我們馬上想起第四十一章提到的，大約比這裡再早個五百年前，印度西北方首度出現佛陀肖像。萊佛士非常了解印度，而且他很清楚，這些婆羅浮屠的雕像以及許多爪哇文化，因為與印度長期交流而受到很深的影響。

在婆羅浮屠完成前，雙方的交流早已持續一千年以上。過去大家認為這些交流是印度以武力征服或移民的結果，不過現在我們會將之視為大海陸貿易網路的一部分，貿易網路除了運輸人員與商品，也不可避免地傳遞了技術、思想與信仰。正是這條貿易網路把佛教傳到爪哇島和更遠的地方，沿著絲路傳到中國、韓國和日本，沿著南亞諸海傳到斯里蘭卡和印尼。但佛教從來就不是排外的信仰，大約就在婆羅浮屠矗立在這塊土地上時，周遭也蓋起規模相當的印度教寺廟。

興建這種歷史遺跡需要大量的人力物力。人力在爪哇島從來就不是問題——這裡土壤肥沃，一向就能供應大量人口，而且西元八百年時，島上居民過得非常優渥。除了農業，這裡也是國際貿易的關鍵位置，尤其是香料的買賣——最主要是更東方的丁香。這些奢侈品在爪哇裝船，被運往中國和整個印度洋地區。

婆羅浮屠有一幅精緻的浮雕，呈現一艘西元八百年左右的商船，為這種海運聯繫提供了絕佳而生動的證據。這幅浮雕非常生動，雕工高超，刻痕極深，而且充滿活力與幽默感——船首雕刻的神像下方，有一名船員緊抱著船錨不放。但最重要的是，這幅浮雕提供了栩栩如生的證據，顯示哪種船隻才能進行遠程航行，這種多桅多帆的船隻，能一路從中國和越南航向爪哇、斯里蘭卡、印度，甚至遠達非洲東岸。

我想，所有偉大的宗教建築都是這樣，但在我造訪婆羅浮屠後，我特別震驚於腦海中突然想起的這個普遍存在、卻自相矛盾的論點：你得密切參與世間俗務，才能取得大量的物質財富，然後用來興建不朽的建築，鼓勵人們放棄財富、拋棄世俗的一切。佛學教師、作家史蒂芬．巴契勒（Stephen Batchelor）也這麼認為：

它（婆羅浮屠）無疑非常宏偉，足以媲美歐洲的大教堂，可能花了七十五到一百年才完工，跟歐洲哥德式大教堂的興建時間差不多。也因此，它是佛教極樂世界的偉大象徵，也代表一定程度的智力活動；但它同時也非常有形而具體，所以其內涵絕對不止如此，遠超出形上學或宗教教義，代表某些至關重要的、人類心靈所能達成的成就。

一層一層爬上婆羅浮屠的經驗，就能讓人感受到它的威力。當你從較低層的封閉迴廊走出來，踏上被火山環繞的開闊空間時，會清楚地意識到跳脫有形物體的束縛、進入更寬廣的世界。即便是最麻木不仁的觀光客，此刻也會覺得自己不是來到一個旅遊景點，而是經歷一場朝聖之旅，婆羅浮屠的建造者完全知道如何利用石頭營造這種感受。

當我爬到上三層的環形平台時，我發現這樣的指引已經停止，再也沒有任何訴說故事的浮雕，只看到許多鐘形佛塔，每個佛塔裡都坐著一尊佛陀。我們已經放下身後與下方那些雕像和現實的色界，進入無色界。婆羅浮屠的最頂端有一座巨大的鐘形佛塔，裡面空空如也，什麼都沒有，這就是這趟心靈之旅最終的終點。

▼千年前的印度洋，有如地中海

60 基盧瓦瓷器碎片

陶瓷碎片，發現於東非坦尚尼亞的基盧瓦基西瓦尼海灘，西元九〇〇年—西元一四〇〇年；最大的一片高十二・五公分、長十四公分、寬二・五公分。

幾個破罐子、破盤子能透露的故事，會讓你大開眼界。本章要介紹的是陶瓷，但不是寶庫或古墓裡的高檔貨，而是尋常人家的日用器皿，而我們也知道，這些陶瓷能留存至今的，往往都是碎片了。很奇怪，完整的盤子或花瓶很容易弄破，可是破了以後就很難再壞掉了。這些陶瓷碎片能告訴我們的，比很久以前的日常生活還要多很多。

照片所顯示的，是一些在東非海灘上待了大約一千年之久的陶瓷碎片。西元一九四八年，一個機警的海灘流浪漢在撿拾漂流物時找到這些碎片，然後在一九七四年送給大英博物館，因為他變賣不了這些殘餘碎片，而覺得毫無經濟價值；但這些陶瓷碎片卻打開了我們的眼界，讓我們除了見識到一千年前的東非生活，還看見整個印度洋的世界。

大部分的歷史都記錄陸地上的事，多數人都會從城鎮和都會、山川和河流、大陸和國家的觀點來看待歷史。但如果我們換個角度，這麼說吧，不要去想亞洲、或印度的歷史，而是把海洋放到最重要的位置，那我們對過去就會產生截然不同的觀點。

我這幾章一直在關注思想、信仰、宗教和人類，在九到十四世紀如何沿著橫跨歐亞大陸的偉大航線四處旅行；不過這些貿易路線同時也穿越公海，航行於整個印度洋。非洲和印尼相隔五千英里，卻能毫不費力地互相交流，一如它們和中東、印度與中國的往來一樣；這一切都得歸功於印度洋的風向，它好心腸地每年有一半的時間吹東北風，另一半的時間吹西南風，讓這些商船可以安心從事長途航行，不必擔心回不來。

商船船員往返於這些海洋已有千年之久，他們裝載的不只是商品，還有形形色色的動物、植物、人、語言和宗教。因此，馬達加斯加的居民會說印尼話絕對不是意外。無論印度洋的沿岸如何的蜿蜒曲折、遙不可及，都屬於同一個社會；而這個社會的規模與複雜度，可以從這些陶瓷碎片裡一窺究竟。

我挑選的這些少量碎片就能透漏很多事情。最大的一塊碎片約有明信片大，而最小的大概只有信用卡的一半大，這些碎片可以分成三組完全不同的類型：有幾片表面平滑、呈淺綠色，看起來很像昂貴的現代瓷器；另一組是藍色圖案；第三組則是沒有上釉的天然土色，上面滿是浮雕裝飾圖案。這些陶器來自世界各地，卻在西元六〇〇到九〇〇年間被丟在同一個地方——非洲東部的海灘，它們全都是在基盧瓦島的基西瓦尼（Kilwa Kisiwani）坍塌的懸崖底部發現的。

現在的基盧瓦是一座平靜的坦尚尼亞小島，只有幾個小漁村，但西元一二〇〇年前後，這裡卻是一座欣欣向榮的海港城市，你還是能在這裡找到大量石造建築的廢墟，以及非洲撒哈拉以南最大的清真寺遺跡。西元一五〇二年，有一位葡萄牙人造訪此地，他形容這座城市：

這座城市延伸到海岸，四周有城牆和塔樓環繞，裡面大約有一萬兩千名居民……街道狹窄，房子都蓋得很高，有三到四層樓，因為房子實在蓋得太近，人們可以在屋頂的平台跑步……港口停泊著許多船隻。

基盧瓦是非洲東岸沿線最南端、最富饒的城市，這些沿海城鎮從坦尚尼亞向北延伸，經過現代肯亞的蒙巴薩（Mombasa），一路來到索馬利亞的摩加迪沙（Mogadishu）。這些不同的社會一向互有連絡，船隻沿著海岸南來北往；此外也跟遠道而來的商船時有往來。

這些貿易的證據——陶器碎片——充滿各種訊息。就連我都能馬上看出淺綠色的是中國瓷器的碎片，原本是精美又奢華的碗或罈——當年中國以工業化的方式大量製造這種瓷器，不但出口到東南亞，更越渡印度洋，販售到遙遠的中東和非洲。坦尚尼亞小說家阿布拉扎克．古納（Abdulrazak Gurnah）回想自己小時候在海灘撿到中國陶瓷碎片的情景：

我們以前經常看到這些東西，這些陶器碎片就在海灘上。偶爾老人家會告訴我們：「這是中國的陶器。」我們就會心想：「是啦，是啦。」我們聽過太多這類故事了——飛毯、迷路的王子，諸如此類——所以我們只是把它當作另一個故事。直到後來，當你開始參觀博物館，或一直聽說曾有中國大艦隊造訪東非，這些東西的價值馬上就水漲船高，代表某種很重要的意義——一種關連性。然後你再看這些碎片時，就會看到它的完整性、重要性，還有它的美，你再也無法忽視眼前這些東西是幾百年來，從中國遠道而來的文化。

除了中國瓷器，還有一些陶罐碎片，顯然是經過長途跋涉才來到基盧瓦這個地方。有一個藍色碎片上是黑色的幾何圖案，顯然是來自阿拉伯世界；在顯微鏡下觀察這個碎片，可以從泥土的成分得知它原本產自伊拉克或敘利亞。其餘的碎片則來自阿曼（Oman）或波斯灣的其他地方，光是這些碎片就足以顯示基盧瓦與伊斯蘭的中東世界，有著多麼強大和廣泛的連結。

基盧瓦的人民確實是陶器舶來品的愛用者。他們不只拿來用餐，還會拿整組的碗來裝飾房子，或清真寺的牆壁和拱門。當然，陶瓷只是繁榮的進出口貿易中，讓基盧瓦致富的因素之一，但因為陶瓷是最堅韌、最耐久的產品，而成為倖存至今的證據。此地還有來自印度的棉花——直到今天雙方都還在進行這項買賣——中國的絲綢、玻璃，珠寶和化妝品。另一位葡萄牙訪客，如此回想基盧瓦這種港口進行的精采交易：

> 大商船上滿載布料、黃金、象牙和各種商品，還有摩爾人（Moors）和來自印度的異教徒；這些大商船每年都會滿載各種貨物抵達港口，讓他們賺取大量的黃金、象牙和蜂蠟。

從非洲輸出的商品包括印度亟需的鐵錠、波斯灣建築所需的木材、犀牛角、龜殼、豹皮……，當然，還有黃金和奴隸。當中有許多商品都是從遙遠的非洲內陸跋山涉水而來，例如黃金就來自南非的辛巴威（Zimbabwe）。正因為和基盧瓦進行貿易，八百年前的辛巴威才能成為富強的王國，將自己打造成首都城市，留下最重要的神祕遺址大辛巴威（Great Zimbabwe）。

這些貿易讓基盧瓦非常富裕，但貿易改變它的不只是物質方面，由於印度洋有半年吹東北風、半年吹西南風，貿易顯然會以一年的節奏而律動；來自波斯灣和印度的商人通常得等上好幾個月，才能等到返鄉的風向。在這幾個月，他們很自然而然地和非洲當地的社會往來、深交——從而改變了這個地方。

沿岸城鎮因為阿拉伯商人的緣故改信伊斯蘭教，阿拉伯和波斯的字彙也融入當地的班圖語（Bantu language），形成一種新的通用語言——斯瓦希里語（Swahili）。結果，一種值得注意的文化社區遍及了沿海城市，從索馬利亞到坦尚尼亞，從摩加迪沙到基盧瓦——使用斯瓦希里語的細長地帶，他們信仰伊斯蘭教，外觀上卻非常國際化。不過斯瓦希里文化的核心無疑還是非洲文化，歷史學家博全·馬歕達教授（Professor Bertram Mapunda）解釋：

> 我們都知道些移民來到東非，其中一項誘因就是貿易：因為當地居民吸引移民前來，日後才會有斯瓦希里文化的誕生。所以我們不能說「這些東西都是外來的」，因為當地人從一開始就協助促成這個文化，才會吸引外人參與這個文化。

最後一塊陶器碎片就很清楚地證明了這一點。這是一片棕色爐燒陶器的碎片，有著輪廓清晰的突出花紋，原本應該是日常烹飪用的陶器，成分是當地的泥土，製作手法也明顯是非洲風格。這就顯示基盧瓦的非洲居民一邊開心地享用、蒐集著外國陶器，一邊也和一般人一樣，繼續使用傳統陶鍋、以傳統方式烹煮料理。我們也從這樣的陶鍋得知，非洲人也會透過印度洋進行貿易，因為整個中東地區的港口都能看到這類陶瓷碎片。我們還從其他來源得知，非洲商人還把生意做到印度去，而且斯瓦希里帶狀地區的城市曾派遣外交使節到中國宮廷。

海洋通常會讓各居天涯的不同民族連結在一起，而不是讓他們更加疏遠。和地中海一樣，印度洋也創造了一個龐大而互通的世界，使得當地的歷史，很可能總是不只一洲的故事。

第13篇

身分地位的象徵

西元一千一百年～西元一千五百年

儘管有黑死病和蒙古人在亞洲和歐洲的侵略造成的混亂，這四百年卻也是知識大學習和文化大收成的時代。科技的進步帶來了奢侈品的誕生問世，讓有錢人可以拿來反映自己的地位、炫耀自己的品味和才智。

此時，蒙古統治下的中國首度開發出獨樹一幟的青花瓷，隨後在全球市場上引起哄搶和大賣。在伊費（Ife）這座西非史上首見的城邦之一，宮廷藝術家以先進複雜的製銅技術創作出栩栩如生的雕塑。

當時伊斯蘭世界的藝術和科學發展正欣欣向榮，讓歐洲學者從中獲益匪淺的除了天文學和數學，還有西洋棋——這種棋賽變成了整個歐洲菁英階層的消遣娛樂。而在哥倫布時代之前的加勒比海地區，與統治者地位穩固與否緊密相關的，往往就是能讓他聯繫上神靈世界的王權儀式。

▼印度發明，在北歐配備狂戰士

61 路易斯西洋棋

海象牙與鯨魚齒製成的棋子，可能產自挪威，發現於蘇格蘭的路易斯島；西元一一五〇年—西元一二〇〇百年；最高的一枚高十．〇三公分。

西元一九七二年，一場冷戰時期最受人矚目的戰爭牢牢地揪住了世人關注的目光。戰場位在冰島，而所謂的戰爭其實就是場西洋棋世界冠軍挑戰賽——美國棋王鮑比．費雪（Bobby Fischer）和蘇聯棋王鮑里斯．斯帕斯基（Boris Spassky）對決。

當時，費雪宣稱「西洋棋就是棋盤上的戰爭」，而在歷史上的那一刻，情況似乎也確實是如此。可不單單只有那時是如此，其實情形向來就是這樣；假若所有的賽事在某種程度上就是暴力和戰爭的替代品，那西洋棋這種擺好陣式再決一勝負的戰局絕對是當中的一絕。敵對雙方在棋盤上布陣對壘，步兵在前、官兵在後。每一種棋盤上的設定，其實都呈現出對戰社會的樣貌；不管這個社會設定的背景是印度、中東或歐洲，棋子的設置、命名和形狀都能顯露出許多該社會運作的諸般方式。所以，如果想要對西元一千兩百年左右的歐洲社會有些直觀的了解，我們最好就是直接來看他們是怎麼下西洋棋的。要說西洋棋子能給我們帶來對社會深刻的理解，那應該沒有能比得上西元一八三一年在赫布里底群島（Hebridean islands）的路易斯島發現的七十八顆混雜的西洋棋棋子，也就是我們所熟知的「路易斯西洋棋」。

目前這些棋子有六十七顆典藏在大英博物館，有十一顆在蘇格蘭國家博物館。在雙方擺開對弈的陣勢下，這些備受寵愛的棋子就帶領著我們走進了中世紀世界的核心。

人類從事棋賽遊戲至今已有超過五千年的歷史，而西洋棋相對而言還算是個新近出現的事物——它似乎是在西元五百年以後在印度發明。在接下來的幾百年裡，這種遊戲流傳到了中東、再進一步傳進了信奉基督的歐洲世界；不同地方的棋子會有些不同的變化，反映出玩棋的人處在不同的社會形態。所以，在印度會有稱為「戰象」的棋子，而伊斯蘭對人類形象的保守態度，讓中東所有的棋子基本上只具有抽象的外觀。反觀歐洲人玩的棋子，往往都帶有極強烈的人類形象。從路易斯西洋棋身上，我們不僅看到了某些特定類型的角色，同時也看到了明顯反映出中世紀龐大的權力賽局結構；這權力賽局的場域發生在北歐，從冰島和愛爾蘭一路延伸到斯堪地那維亞和波羅的海一帶。

這些棋子人物的大小，比我們現在多數人玩的棋子都還要大上許多；例如，王棋大約有八公分高，剛好就是掌心裡盈盈一握的大小。它們多半都用海象牙雕刻而成，但也有少數以鯨魚齒製作而成。有些棋子原本應該是塗成紅色、而不是今天常見的黑色，但如今它們全都變成了淡淡的淺棕色。

我們可以從兵棋這種棋子開始談起。路易斯西洋棋藏著的謎團之一，就是棋子裡有不少的大棋（后、車之類的棋子），但卻沒有相稱規模的兵棋。我們這些棋子來自幾套不完整的棋組，但一共卻只有十九個兵棋。兵棋是唯一不具備人形的棋子；它們不過是海象牙做成的小型厚板，直直站著如墓碑一般。在中世紀的社會裡，這就表明了農民被粗暴地拉伕充軍的景況。無論在什麼樣的社會裡，似乎都認為社會底層的這些人可替換、無差別，於是在這兒所看到的步兵，當然也就毫無個別性可言了。

而在另一方面，這些大棋卻充滿了鮮明的個性：精銳的護衛、騎著馬的騎士、指揮若定的國王和沉思冥想的王后。它們當中地位最高的，當然是終極合法權力的來源：國王——一旦抓住了他，一切戰鬥就宣告終止。在路易斯西洋棋的所有棋子裡，王棋都坐在裝飾華麗的寶座上，膝上放著一把長劍。保護國王的有兩種特種戰士。一種是我們大家相當熟悉的「騎士」，行動迅捷、多才多藝、鞍馬在跨。從印度西洋棋出現之初，有座騎的戰士就是個不變的常數：不論什麼年代、不管什麼國家，基本上到今天幾乎沒什麼改變。但我們所熟悉的這些騎士，在這兒卻遭到更邪惡的東西給左右夾擊。出現在棋盤最旁邊左右兩側、我們現在擺放「城堡」位置上的，是斯堪地那維亞世界裡的終極突擊部隊。它們虎視眈眈地站在那裡，有的還咬著盾牌上緣、進入了嗜血的瘋狂狀態。

這些戰士被稱為「狂戰士」（berserkers）。這是冰島語，意思指的是穿著熊皮衫的士兵；而「berserk」這個詞彙即便到了現在，仍然是「狂野、具毀滅性暴力」的同義詞。在這棋盤上，再也沒有哪個棋子比得上狂戰士，能直接將我們引入北歐戰事那可怖的世界裡去。

在西元一千兩百年左右，位於現今蘇格蘭西北邊陲的路易斯島是北歐世界的核心所在。當時它隸屬於挪威王國、使用的語言是挪威語，大主教的主教座堂在奧斯陸北方兩百五十英里外的特隆赫姆（Trondheim）。特隆赫姆是大型海象牙雕刻中心之一，而路易斯西洋棋的棋子風格與當地生產的棋子相當近似。我們知道在愛爾蘭也發現過類似的棋子，而路易斯島就是特隆赫姆和都柏林這繁榮海路之間的中途補給站。研究中世紀的史學家米麗．魯賓教授（Professor Miri Rubin）深入地剖析：

我認為這些棋子來自挪威、也許就來自特隆赫姆附近；它們看起來就很像是在那裡生產的。但倘若我們考慮到，當時不列顛與歐洲中部和南部區域的交流並不如現在這樣的頻繁緊密，反倒是以區域「連接器」的角色和整個北海地區過從甚密——維京人就來自北海，而最後征服了英格蘭的諾曼人老祖宗也是來自那兒。所以假定我們把這當成是某種北方聯邦，因為擁有木材、琥珀、毛皮和金屬等驚人的豐富原物料而發家致富，那麼也就不難想像在挪威生產製造的東西，最後怎麼會跑到蘇格蘭西部的海岸來了。

路易斯西洋棋在西元一八三一年被人發現，地點就在路易斯島烏伊格灣（Uig Bay）沙洲上一個隱蔽的小石室裡。它們為何會出現在那個地方，最可能的解釋顯然是商人藏的，也許他打算要在島上把它們給賣掉。例如，有一首十三世紀的詩裡就提到了一位大人物的名字、也就是路易斯王——艾雷島的安格斯．莫爾（Angus Mór of Islay）；他從父親手上繼承了一套象牙製作的西洋棋：

為你，他留下了自己的王位、胸甲、所有的寶藏……他的長劍，以及象牙製的棕色棋子。

下西洋棋這種休閒嗜好，說明了像安格斯．莫爾這樣的統治者，即便權力基礎位在整個大陸的極邊陲地帶，卻仍然隸屬於歐洲宮廷那高高在上的菁英文化。而棋盤上最足以代表歐洲宮廷的，莫過於王后這個角色。

有別於統治者妻子始終不在公眾前露面的伊斯蘭社會，歐洲的王后不但具有公眾影響力、同時也因充當國王的顧問而享有極高的地位。在歐洲，國土和王權有時也會由女性繼承。因此，伊斯蘭棋盤上隨侍國王身側的是男性顧問、也就是大臣；在歐洲棋盤上，國王身旁坐著的卻是王后。路易斯西洋棋裡，所有的后棋都呈現坐姿、右手托著下巴凝望著遠方；她們彷若要給同時代的人提出熱切的想法、睿智的忠告，但在我們看來，她們悶悶不樂的模樣卻很逗趣。

不過，這些王后或許真有些應該抑鬱寡歡的理由。在中世紀的西洋棋當中，王后其實並沒有多大的威力——一次只能走一格對角線的距離。但現代西洋棋的后棋卻是棋盤上威力最大的棋子。除了后棋之外，讓人感到驚訝的是，西洋棋從中世紀以來並沒有太大的改變，尤其是推敲棋子可能走法的那些令人生畏的數學運算。這種需要長時間久坐、耗費腦力的賽局，向來都能讓人情緒激昂。作家馬丁．艾米斯（Martin Amis）就一直對這兩方面相當著迷：

西洋棋的數學運算非常有趣，因為下四步棋之後，有幾十億種可能的走法。這是種最了不起的棋盤遊戲。偶爾你會彷彿感受到偉大棋手向來都能理解的組合走法；於是突然間，整個棋盤看起來就豐富到無以復加的程度——這似乎充滿了各式各樣的可能性。你在偉大棋手身上所看到的是好戰的意志——他們全都擁有殺手的本能。

有時候，殺手的本能還真的就是字面上所指的意思：一份西元一二七九年的英格蘭法庭記錄告訴了我們，有個名叫大衛的男子和一個名叫茱麗安娜的女子在下西洋棋時發生了激烈的爭執，大衛用劍猛刺她的大腿，致使茱麗安娜當場死亡。

還有一種棋子是我還沒有提到、但也許是路易斯西洋棋裡最迷人的角色；這個人物對於成就他的這個社會，有著重要而深刻的見解。他就是主教，是中世紀歐洲國家裡掌握權勢的人物之一，不僅掌管了精神生活、同時也有權支配土地和人民。特隆赫姆的大主教應該是路易斯島真正的掌控者。路易斯西洋棋當中的主教棋子是現存最古老的，強烈提醒著我們，教會是整個歐洲任何國家戰爭機器裡不可或缺的一部分。我們都熟知十字軍東征收復聖地的故事，以及教會在其中所扮演的角色。但在同一時期還有一場北方聖戰，由條頓騎士（Teutonic knights）所率領，征服了一部分的東歐地區、並讓他們改信了基督；在南方，由於主教發揮了重要的作用，使得卡斯提（Castile）和西班牙中部從原本伊斯蘭統治者的手中，重新回到基督宗教世界的懷抱。

就從西班牙這個剛成為基督宗教世界、但卻仍擁有穆斯林和猶太教居民的地區，我們迎來了下一個要討論的文物——當年的多用途、多功能智能手機，也就是星盤。

▼西班牙限量版衛星導航器

62 希伯來星盤

黃銅星盤，也許來自西班牙；西元一三四五年—西元一三五五年；
高十一公分、寬九公分、長二・一公分。

這個攜帶式的天空模型是個精緻的圓形黃銅儀器，看起來有點兒像是個大型的黃銅懷錶。這是一個星盤。帶上它，我就可以知道時間、做些測量，還是藉助太陽或星辰，找出自己所在的位置，倘若訊息足夠的話，我甚至還能幫你排出星象命盤。

儘管古希臘人對星盤並不陌生，但這種儀器對伊斯蘭世界卻尤其重要，因為它能讓忠實的信徒找到麥加的方向，所以看到至今還殘存下來、最古老的星盤來自十世紀的伊斯蘭世界，我們絲毫不覺得訝異。但照片裡看到的這個星盤，是大約七百五十年前的猶太人在西班牙所製作的。上面刻有希伯來文字、但同時還有阿拉伯和西班牙文字，整個星盤的裝飾結合了伊斯蘭和歐洲的不同元素。它不僅是一種先進的科學儀器，也象徵著歐洲宗教與政治史一個非常特殊的時刻。

我們無法確知究竟是誰曾擁有這個特殊的希伯來星盤，但它卻能讓我們知道許多訊息、明白猶太和伊斯蘭學者如何將承襲自古希臘與羅馬的遺產發揚光大，重新振興了科學和天文學。

קשת
גדי
דלי

這個儀器顯示出重大知識統合的結果，涉及了三種宗教——基督宗教、猶太教和伊斯蘭教——和平共存的歷史時期。儘管在宗教方面並沒有產生融合的情形，但三種信仰在成果豐碩的摩擦過程裡相互共存，彼此也一起讓西班牙成為了歐洲的知識強國。

星盤使一切中世紀的天文知識變得簡潔明瞭、易於使用。如同當今最新的科技產品一樣，這是一件必須擁有、能證明你就站在科技最前端的產品。喬叟（Geoffrey Chaucer，十四世紀英國作家、代表作有《坎特伯里故事集》等）曾經寫過一封妙趣橫生、觸動人心的家書給他十歲大的兒子路易斯；這孩子和任何世代裡迷戀科技產品的小男孩顯然並沒兩樣，一直吵著要人買一個星盤給他。除了寫信之外，喬叟也幫小孩兒寫了一個簡單的操作指南，教他如何使用這個儀器、還告誡他要幫他找到這麼個玩意兒有多麼不容易——然而我卻相當懷疑，認為路易斯應該會像現在大多數的小孩一樣，很快就把他老爸的話給甩到腦後去了。

小路易斯，我早清楚知道你在數字和比例方面的科學學習能力；而我也認真考慮了你特別想要學習星盤理論的熱切請求。這裡有個天球地平圈的星盤和一份簡單的理論，能讓你搞懂同一款儀器上的一些推論。

所有能夠找出的推論、或其他可能要用星盤這種高貴儀器來找出的推論，我深信在這個地區的任何人都不能完全理解，而我也注意到，應該要有的操作說明卻無法完全導向預期的結果；有些說明對你這十歲的稚齡孩童來說，也太難以理解了……

我們這個星盤，乍看之下有如一個超大型的老式懷錶、擁有全黃銅打造的錶盤。這個閃閃發光、環環相扣組合而成的黃銅製品有五片彼此堆疊的超薄圓盤，在中央有一根針狀物將它們串在一起。盤面上有好幾根指針，指向圓盤上不同的符號就能得到不同的天文數據，或幫你來給自己進行定位。這個星盤是專門為身在特定緯度的使用者所設計的——這裡的五片圓盤，能讓你在庇里牛斯山脈和北非這緯度範圍內的任何位置得到一個準確的數據。這個緯度範圍，也就是塞維爾（Seville）和托雷多（Toledo）之間的西班牙城市。

這項資訊告訴我們，這個星盤幾乎可以肯定就是替以西班牙為根據地的人所打造的，他可能經常往返於北非和法國兩地，而星盤上的文字也明白告訴了我們，是什麼樣的人才需要來使用這麼個儀器。星盤的主人是個猶太人，而且是個飽學之士。

西爾克·艾克曼博士（Dr Silke Ackermann）是大英博物館科學儀器的管理者，她耗費許多時間鑽研過這個星盤：

所有的銘文都是希伯來文——你可以十分清楚看到這些雕刻精美的希伯來字母。但令這件文物如此耐人尋味的是，並非所有的文字都是希伯來文。其中有些文字和阿拉伯語相關，而有的則是中世紀的西班牙文。所以，我們可以用這個例子來說明：在我們稱為天鷹座（Aquila）的星座裡，我們可以看到有顆星星旁邊用希伯來文寫著「nesher me' offel」——意指「飛翔的老鷹」。然而其他星星的名稱用的卻全都是阿拉伯人的說法：所以，金牛座裡的畢宿五（Aldabaran）就用希伯來字母寫成了阿拉伯人所用的名稱「al-dabaran」。而當你用希伯來字母讀出各個月份的名稱時，這些名稱聽起來卻又像是中世紀西班牙文裡的十月、十一月、十二月。因此，你在這裡能獲得的知識，除了來自多位繪製天象圖的古希臘天文學家，還有穆斯林、猶太教和基督宗教學者們的諸多貢獻——這一切，全都由你一手掌握。

製作這個星盤的西班牙，是基督宗教轄下的歐洲唯一擁有大量穆斯林的地方；這裡同時也是大量猶太人群聚的所在。在八到十五世紀這段時間，中世紀西班牙這三種宗教的人口彼此混雜，是西班牙社會最有特色的元素之一。當然，當時還沒有西班牙這個國家——在十四世紀的時候，它仍然處在一種諸邦林立的狀態。當時勢力最大的是卡斯提爾（Castile），它與半島上最後一個獨立的穆斯林國家格拉納達王國（kingdom of Granada）相互接壤。在大半個基督宗教治下的西班牙，到處都有許多猶太人和穆斯林，這三種群體共同生活在一起、但卻又各自維持了自身的傳統，這也許算得上是多元文化的早期見證吧。這種彼此共存的狀態，在歐洲這個時期的歷史裡極為罕見，我們往往會用西班牙語的「convivencia」（共存）一詞來加以表述。

研究西班牙史的著名歷史學教授，約翰．艾略特爵士（Sir John Elliott；西元一五九二年——西元一六三二年）就解釋了這種混雜的社會是如何形成的：

> 就我所見，多元文化的精髓就在於，社會裡不同宗教和民族的各個社群都能保存自身獨特的身分。而在伊斯蘭統治時期的大部分時間裡，統治者的政策就是接受這種多樣性，即便政策擺明就是把基督徒和猶太人的信仰當成殘次品來看待。基督宗教統治者接手統治以後的所作所

為也大致相仿，因為他們實在沒有其他的選擇，但在同一時間裡，各社群裡相互通婚當然還是被禁止的，因此這只是一種有限的多元文化。然而這樣子卻並不能阻止大量的相互交往，尤其在文化層面更是如此。由於這三種不同種族之間的接觸往來，因此就帶來了一種充滿活力和創意的文明展現。

在更早的幾個世紀之前，這種相互交流已經把中世紀的西班牙推向歐洲知識擴張的最前線。在此不僅出現了愈來愈多與天文儀器、如我們這個星盤這一類的相關科學知識，同時在西班牙當地，許多古希臘哲學家、尤其是亞里斯多德的作品被翻譯成拉丁文，從而進入了中世紀歐洲的知識血脈當中。這種開創性的工作得仰賴穆斯林、猶太教和基督宗教學者彼此不斷的資訊交流才可能達成，而到了十四世紀，這種學術傳統已經內建於歐洲思維當中——體現於科學、醫學還有哲學和神學方面。這時星盤已經成了不可或缺的工具，天文學家、占星學家、醫生、地理學家或任何求知若渴的人都少不了它——甚至是像喬叟的兒子這種十歲大的英國小男孩也不例外。到最後，這個複雜精細、功能很多的東西還是被一連串個別的儀器給取代掉——地球儀、印製的地圖、六分儀、經線儀和羅盤，每一種儀器被用來處理星盤本身就能完成的眾多工作當中的其中一種。

伊斯蘭、基督宗教和猶太思想家所共同繼承的遺產，或許得以存活過好幾個世紀，但這三種信仰彼此卻無法「共存」。儘管中世紀的西班牙經常被當今許多政治學者譽為信仰寬容的指路明燈、也是多種信仰共存的典範，但真正的史實顯然不是那麼讓人感到自在。且容許我再次引用約翰・艾略特爵士的看法：

談到宗教對信仰寬容的實際狀態，共存的情況比較不是那麼的明確……基督教世界大致上非常不寬容、非常反對各種離經叛道的狀況，而且這種信仰不寬容的情況還特別針對了猶太教徒。例如，英格蘭在西元一二九〇年驅逐了境內的猶太人，而法國在十多年之後也做了同樣的事情；而就基督徒和穆斯林之間的關係而言，從十二世紀以降，彼此在宗教態度方面就趨於僵化。隨著基督徒鼓吹十字軍東征，從北非移居西班牙的阿摩哈人（Almohads）也吹起聖戰（Jihad）的號角，雙方的侵略活動就有愈演愈烈的趨勢。

在這樣的背景下，基督宗教治下的西班牙似乎仍擁有較大信仰上的寬容。但此時也已經有麻煩出現的跡象，而穆斯林碩果僅存的格拉納達正好提醒著大家這未完成的大業。基督徒、猶太人和穆斯林的知識聯盟在不久後將土崩瓦解，而好戰的西班牙君主政體一心想要追隨歐洲其他地區的腳步，主張基督宗教的統治地位。在西元一千五百年左右，猶太人和穆斯林將受到迫害、被驅逐出西班牙這片土地。至此，「共存」也就壽終正寢了。

▼比羅馬人更精湛的西非雕塑

63 伊費頭像

銅雕像，來自奈及利亞；西元一四〇〇年—西元一五〇〇年；
高三十五公分、寬十二．五公分、長十五公分。

到目前為止，在透過各種物品來講述世界歷史的過程裡，我們已經看過各式各樣的東西；一切說來都十分動人，但其中也有不少東西看起來既不賞心悅目、也賣不了多少錢。然而這裡介紹的這件文物——黃銅鑄造的頭像，肯定是件偉大的藝術作品。這顯然是某個人的肖像——儘管我們不知道這個人是哪位；它無疑是偉大藝術家的傑作——雖然我們不清楚這藝術家是何人；它必然是為了某個典禮而製作的——然而我們卻不了解那典禮是幹什麼的。但可以肯定的是，這頭像是個非洲人、還是王室出身，更是六百多年前西非偉大中世紀文明的一個縮影。這個頭像用上等黃銅鑄造而成、是整批十三個頭像當中的一個；它們全都是西元一九三八年在奈及利亞（Nigeria）伊費城（Ife）一座王宮舊址的地下被發掘出來的，美得讓全世界震驚，馬上就被當成未曾留下文字記載的某個文化最重要的憑證，體現了當年最先進、都市化程度最深的某個非洲王國的歷史。伊費的這些雕像推翻了歐洲的藝術史觀，令歐洲人不得不重新思考非洲在世界文化史當中的地位。時至今日，它們對於非洲人在如何理解自身的故事方面，也發揮了十分關鍵的作用。

這個伊費頭像典藏在博物館的非洲館當中，似乎一直凝望著到來的訪客。這頭像比真人大小稍微小了點，黃銅材質上留下了歲月暗沉的痕跡。他的臉型呈優雅的鵝蛋臉，上面布滿了精細雕刻的垂直線條——但這臉孔上的瘢痕是如此完美對稱，令我們毫不以為意、以為那根本就是容貌的一部分。他頭上戴著王冠——一頂串珠裝飾的高冠、上面插著一支醒目突出的垂直羽翎，至今仍保有大半的紅色原漆。這是個具有非比尋常存在感的物件。警惕的目光、曲線鮮明的臉頰、彷若欲言又止的微分雙唇——這一切的細節都被信心滿滿地刻畫了出來。要想掌握這般臉孔的結構，也許只有透過長期的訓練和入微的觀察才能做到。毫無疑問地，這裡所呈現的是真人的容貌，不僅描繪出現實、更轉化了現實的概念。臉部的一些細節已經進行了一般化和抽象化的處理，讓人看來有種安詳的感覺。與這座黃銅雕塑對眼凝視，我知道自己面對的是一位擁有至高權力帶來無上平靜的統治者。班．歐克里（Ben Okri）這位奈及利亞出生的小說家看到伊費的頭像時，他看到的不僅是一位統治者，而是一整個社會、一整段文明：

它對我的影響，和某些佛像雕塑對我的影響一樣。一件藝術作品所呈現的平靜安寧顯示出一種偉大的內在文明；因為若沒有反躬自省，若沒有對自己在天地宇宙間的定位提出偉大的質疑、並找出在某種程度滿足了這些問題的答案，那麼就無法得到平靜安寧。對我來說，這就是文明之所寄。

在這個層面上的這種非洲黑人文明概念，對於一百年前的歐洲人來說簡直就是難以想像。西元一九一〇年，德國人類學家里歐・弗羅貝紐斯（Leo Frobenius）在伊費城外的神廟裡發現了第一個黃銅頭像時，當場震懾於它所呈現出的技術和美學質量，令他馬上聯想到自己所知最偉大的藝術成就──古希臘時期的經典雕塑。但在古希臘和奈及利亞之間，哪可能會有什麼關連呢？在文學或在考古學上都找不出任何它們接觸交流的記錄。對於弗羅貝紐斯來說，有一個顯而易見、且令人振奮的辦法可以來解決這個難解之謎：失落之島亞特蘭提斯（Atlantis）肯定是沉沒在奈及利亞外海，而倖存的希臘人爬上了非洲海岸，製作了這個令人驚歎的雕塑。

要嘲笑弗羅貝紐斯當然很容易，但歐洲人對非洲藝術的傳統，在二十世紀初期的認知卻非常有限。對於畢卡索、諾爾德（Nolde）或馬諦斯（Matisse）這些畫家來說，非洲的藝術就和酒神狂歡節（Dionysiac）一樣：熱情洋溢、狂放不羈，縱口腹之欲、逞情感之流。然而，伊費的這些雕塑卻呈現了內斂、理性、具太陽神阿波羅崇拜的特質，顯然是來自一個技術先進、神權穩固、王權彰顯的有序世界；這樣的世界在各方面都足以和歐亞歷史上的社會旗鼓相當。如同一切偉大的藝術傳統，伊費的雕塑對於人何以為人的命題提出了一種特別的觀點。維吉尼亞州立邦聯大學（Virginia Commonwealth University）的藝術史教授巴巴湯迪・拉沃爾（Babatunde Lawal）就解釋說：

弗羅貝紐斯大約在西元一九一〇年提出假設，認為是失去了亞特蘭提斯的倖存希臘人製作了這些頭像；他還預測說，如果能夠找到完整的人像，那這人像定能反映出典型的希臘比例、也就是頭部的大小約占全身的七分之一。然而，當人們終於在伊費找到一尊完整的人像時，發現頭部大約只有身體的四分之一大小，符合了大部分非洲藝術典型的比例特徵——它們會特別強調頭部，原因就在於那是身體之首、靈魂所寄，也是身分、感知和溝通的部位。

考慮到這種傳統上的重視，那我們所知道的所有伊費金屬雕塑——大約只有三十來個——幾乎都是頭像，也就沒有什麼好讓人訝異的了。在西元一九三八年所發現的這批十三個頭像，讓人們不再懷疑這就是純天然的非洲傳統。西元一九三九年四月八日的《倫敦新聞畫報》（*The Illustrated London News*）報導了這一項發現。在這篇了不起的文章裡，作者仍用著一九三〇年代傳統的語言（對我們來說，就是種族主義者的語彙），認可了所謂的「黑鬼」（Negro）傳統——這個詞彙後來和奴役與原始主義扯上了關係——在發現了伊費的雕刻之後，必須把它的地位載入世界藝術的正式名單當中。而現在人們也再沒有辦法以與此相同的方式來使用「黑鬼／黑人」這個語彙了。

並非只有行家或專家才能來欣賞它們優美的造型、充滿活力的線條、沉穩的寫實表現、莊嚴的容貌和簡約的樣子……諸般的美態。沒有誰創造出來的雕塑能擁有如此直接的感官吸引力、能馬上滿足歐洲人勻稱調和的概念；希臘或羅馬黃金時代的雕塑沒有辦法、切利尼（Cellini，一千五百年—一五七一年，義大利矯飾主義雕塑家）辦不到、烏東（Houdon，一七四一年—一八二八年，法國新古典學派雕塑家）也無能為力。

我們很難誇大其詞地說，這就代表了對於偏見和統治階級的一項重大逆轉。沿著希臘和羅馬、佛羅倫斯與巴黎一路前行，我們現在來到了奈及利亞。如果要找出一個以事物改變思維的例子，我認為，這些西元一九三九年伊費頭像所帶來的衝擊，會是我們找得到的最佳寫照。

最近的研究發現，我們所知道的這些頭像，全都是在某一小段時間裡製作出來的，也許就在十五世紀的中葉。當時的伊費在經過了數百年的時間之後，早已成為首屈一指的政治、經濟和精神信仰中心。這個林耕社會由城市主導，發展多在尼日河西岸的區域。靠著河流的脈絡，不僅讓伊費連結上西非的區域貿易網路，同時也搭上了那些以駱駝運送象牙和黃金穿越撒哈拉沙漠、前往地中海沿岸的著名商路。他們在回程時帶回了能夠用來製作伊費頭像的各種金屬。地中海世界並沒有如弗羅貝紐斯所揣測的、為他們提供了藝術家，而僅僅只是提供了原料而已。

管轄這些森林城市的，是他們的最高統治者——伊費的兀尼（Ooni，伊費人最高統治者的頭銜）。兀尼不單只有政治上的影響力，在精神信仰和宗教儀式方面也得擔負起各式各樣的職責，而且伊費這座城市向來也是約魯巴人（Yoruba people）最重要的宗教中心。當地至今仍然見得到兀尼的身影。他享有很高的慶典地位和道德影響力，而且他的頭飾也仍然和六百多年前那雕塑頭像的頭飾遙相呼應。

我們這個頭像幾乎可以確定就是個兀尼的肖像，但我們卻完全不清楚它的用途為何。顯然它並非單獨讓人擺著看的，極有可能是被安裝在一個木製的軀體上——在它脖子上有個看似釘痕的洞，應該就是作為固定之用。有人認為它原本可能是用在出巡遊行的隊伍裡，或在某些儀式裡替代不克出席或身故的兀尼。

在它的嘴部周圍有一連串的小孔，我們同樣也無法確定那是做什麼用的，可能是用來附掛串珠裝飾的面紗、將嘴巴和臉孔的下半部遮掩起來。我們知道，當今的兀尼仍會在某些儀式場合裡把臉完全遮住——這是個強而有力的宣告，表明了他有別於其他凡夫俗子的獨特地位。

有一種感覺，會讓人認為伊費的雕塑業已成為現代、後殖民時期整個非洲大陸的具體化身，讓人對古老文化的傳統充滿了信心。巴巴湯迪．拉沃爾解釋說：

今天，有許多非洲人、尤其是奈及利亞人，對於自己的過往歷史感到相當的自豪；這過往的種種曾一度被人詆毀抹黑成既粗鄙又原始。然後，明白了祖先們並非如他人說的那麼落後，他們感到高興的理由又添上了一筆。這樣的發現讓他們見識到一種新的民族主義，讓他們開始可以昂首闊步、以過往的歷史為榮。當代的藝術家現在會從這樣的過往來尋求靈感，激勵他們在我們這已然成形的地球村世界裡進行身分的追尋。

發掘伊費藝術的種種，足堪載入教科書當中，來做為文化和政治現象流布的典範：只有發現自身的過去，才能讓我們找到自己，還有其他更多的東西。要想成為什麼樣的人，我們必須先弄清楚自己的過去是什麼。就如同個人、民族和國家都會重新審視自己的過往和歷史，才來界定和重新定義自己的身分，如今伊費的雕塑，已經是一種獨特的民族與區域身分的標記了。

▼青花瓷・元朝

64 大維德花瓶

瓷器，來自中國江西省、玉山縣；西元一三五一年；高六十三・六公分。

世外桃源嘗臨忽必烈汗
降旨建造雄偉的安樂宮：
亞佛聖河在此滔滔流奔
穿過深邃不可測的洞穴，
直流入不見天日的海洋。

柯律治（Samuel Taylor Coleridge，一七七二—一八三四，英國浪漫主義詩人）在嗑藥刺激的迷幻狀態裡寫下這幾行令人激動興奮的開場白，至今讀來仍令我背脊發麻。十幾歲的時候，我深深著迷於他那異國情調和神祕逸趣的幻想，壓根沒想到他所寫的其實是一位歷史人物。忽必烈汗是十三世紀時的中國皇帝。「世外桃源」（Xanadu）其實只是英文的「上都」、也就是皇帝的夏宮。忽必烈汗是成吉思汗的孫子，成吉思汗是西元一二〇六年以後的蒙古帝國統治

者、也是全世界聞風喪膽的一代梟雄。在四處殺伐肆虐之後，成吉思汗建立了蒙古大帝國——這超級大國的疆域西起黑海、東至日本海，南起柬埔寨、北抵極地的範圍。忽必烈汗進一步擴大了帝國的疆界領土，成為中國的皇帝。

在蒙古統治下，中國開發出一種有史以來賣得最久、最好的奢侈品——這種與雄偉歡樂的宮殿互相輝映的產品，約莫在幾個世紀的時間裡就從宏偉的宮殿流傳到世界各地平凡人家的居室之中：就是中國的青花瓷。現在我們會以為這藍白相間的圖案是典型的中國式配色，但其實一開始並不是這樣的。這種中國美學的原型其實來自伊朗。多虧了中國人長久以來都有在物品上題字書寫的習慣，我們才能確知這兩個青花瓷瓶是由誰委託製作、要獻給哪些神明，甚至還有獻祭的確切日期。

中國瓷器的重要性，讓人再怎麼大加讚譽也都不為過。它受到全世界的欣賞推崇和山寨模仿已經有一千多年的歷史，影響了幾乎世界上所有的陶瓷傳統，並在跨文化交流的過程裡扮演著舉足輕重的角色。在歐洲，青花瓷幾乎就等同於中國，且總讓人聯想到明朝這個時代。但是，目前典藏於大英博物館的大維德花瓶卻讓我們重新思考這段歷史，因為它們問世早在明代以前；那是忽必烈汗的蒙古王朝、也就是元朝，統治著全中國直到十四世紀的中葉。

七百年前，幾乎全亞洲和大半個歐洲都被蒙古人的入侵搞得暈頭轉向。我們都把成吉思汗當成終極毀滅者；他兒子（旭烈兀）攻陷巴格達的燒殺擄掠，至今仍存留在伊拉克人民的記憶當中。成吉思汗的孫子忽必烈也是偉大的戰士，而在他治下的蒙古更加穩定和井然有序。他以中國皇帝之尊大力支持學術研究和藝術發展，並鼓勵生產奢侈品。當帝國成立、「蒙古和平」

（Pax Mongolica）時期來臨，如羅馬和平時期（Pax Romana）一樣，就確保了社會長期的穩定和繁榮。蒙古帝國的疆土沿著古絲路四下擴展，讓絲路沿途平安無虞。就因為蒙古和平的緣故，馬可波羅才能在十三世紀中葉從義大利前來中國旅遊，並回返歐洲去講述他的所見所聞。

在令他目不暇給、驚歎連連的事物當中，馬可波羅看到了瓷器；事實上，「瓷器／porcelain」這個詞語，就是出自馬可波羅前往忽必烈汗治下的中國遊記。義大利文porcellana指的是「小豬崽」，在俚語的用法當中代表了貝殼貨幣，而這種貝殼看起來確實有點像是蜷著軀體的小豬。為了讓讀者對他在中國看到的那種堅實、精緻、散發著貝殼般光澤的陶瓷有清晰的概念，馬可波羅唯一能想到的用語就是貝殼貨幣、也就是porcellana。所以自此之後，我們就把「瓷器」稱為「小豬崽」、「porcelain」——倘若不把它叫做china的話。我實在找不出世界上還有其他哪一個國家，國名和特色出口商品還可以這樣互為表裡、彼此交換的。

大維德花瓶之名，是因為伯西瓦爾．大維德爵士（Sir Percival David）把它們給買了下來的緣故；爵士先生的一千五百多件中國陶瓷收藏，目前都安置在大英博物館的一個特殊展廳裡。我們把這對花瓶擺放在大維德收藏館入口處的長廊，擺明了它們就是這場大秀的主角：它們是大維德爵士分別從兩個私人收藏家那兒購入，在西元一九三五年終於讓這對花瓶再次團聚。

這兩只花瓶的個頭頗大，高度都超過六十公分、最寬的地方大約有二十公分；花瓶頭尾較窄、瓶身向外隆起，造型十分優雅。在瓶身的白瓷本體和外層透明釉面間浮動飄移的，顯然就是以鈷藍製成的釉青、用充滿自信的筆法所描繪出來的精巧圖圖案。花瓶底部和頸部都畫著葉子和花朵，而在瓶身主體部分則各自畫著一條環繞著瓶身飛舞、形體修長的中國飛龍——瘦長的身軀覆蓋著龍鱗、頭部飄著龍鬚、手上舞動著銳利的龍爪，遨遊於祥雲之上。在花瓶頸部各有兩個象首造型的耳飾。顯然這兩只奢華的瓷花瓶，是藝術家工匠游刃有餘地運用這種素材所製作出來的產品。

瓷器是一種高溫燒製的特殊陶瓷，所需溫度約在攝氏一千兩百到一千四百度之間。和一般會滲水的陶器不同的是，高溫會讓粘土產生玻璃化現象，所以就如玻璃一樣能用來呈裝液體，同時還能讓器皿更加堅固。早在青花瓷問世之前，潔白、堅固、半透明的瓷器就已經廣受世人的喜愛、備受大家的追捧。

蒙古侵略的殘暴行為，不但動搖了中東當地的陶器製造業，更摧毀整個產業的根基，尤其以伊朗受創最為嚴重。所以當和平再度來臨時，這些地區就成了中國出口的主要新市場。青花器皿在這些市場向來就很受歡迎，因此中國為這些市場所打造的瓷器也都反映出這種地方風格，而且中國的陶器匠師也利用這種伊朗的鈷藍顏料來迎合伊朗在地的品味。這種產自伊朗的鈷藍在中國被稱為「回青」——一種穆斯林藍——顯然就說明了這種藍白配色的傳統來自中東、而非中國原創。中國文化史專家、牛津大學藝術史系教授柯律格（Professor Craig Clunas）對這種現象有著格局更大的關照：

這類顏料來自伊朗和現代的伊拉克地區。這種外來技術也因此讓我們知道了一些與這個時期有關的事情，明白了中國身為疆域從太平洋一路延伸到幾乎抵達地中海沿岸的龐大蒙古帝國一員，對亞洲其他地區的態度是前所未有的開放。當然這種對亞洲其他地區的開放態度，也正是青花瓷這一類物品誕生的原因，同時對文學形式可能也帶來了一定的影響。所以，從正在形成文化形式的觀點來看，元代這個時期就顯得格外的重要。

大維德花瓶展現了這種文化開放的美好結果。除卻花瓶的裝飾之外，它們的重要意義還反映在瓶身的題字上——從題字得知，它們在西元一三五一年五月十三日供奉神祇——也只有奇妙的中國才會有日期明確到這種程度的事情，同時這也明確證實，優質的青花瓷在明朝以前早就已經出現了。但是題字所透露的訊息可遠不止於此。兩只花瓶上的題字有著些許的差異，我們來看左邊那只花瓶的題字：

信州路、玉山縣、順城鄉、德教里、荊塘社。奉聖弟子張文進，喜捨香爐花瓶一付，祈保合家清吉、子女平安。至正十一年四月良辰謹記，星源祖殿，胡淨一元帥打供。

我們從題字中可以得到許多的訊息。我們得知這對花瓶是專門訂做給廟裡的供品，捐獻者的名字是張文進，他肅穆地自稱為「奉聖弟子」。銘文也指出他的家鄉在順城，位於在現在的江西省，距離上海西南幾百英里外的地方。他奉獻了這兩只大花瓶和一口香爐（獻祭供品一般都是三件成套），而香爐至今不知所終。受供的神祇是當時才封神沒多久的胡淨一元帥——他是十三世紀的一位將軍，因為擁有超能力、過人的智慧與預知未來的能力而封神。張文進向他獻祭供品，以祈求這位新神的庇佑。

蒙古異族統治、回青外國原料、伊朗和伊拉克的海外市場，這一切對於青花瓷——這種許多外國人仍認為最具中國風的東西——的創造來說，都扮演著不可或缺、容或自相矛盾的角色。沒多久以後，這些陶瓷就被大量從中國出口，輸往日本和東南亞、越過印度洋抵達非洲、中東和更遙遠的地方。

在經歷了幾個世紀之後，這種在穆斯林伊朗誕生、蒙古中國轉型的青花瓷器終於傳入了歐洲，而且在當地狂銷熱賣不已。就像所有熱賣商品一樣，青花器皿自然也被當地製造商大量的模仿複製。許多人提到青花瓷，就會想到柳葉圖案的款式；其實這是英國人湯瑪士・明頓（Thomas Minton）在一七九〇年代發明（或者更好的說法是山寨盜版？），甫問世就一炮而紅，而且和柯律治的詩篇一樣，對中國的看法當然也是極盡幻想之能事。柯律治從乎必烈汗世外桃源的鴉片大夢醒來以後，甚至可能還用上了柳葉花紋茶杯來喝茶也說不定。

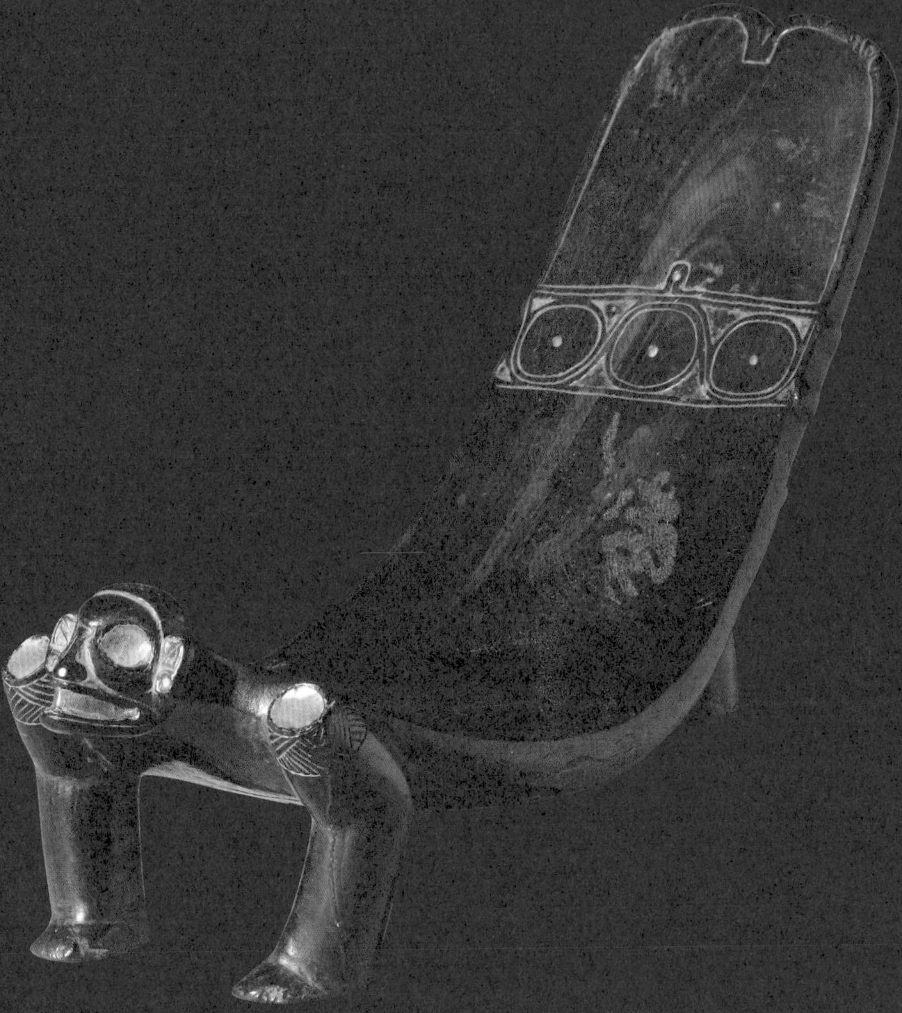

▼躺在這張男椅子上，嗑藥起乩

65 泰諾人儀式用座椅

木製凳子，來自多明尼加共和國、聖多明哥；西元一二〇〇年—一五〇〇年；
高二十二公分、寬十四公分、長四十四公分。

前面幾章介紹的這文物，都是些地位優越的物品、曾屬於七百多年前世界各地的領導人和思想家；這些物品也都反映了它們所出身的斯堪地那維亞、奈及利亞、西班牙和中國這些社會的狀況。我們接著要介紹的文物是一張椅子，來自加勒比海地區、現在的多明尼加共和國，同樣也是一件身世精采絕倫的文物——它娓娓道來的，是哥倫布來到加勒比海群島之前，在此生活的泰諾人（Taino）的過往。

在我們以文物訴說世界歷史的過程裡，這張椅子是繼克羅維斯矛頭（見第五章）之後的第一件文物，讓各不相干的美洲和歐亞非三洲兩方敘述的故事出現了交集——或更準確地來說，讓雙方碰撞出璀璨的火花。然而，這椅子可不只是個尋常家庭用品而已——它屬於某位權貴、是奇異且充滿異國情調的儀式用座椅，雕刻成超現實生物的形狀、半人半獸，能夠帶領它的主人穿梭不同的世界、並賦予他們預言的力量。我們不知道這張座椅是否幫助他們預見了未來，但我們確實知道，製作這個座椅的種族面臨的是一個可怕的未來。

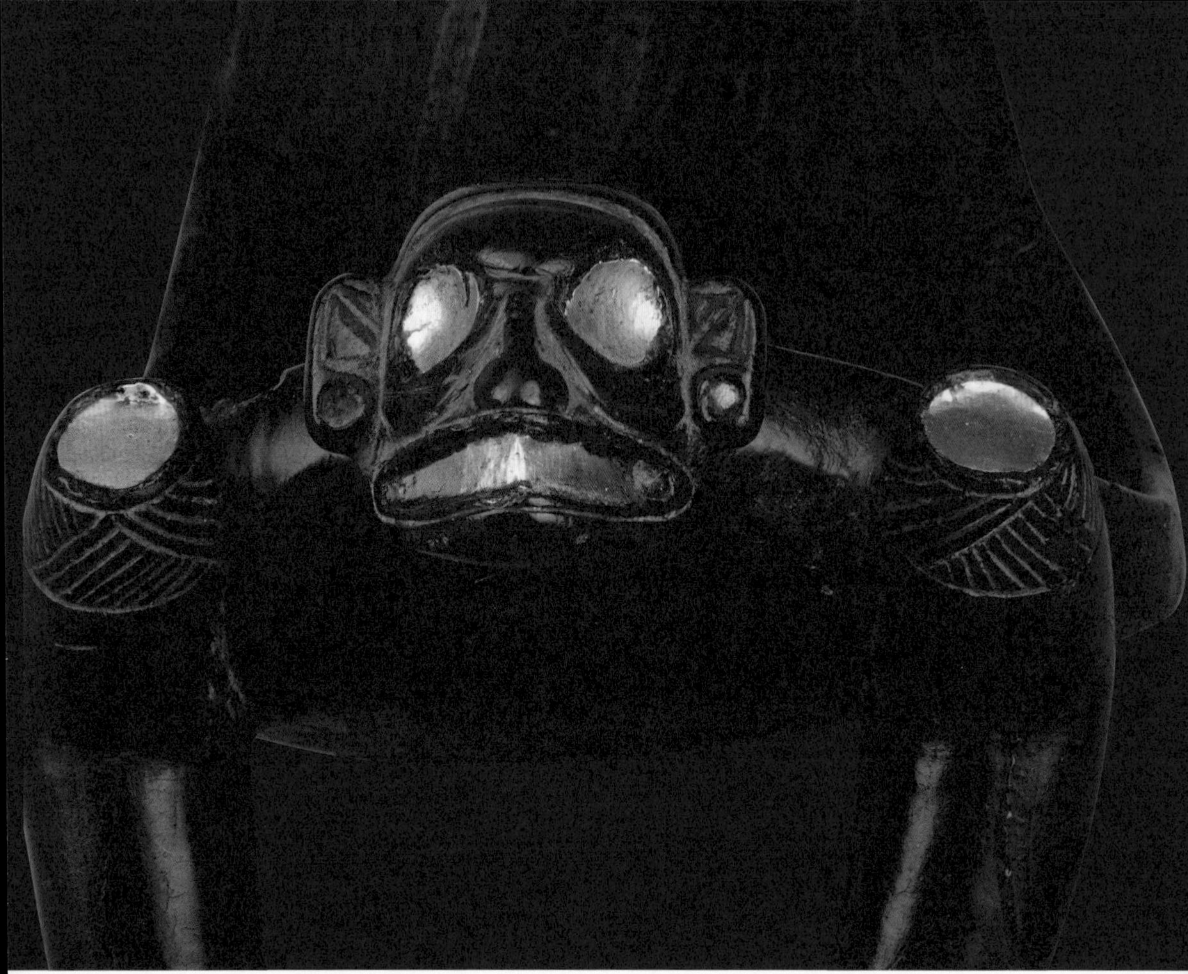

▲ 座椅正面半人半獸生物的鬼臉。

在西元一四九二年西班牙人到來之後的一百年當中，大部分的泰諾人都死於歐洲傳來的疾病，土地也被這些歐洲來的征服者給瓜分掉。這樣的故事在南北美洲一再上演，但泰諾人卻是歐洲人最早接觸到的種族，因而受到的荼毒，也許要比任何其他美洲原住民都還來得更深。他們沒有文字，所以也虧得有像這個椅子這樣為數不多的文物，讓我們甚至可以開始理解泰諾人如何想像、並嘗試控制自己身處的這個世界。

「泰諾」這詞泛指定居在加勒比海大型島嶼上統治族群的種族，範圍包括了古巴、牙買加、波多黎各，以及伊斯帕尼奧拉島（Hispaniola，該島現在為海地和多明尼加共和國兩國分治）；我們這椅子就是在這個島上發現的。整個島上所發掘到的儀式文物，讓我們對泰諾人的日常生活和想法思維有了些許的概觀。例如，有戴在臉上的面具、木製小雕像，以及用來吸食某種產生幻覺物質的吸食器。其中最能緬懷泰諾人曾經存活過遺跡的，就是這種被稱為「凳子」（duho）的木雕儀式用座椅。它們所具體呈現的，是泰諾人鮮明的世界觀。

泰諾人認為自己居住的世界，是一個平行於肉眼無法看見的祖先和神靈所存在世界；他們的領導人能夠從祖先和神靈那兒求得關於未來的知識。只有社會最重要的人物才能夠擁有「凳子」，而它也是一種進入神靈所在領域裡的重要媒介。它在某種意義上來說就是王權寶座的象徵，但同時也是個進入超自然世界的門戶和工具。

它約莫有腳凳那麼大、是個以深色木材雕刻而成的曲面座椅，通體經過高度拋光而顯得閃閃發亮。座椅前方雕刻了一個扮著鬼臉、瞪大眼睛、看起來貌似人類的生物，有張血盆大口、一對招風耳，雙手伏地形成了座椅的前腿。從正面向後是往上延伸的寬闊弧形椅面，看起來就像個大海狸尾巴，支撐在椅面背後的是另外兩條後腿。這看起來全然不像是地球上的生物——但有一點可以肯定的是：這是個男性。在這奇怪拼湊式生物下方的兩條後腿間，我們可以看到象徵男性生殖器的雕刻。

這是一張領導者的座椅——專屬於村落或區域領導人所有。泰諾人的領導者並不局限於男性或女性，而「凳子」能夠體現出領導者在社會、政治和宗教方面的影響力；以他們代表的社會功能來說，它的重要性是無庸置疑的。我們不只在一個例子裡看到領導人坐著「凳子」入殮下葬。一直從事泰諾人新研究的考古學家荷西・奧利弗博士（Dr Jose Oliver）為我們解釋了「凳子」的用途：

「凳子」並不是一件家具、而是象徵了酋長站位的位置。這種特殊的物品實在太小、小到沒辦法讓人真的坐在上面。有趣的是，我們所知所有加勒比海地區的木製座椅、包括這一個，往往都是男性、或標有男性的性徵，有時還會在座椅下方顯露出男性生殖器。這是因為這椅子其實是個被賦予了人形的角色。把它想成是個四肢伏地的人，而你就坐在這個人的背上。坐在上面就彷彿是坐在驢子或馬匹的背上一樣。酋長就這樣騎乘在這個東西身上，而它恰好也是個有感知能力的生物。他們認為這些東西擁有「仙謎」（cemi），也就是靈魂。

因此這個在座椅前方目眥欲裂的角色、這個擁有人形但又不是人類的生物，就和「仙謎」、神靈或祖先產生了聯繫。

酋長主要的作用之一就是進入聖者的領域、抵達靈魂的境界。他會安坐、或倚靠在「凳子」邊上來吸食柯呼拉（cohoba）種子烟薰而成的致幻鼻菸。引起幻覺的鼻菸會在半小時內開始作用、效果能持續兩到三個小時，帶來豐富多彩的圖案、奇怪的聲響和聲音，讓人進入全然夢幻般的幻境之中。

在早年對泰諾文化進行記錄的西班牙人之中，最富同情心的可能要算是巴托洛梅・德拉斯・卡薩斯（Bartolomé de las Casas）。他在西元一五〇二年來到伊斯帕尼奧拉島；他記述了

「凳子」占有一席之地的諸多儀式，並把酋長稱為「領主」：

他們有全體聚在一起舉行「柯呼拉」儀式的習俗，以決定諸如是否動員戰爭這種難以抉擇、以及其他被認為是重要的事情。這個儀式由領主主導，其他人在儀式進行時全都保持安靜、全神貫注地坐在他們稱為「凳子」這種雕刻精美的低矮長椅上。在吸食完「柯呼拉」粉末之後，領主會歪著腦袋、胳膊搭在膝蓋上坐上好一陣子。然後他就會對其他人解釋自己所看到的景象，告訴他們「仙謎」對自己說了些什麼、核實了即將發生的好事或壞事；誰家裡會有嬰兒誕生、誰家裡會有人過世；還是誰和鄰居會有爭執、乃至於會有禍事發生。

泰諾人的社會模式屬酋邦型態——各權力中心的領導人會彼此兵戎相向、談判媾和與相互結盟。他們的聚落通常有好幾千人，住在大型的圓形屋舍、每間房屋或許能容納十幾戶家庭，錯落圍繞著一個中央廣場。酋長的居所會和其他的房舍拉開一段距離；他的房子同時也兼作當地的神聖場所或神殿，而「凳子」就是在這裡發揮它應有的作用。

我們不知道是誰製作了這些「凳子」，但可以肯定的是，製作的材料是精挑細選過的。它的木料原產於加勒比海地區，讓歐洲人深深為之著迷不已。他們稱它為癒瘡木（lignum vitae）——即「生命之木」——以其不尋常的特質而得名。它的樹脂能用來治療各式各樣的疾病，從喉嚨痛到梅毒，不一而足。這也是少數質地細密到無法浮在水面的木材當中的一種。有西班牙人就這麼來讚美「凳子」，寫道：「製作它們的木料材質是這麼漂亮、光滑和完美，比諸以往任何用黃金或白銀所打造的都還要來得漂亮。」

事實上，我們這把「凳子」也用上了黃金材質。在座椅正面，那人形生物頭部的血盆大口和懸鏡大眼都鑲嵌著金碟而更加顯眼，大大的加強了它令人恐懼的程度。就是像這樣的黃金，讓西班牙人認為自己可能發現了一直希望能夠找到的伊斯帕尼奧拉島寶藏。結果令他們大失所望：多明尼加共和國只有河流裡生產的沙金，幾個世代下來才累積了極少的數量。如同那特殊的木材一樣，這麼難得、珍貴的黃金更彰顯了「凳子」不凡的特殊地位，能調和塵世和超自然世界之間的種種情事。

它同時也能在活生生的領導人之間進行斡旋調解。重要的訪客能在儀式典禮進行時坐在「凳子」上，哥倫布本人就曾獲得這般的殊榮。但端坐「凳子」上的泰諾酋長對未來前途的一切預言，卻沒有哪一件和實際發生的情況吻合。西班牙人帶來了天花和傷寒——甚至連普通的感冒都給沒有免疫力的泰諾人聚落帶來災難性的下場。那些倖存下來的人被西班牙人重新安置、造成骨肉分離的結局，然後非洲奴隸被運到當地、填補不復存在的勞動力。

如今還有多少泰諾人的遺澤或特性能存留下來呢？在現在的加勒比海地區，這是個備受爭議的公眾辯論主題。《泰諾人復興》（*Taino Revival*）一書的作者，加百列．亞斯里-維埃拉教授（Professor Gabriel Haslip-Viera）關注了那些自稱擁有泰諾人血統的人提出的主張，他認為：

以純粹種族淵源來看，到了西元一六〇〇年、也就是西班牙人來臨約一百年之後，泰諾人基本上就宣告滅族了。少數的倖存者與西班牙殖民者相互混血，或融入了被帶進加勒比海地區取代他們成為主要勞動力的非洲人血脈。由於加勒比海西班牙語區的混血主要是一種非歐融合，那是近年來許多研究獲得的成果，也就是遺傳學者最近幾年一直在進行所謂的基因遺傳混合測試（admixture tests）。這些測試以壓倒性的姿態證明了，在大安地列斯群島（Greater Antilles）加勒比海西班牙語區的各個種族，其實都是一群擁有混血背景的人，而這種混血主要是歐非兩洲的融合。

或許泰諾人在幾百年前就已經從歷史裡消失了，但我們仍可以在一些熟悉的語詞裡找到與失落的泰諾人世界相互呼應的共鳴；那些語詞反映了泰諾人的經驗和文化：颶風、燒烤、吊床、獨木舟和菸草。在加勒比海地區，這些都是日常生活經常碰觸得到的東西。然而泰諾世界實際存留下來的東西，如「凳子」這種座椅，顯示出普遍的人性需求，想超越地域的局限、連結上神靈與諸神的世界。這種恆常不變的人性需求，就為我接下來所挑選的那些文物提供了一個貫串的主題。

第14篇

面見諸神

西元一千兩百年～西元一千五百年

世界各地不同的宗教體系都會使用一些物品，來銜接人類和神靈之間的鴻溝，協助個人、社群、甚或帝國來和諸天神明進行對話交流。在西方基督教會，信眾絡繹不絕地前往各朝聖地去瞻仰聖髑，包括聖徒的遺體遺骨。在東方基督正教會，耶穌與聖徒的肖像則以聖像畫的形式受到禮拜。印度的印度教信徒，以供養廟裡神像的方式來修持個人與個別的印度諸神關係。在瓦斯特克人（Huastec）所在的墨西哥，悔罪者會到母神雕像前祈求淨化和寬恕。太平洋復活節島民的宗教演變則反映了他們日益惡化的環境：他們不再祭拜祖先的雕像，而是創建了一個教派來膜拜島上不斷減少的鳥類。

▼耶穌戴過的荊棘冠冕，切下一小段

66 聖荊棘聖髑盒

黃金、珠寶及琺瑯製成的聖髑盒，來自法國巴黎；西元一三五〇年—西元一千四百年；
高三十公分、寬十四．二公分、長六．八公分。

大約六百多年前，世界各地的宗教與社會之間的連結十分緊密，以致於多數人根本無法指出在什麼情況下會出現此消彼長的情形。這也許就說明了為何想清楚表達希冀超脫世俗的願望時，往往卻都得透過神殿廟宇和憑藉貴重物品所展現的世俗財富來加以呈現。這種不搭調的違和感，我們可以在「聖荊棘聖髑盒」（Holy Thorn Reliquary）看到最為極致的展現。這個聖髑盒的製作目的，是陳列一段取自「荊棘冠冕」（Crown of Thorns）的荊棘；人們咸信基督被釘死在十字架之前就戴著這個冠冕——這是一件至高無上的聖物。

這頂冠冕目前珍藏在巴黎聖母院的大教堂裡，不過最初它是被存放在聖禮拜堂（Sainte-Chapelle）當中；這是建造於西元一二四〇年代的王室禮拜堂，也是法國國王用來收藏當時歐洲最珍貴文物的所在——其中最重要的文物，毫無疑問就是這個荊棘冠冕。對中世紀基督宗教世界來說，活在世上的主要目的就是獲得來世的救贖。聖徒的遺物無異於通往天堂的直達車，再也沒有別的聖髑會比與基督本人受難相關的聖物來得更有影響力、更有價值。聖禮拜堂這座令人驚奇的教堂被用來展示國王蒐集的聖髑遺物，當年造價就要四萬里弗爾（法國古代貨幣計量單位）；單單贖回荊棘冠冕的成本，就高達建造教堂花費的三倍以上。這個冠冕或許是歐洲身價最為不凡的東西。法國國王送得出手的最珍貴禮物，就是從冠冕上取下的一段荊棘。

這些取下的荊棘其中的某一段就成了「聖荊棘聖髑盒」的主要核心；這個聖髑盒有二十公分高，是座以純金打造、綴滿珠寶的小型劇院。我們可以從中看到世界末日降臨的可怕戲碼；當那天來臨時，我們和其他所有的死者都會被集合起來接受審判。這是一部大戲，有朝一日所有的觀眾也會粉墨登場。整齣戲劇共分成三幕。在它的底部，當天使在大地想像的角落吹響了號角，鮮綠色琺瑯瓷山丘上的墓穴就此開啟。有四個人物——兩男兩女、以白色琺瑯呈現出赤身露體的狀態，身體仍留在棺木當中——抬頭仰望、舉手祈禱。在他們的上方、整個聖髑盒的頂端，是落坐在光芒四射的黃金與珍貴無比的寶石之間進行審判的天父。夾在這兩者中間的，就是整個聖髑盒的焦點所在。

對中世紀的基督徒來說，逃離地獄苦難折磨的唯一希望，就是基督流下的救贖寶血。因此，位在聖髑盒正中央的就是基督，向我們展示了祂的傷口，而在祂下方是一截導致聖血流淌、長長的針狀荊棘。在琺瑯瓷標籤上寫著：「*Ista est una spinea corone Domini nostri Ihesu Christi*」，意思就是「此乃吾主耶穌基督冠冕上的荊棘」。

羅馬天主教的里茲主教（Bishop of Leeds）亞瑟・洛克（Right Reverend Arthur Roche）強調了這聖髑盒的重要性：

在反省有關受難的代價這些更深刻的東西時，它當然就會成為焦點。尤其是當你認為這段荊棘貨真價實、在基督受難的過程和被釘死在十字架時真的穿刺過祂的頭部，且它在某種意義上會把我們在世上遭受的苦難與祂替我們承受的苦難連結在一起；這樣的焦點能賜給我們力量、讓我們可以忍受此刻正經歷的一切事情。

這件物品對跪倒在面前信徒的影響力之大，再怎麼誇大也不為過。這不起眼的荊棘能汲取拯救不朽靈魂的鮮血、是塵世間任何珍稀物品都遠比不上的：下方的藍寶石台、旁邊拱衛的水晶石、周圍邊框上的紅寶石和珍珠，都比不上它。這是個用黃金珠寶打造而成的訓誨啟示、一種熱切凝神默觀的輔助手段、也是內心最深處獲得撫慰的泉源。

我們現在沒有辦法證明這真的就是穿刺過基督頭部的那段荊棘，卻能信心滿滿地指出，這是一種如今在耶路撒冷附近還能見到的沙棘。最早提到「荊棘冠冕」是聖髑的記錄，出現於西元四百年左右的耶路撒冷。後來它被人從聖地帶到了君士坦丁堡——也就是當時信奉基督宗教的東羅馬帝國首都，收藏於當地、並接受信徒膜拜達好幾個世紀之久。但在西元一二三七年，窮瘋了的皇帝（鮑德溫二世）把它典當給威尼斯人，換取一筆龐大的資金。這讓他的表兄、率領十字軍東征的法王路易九世大為震驚，但卻也給了他一個機會。他幫皇帝清償了所有債務、贖回這件聖髑。所以，儘管身為十字軍戰士的國王路易沒能征服聖地、奪回基督受難的聖城，但他確實取得了這個荊棘冠冕。它的影響力在中世紀是如此之大，以至於人們透過它的存在，把國王路易和基督直接連結在一起。為了收藏這件無與倫比的聖髑，國王路易不光打造了一

具聖髑盒，而是起造了一整座教堂。他稱呼它是自己的神聖小禮拜堂——也就是前面提到過的「聖禮拜堂」。

聖禮拜堂的花窗玻璃讓我們毫不懷疑地相信，巴黎和法蘭西王國將因這個荊棘冠冕的到來而永久改觀。路易九世在西元一二九七年宣聖，成為聖路易，就被人當成與所羅門王齊頭比肩的人物；聖禮拜堂成了他的神殿，而巴黎已成為與耶路撒冷地位相若的城市。當這個冠冕抵達時，人們認為它將與法國國王共存到最後審判日的到來；屆時基督將回來取回祂的冠冕，法蘭西王國也將成為天國。當這座小禮拜堂在西元一二四八年完工落成時，樞機主教正式宣布：「正如主耶穌基督選擇了聖地來展現祂救贖的奧祕，祂也特意選擇了我們法國，做為對祂受難的光榮更加虔誠禮拜的所在。」在標舉虔誠的國際政治氛圍，荊棘冠冕長久以來一直扮演著令人著迷的角色——它容許聖路易為法國在歐洲各王國之間謀取某種獨特的地位，而自他以後的每一位法國統治者也一直以他為榜樣。

歷史學者班妮蒂塔．沃蒂修女（Sister Benedicta Ward）認為，這不只是宗教上的追求而已：

> 擁有一件與基督受難關係如此深厚的聖物，簡直是夢寐以求。然而當時也還有別的聖徒、尤其是殉道者的遺物。我認為這些東西挑起了很多人的嫉妒，尤以法國人所收藏的那批為最。英國對此的競爭較量相當激烈：「我們想擁有比他們更好的聖髑，因為我們是比他們（法國）更好的國家。」這些聖物受制於各式各樣的外部影響。就像其他的事物一樣，它也可能是商業

▶ 法王路易九世的聖禮拜堂裡，花窗玻璃中央鑽石型彩繪的是所羅門王和示巴女王。

的一部分。政治、商業、交流——肯定都圍繞著聖物打轉。

在複雜的政經情勢影響下，從冠冕取下的荊棘就成了法國王室最貴重的贈禮。十四世紀末，有一段荊棘落入權勢顯赫的法國王子、貝里大公約翰（Jean, duc de Berry）之手，而在大英博物館的這個聖髑盒就毫無疑問是他曾經擁有的。聖髑盒上有他盾形紋章的彩飾，同時這也是他所關注眾多事物的總結：他曾委託製作了一些當時最偉大的宗教藝術作品，而且他還是一個充滿熱情的聖物收藏家。他擁有據說是聖母瑪利亞的婚戒、迦拿婚宴用過的杯具、天主顯現給摩西時燃燒的荊棘殘片，以及一具完整的諸聖嬰孩——即《聖經》記載被希律王殺害的嬰孩——的遺骸。另外他還醉心於建造城堡，因此，我們這聖髑盒的底座也恰如其分地用純金打造成城堡的模樣。這個「聖荊棘聖髑盒」肯定能躋身於中世紀歐洲金屬工藝最高成就的行列，但遺憾的是，我們無法得知它是否為貝里大公收藏品裡最了不起的人工製品，因為在他身故之後的幾個月裡，他收藏的金飾作品被大量打破回爐，時間就在西元一四一五年阿金庫爾戰役（Battle of Agincourt）、英國人占領了巴黎以後。這個聖髑盒能夠倖存下來，也就意味著他必定是在身故之前就把它給送人了。

我們並不確定他把它送給了誰，但到了西元一五四四年，它出現在維也納哈布斯堡王朝（Habsburg）的藏寶庫裡，並從此走向了世俗化的路線——盒上的黃金、琺瑯瓷和珠寶漸漸變得遠比它們所承載的粗糙荊棘更有價值、更讓人感興趣。它在一八六〇年代被送往一個不誠實的古董商那裡進行整修，但他非但沒有進行維修工作，反倒製作了一個仿冒品送回帝國的藏寶庫、自己把真品暗槓下來。後來，真正的聖髑盒被羅思齊銀行（Rothschild bank）維也納分行的行長買下，在西元一八九八年由斐迪南・羅思齊男爵（Baron Ferdinand de Rothschild）贈予大英博物館，是沃德斯登莊園遺贈（Waddesdon Bequest）的一部分；這份遺贈目前占用了博物館一整個小型展覽廳。

我們幾乎可以把「聖荊棘聖髑盒」本身當成一座展示單品的博物館，即便它是如此無與倫比的奢華——一個安裝在藍寶石上、陳列在水晶石後方、有著琺瑯瓷標籤的展示台。然而，它的作用與任何博物館並無二致：都是為了不起的東西提供一個配得上的展示環境。我們無法確知訪客抱著什麼樣的心態親近大英博物館展覽陳列的文物，但許多人仍懷抱著原本凝望默觀與祈願禱告的虔誠目的，來看待這「聖荊棘聖髑盒」。

對「荊棘冠冕」本身的敬禮，至今仍然生生不息。拿破崙當年決定讓這個冠冕永久收藏在巴黎聖母院，在那兒，整個荊棘冠冕——我們這段荊棘就是六百多年前從當中取出的——仍然會在每個月的第一個星期五展示在大批虔誠的信眾面前。

▼拜占庭帝國因此敗暫停

67 東正教凱旋聖像畫

木片上的金箔蛋彩畫，來自土耳其君士坦丁堡（伊斯坦堡）；
西元一三五〇年—西元一四〇〇年；高三十七．八公分、寬三十一．四公分、長五．三公分。

面對迫在眉睫的入侵和破壞時，龐大的帝國能做些什麼？它可以在國內重整軍備並尋求海外盟友；但更巧妙的是，它可以重寫自己的歷史、編造一個神話來凝聚人心、帶領人民走向勝利，這個神話將向大家展示他們的國家是歷史特別挑選出來維護公平和正義的。而這堪堪就是法國人在西元一九一四年、英國人在西元一九四〇年所採取的作為。在這種情況下，重新想像與塑造的歷史會是威力強大的武器。

大約在西元一千四百年，當基督宗教治下的拜占庭帝國（Byzantine Empire）面臨了鄂圖曼土耳其人（Ottoman Turks）的抄家滅族時，它也求助於自己的過往歷史，想找出一個事件，能表明自身卓然獨特、神權天授的存在意義，並把它轉變成整個國家的神話。拜占庭人在他們能夠掌控的公共媒體上宣傳這個神話：不但制定了新的宗教節日，還委託製作了宗教聖像畫來加以表彰。

對拜占庭帝國而言，尋求宗教的幫助向來都是一件最重要的事。這個曾為羅馬帝國的繼承者、東方基督正教會（Orthodox Christianity）的捍衛者、以及中東地區幾個世紀以來的超級大國，在當時已經縮小到僅剩昔日輝煌的一抹殘影。到了西元一三七〇年，它的疆域只能勉強涵蓋君士坦丁堡、也就是現在的伊斯坦堡城牆周遭。它已經失去了所有行省的領土、其中大部分都被信奉穆斯林的鄂圖曼土耳其人攻克，且兵臨城下、將城市給團團包圍了起來；基督正教會本身是否能夠倖存下來，都是個問號。

從遠處搬來救兵的希望十分渺茫。西歐曾有兩次派遣增援部隊前來的勇敢嘗試，但都在巴爾幹半島遭遇到毀滅性的潰敗。有好幾次，皇帝本人還從君士坦丁堡前往西方各國——最遠甚至到了倫敦——去請求金錢和軍隊的援助，但都無濟於事。到了西元一三七〇年，想指望獲得塵世的救贖顯然已經全然不可得。在如此絕望的情況下，只能仰賴上主伸出援手了。「東正教凱旋」（Triumph of Orthodoxy）聖像畫，就是在這麼淒涼的背景誕生的。它所呈現的拜占庭帝國場景並不是真實的景況，而是想獲得上主護佑，就必須呈現出來的狀況。

東正教的「聖像」（icon）在希臘文裡是「畫像」的意思，而我們這幅畫的尺寸約有四十公分高、形狀差不多等同筆記型電腦的螢幕。圖畫繪製在畫板上，人物以紅黑兩色描繪、背景是閃爍耀眼的金色。在畫面中間的上方，我們可以看到有兩位天使捧著一幅供人禮拜的肖像畫——這是所有東正教聖像畫當中最著名、也是與君士坦丁堡有著千絲萬縷聯繫的一幅畫。這幅肖像畫被稱為「聖母赫得戈利亞」（Hodegetria），畫面上呈現了懷抱著耶穌聖嬰的聖母瑪利亞。正在禮拜這幅肖像畫的有一群聖徒、東方基督正教會領袖——宗主教（Patriarch）以及皇室的成員。他們代表了全體君士坦丁堡俗世現實和宗教心靈兩者之間的一切。這幅聖像畫實際上是畫中有畫，是東正教對於聖像畫所扮演重要角色的一種禮讚。

對於聖像畫的功能，牛津大學的教會史教授，迪爾梅德·麥克庫洛赫（Diarmaid MacCulloch）有著如下的描述：

這幅聖像畫就像一副眼鏡，戴上它，你就看到了天堂。你能透過這幅畫像被接引到天堂，因為東正教會堅信，只要你我能夠滿足神格、你我就近乎相似上主。對西方基督宗教世界來說，這種說法光怪陸離、駭人聽聞，讓他們存有相當大的疑慮。

繪製聖像畫基本上是一種性靈、而不是藝術的活動，會受到嚴格準則的規範。藝術家是誰並不重要：重要的是繪製的動機和方法。就是這一點，讓美國藝術家，比爾·維歐拉（Bill Viola）對聖像畫感到著迷不已；他引用的一份中世紀文件提到：

這篇短文來自中世紀，標題為《聖像畫繪者的守則》（*The Rules for the Icon Painter*）。

第一點、在開始作畫前，以手畫十字聖號、默禱，並寬恕你的敵人。第二點、仔細關注聖像畫的每一個細節，如同你是在主耶穌本人面前作畫一樣。第三點、作畫時，祈禱以便……第九點、永遠不要忘記：在世上散播聖像畫的喜樂、繪製聖像畫這份工作的喜樂、讓聖徒透過他的聖像畫而能閃耀光彩的喜樂、與你繪製面容的聖徒合一的喜樂。

在我們畫裡所呈現的「東正教凱旋」究竟是什麼呢？要想找到答案，我們還得再往過去的歷史回溯七百年的時光。考慮到聖像畫在東正教禮拜中的重要地位和被人熱情描述的狀況，我們會很震驚地發現到，它們居然有一百五十年的時間不僅受到東正教教會的禁止與打壓，同時還被積極主動地搜查和銷毀。大約在西元七百年的時候，整個拜占庭帝國幾乎完全屈服於信奉伊斯蘭這種新信仰的多國部隊淫威之下。與當時基督宗教明顯不同的是，伊斯蘭教禁止使用任何宗教肖像——而它顯然是個相當成功的信仰。那麼，是基督宗教走偏了？還是破壞了十誡中的第二誡、禁止製作雕刻肖像的緣故？抑或是國家教會的路線錯了？難道這些就是軍事行動會如此淒慘的原因嗎？突然間，在教堂使用肖像似乎就引發了一個巨大的基本問題，如同迪爾梅德・麥克庫洛赫所解釋的：

人到底能不能描繪上主的形貌呢？這在拜占庭帝國引起的巨大爭議就是諸多典型實例當中的一個。這個簡單的問題被拿來進行辯論，並變成了一個其實非常帶有政治意味的議題。這個爭議讓整個帝國分裂為兩個陣營。拜占庭帝國遭逢意想不到的創傷、也就是穆斯林的入侵；他們也不知道是打哪兒冒出來的，把整個帝國搞得分崩離析。拜占庭人當然會想知道：「這都是個什麼事兒啊？為什麼上主會鍾愛這些不知從哪兒冒出來的穆斯林呢？」有件令他們對伊斯蘭教留下深刻印象的大事，就是他們沒有神的肖像，而這也許就是問題的答案。拜占庭人認為，如果讓基督教會不再使用上主的肖像圖畫，那麼拜占庭帝國可能就會贏回上主的青睞。那似乎就是拜占庭帝國打擊肖像和聖像畫的動機之一。

因此在西元七百年過後的幾年裡，一股打倒聖像崇拜的暴力浪潮，席捲了整個東正教教會。神學辯論的唇槍舌劍持續了一百多年，內容非常複雜。然而自始至終，老百姓大體上仍緊守著他們的聖像畫不放，到最後，部分由於皇帝家族女性支持的緣故，讓狄奧多拉皇后（Theodora）得以在西元八四三年重新恢復了對聖像畫的禮拜。這件大事就被稱為「東正教凱旋」，他們得以將這樣的禮拜重新確立為真正東正教信仰的試金石、成為拜占庭祈禱儀式的主要重點，並且構成了帝國得以生存和繁榮的一大要素。而在接下來的五百多年裡，帝國也確實能夠抵擋住穆斯林信徒的進逼。因此，當這種比以往更聲勢浩大的威脅重新出現時，君士坦丁堡的領導人自然就會鼓勵人們去回顧西元八四三年那個偉大的時刻——當時信仰已重新恢復秩序、帝國也重新獲得復甦——讓人們在面臨可怕的未來時，從過往歷史當中來汲取慰藉。西元一三七〇年，東正教凱旋節正式頒定，而過了一段時間之後，我們的這幅聖像畫也就誕生了。

這幅畫呈現出狄奧多拉皇后和聖像畫在西元八四三年光榮復辟的情形。她站在畫著聖母與聖嬰肖像的「聖母赫得戈利亞」畫像旁，身邊站著她的孩子、也就是童年時期的米海爾三世（Michael III），兩人都戴著精雕細琢的王冠。在他們下方的畫面最底下，有十一名聖徒與殉道者站成一排，擺出照團體照的陣仗；有些人手裡還捧著聖像畫，如同才剛獲得頒獎一樣。任何西元一四〇〇年左右的觀眾馬上就會明白，這些人都是在重新使用聖像畫的偉大抗爭中受難的聖徒，所有的人名都以紅色的顏料工整地寫出來。我個人最喜愛的，是站在最左邊的那一位。她是聖費奧多西亞（St. Theodosia），這群人當中唯一的女性；她是個爭強好辯的修女，因殺害一名警衛而被處死。當時，她看到一名皇室警衛爬上梯子、去拆除掛在宮殿入口的基督肖像，於是她就推倒梯子、害得這名衛兵當場摔死。當然，她也馬上就被處決了。

西元一千四百左右的觀眾恐怕沒意識到的是，這些聖徒和殉道者，有些在西元八四三年甚至都還沒有出生。這幅「東正教凱旋」聖像畫顯示了，整個社會欲透過藝術作品來重新審視自己過去的歷史，乞求上主能護衛他們的未來。這是一幅影響至深、動人心弦的畫像。藝術家比爾・維歐拉如此說道：

這是一幅非凡與創新的圖畫，顯現出一種非常巧妙的方式，將過去、現在和未來世俗的世界和永恆、神聖的世界聯合起來。我覺得這幾乎就是一種後現代的影像，運用了框架套疊的概念；聖像畫當中還有聖像畫，畫像當中還有畫像。

東正教凱旋——以節日和聖像畫的方式來加以慶祝——並沒能保障拜占庭帝國的存續。西元一四五三年，整座都城落入了土耳其人的掌握、君士坦丁堡成為鄂圖曼帝國（Ottoman Empire）的首都，而偉大的聖索非亞大教堂（Hagia Sophia）變成了清真寺。全世界的均勢也發生了變化。儘管拜占庭這個國家已經消失，但東正教教會卻能夠倖免於難。我們在畫裡見到他們所表彰的信念是如此堅定不移，以致於即使在穆斯林統治之下，東方基督正教會的傳統、以禮拜聖像畫為最明確特色，仍然能夠流傳下來。就某種意義而言，我們可以認為聖像畫確實達成了預想的目標。雖然拜占庭帝國滅亡了，但是東正教卻存活了下來；每年四旬期的第一個禮拜日，世界各地的東正教教會都會盛大慶祝我們聖像畫裡所顯示的節日：東正教凱旋節（正信凱旋主日），慶典中的畫像和人聲音樂彼此匯集在一起，表達出一股勢不可擋的性靈渴望。

▼神會結婚，有肉體愛慾

68 濕婆與雪山神女雕塑

石雕像，來自印度奧里薩邦；西元一一〇〇年—西元一三〇〇年；
高一百八十四·二公分、寬一百一十九·四公分、長三十二公分。

在大英博物館工作總會讓人驚喜連連，而其中的某個驚喜就是，我們偶爾會在印度教的雕像前發現虔誠供奉的鮮花或水果供品。這是種別樣動人的表態，說明了宗教文物即便進到了世俗的博物館，也不必然得喪失掉自身神聖的特點——這同時也提醒了我們一件事情：在西元二〇〇一年的英國人口普查發現，有將近百分之五的英格蘭與威爾斯人口表示，他們家族的出身來自印度次大陸。

這就是一直以來，時有暴力顯現、而感情始終濃烈的長期共享的歷史。幾個世紀以來，英國人一直著迷於印度的各種文化、努力想要了解它們，也多多少少獲得了一些成就。對於十八世紀的歐洲人來說，印度最耐人尋味、難以理解的事物就是印度教；這種信仰令人迷惑不解的是，它似乎同時提倡了否定此世的禁慾主義和歡騰喧鬧的肉體享樂。為何有些印度教的廟宇和英國的大教堂迴然不同，裡面裝飾著一堆華麗的色情雕塑？何以基督宗教神祇承受難忍苦痛的所在，似乎卻是印度教神明性愛歡喜的地方？大約在西元一八〇〇年，有一個人名叫查爾斯·

斯圖亞特（Charles Stuart）決定要向英國人解釋清楚，讓他們能認真研究、並好好欣賞印度教這個信仰。為了推展這個活動，他把部分精力用在蒐集與展示古印度教廟宇的雕塑文物上；其中的一件文物，就是本章要討論的對象。

這件雕塑來自奧里薩邦（Orissa），是一個位在印度東北部、面朝孟加拉灣、人口密集的稻米生產大邦。約在西元一千三百年的時候，這裡是個繁榮而高度發展的印度教王國，興建了數以千計宏偉壯麗的廟宇。此時正是奧里薩宗教建築的輝煌時期，而最受人崇拜景仰的，就是那些裝飾奢華的建築。這些廟宇多半都供奉濕婆神（Shiva）。對奧里薩邦的人民來說，濕婆——印度教三大主神之一，充滿了矛盾的特點，既是創造之神、也是毀滅之主——是這片大地的主宰。在祂眼裡，一切的衝突對立都能獲得調和。

這個雕塑來自奧里薩邦眾多濕婆神廟當中的某一座廟宇。這是一塊石板，約有兩公尺高、一公尺寬；儘管原本可能擁有亮麗的色彩，而如今卻只呈現出深沉微亮的黑色。這塊石板幾乎不可能讓人再雕刻上更多的裝飾。石板的邊緣擠滿了幾十個形體嬌小的人物，中間形體比其他大上許多的那個肖像就是濕婆本尊——我們之所以知道祂是濕婆，是因為祂手裡拿著標誌性的三叉戟、一隻腳踩在平日騎乘的聖牛背上。雕塑家完全以浮雕的手法來塑造濕婆的身體，所以訪客在漸漸走近祂的時候，就能愈來愈感受到神確實存在的氛圍。這件雕塑的用意，是讓人能夠與神親近、讓人在某種意義上能與濕婆進行交流。尚格・利希・達斯（Shaunaka Rishi Das）身為印度教學者、同時也是印度教神職人員，他解釋說：

實體神像被認為是一大助力，能讓人收斂心神，並得悟所謂的「打禪」（darshan）、如神顯靈一般。因此你會到廟裡去、在生活裡修持觀想；你會見到你觀想的神；你會在神像前跪拜；你會用食物和薰香之類的東西供養祂；你會向祂祈求祝禱；或許，你只是在享受這如神親臨的氛圍。

比方說，假若你把神像請回家中供養，那麼如果神就在你家的客廳裡，你就不會口出惡言、你不會做一些在神面前不該做的事——這對我們虛妄的自我可是一大挑戰。神的信徒會漸漸修出真我——令神能得到永遠的供養。

所以，儘管我們這個雕塑必然是供奉在某一座寺廟這種完全公開的場合裡，但它所關乎的根本就是一種與神一對一的持續接觸。邂逅這件雕塑的經驗只是與神建立關係的部分功課，是一種在廟裡開悟、在家裡修行的對話形式。觀看這件雕塑只不過是這種日常對話的入門，而這般的修持最終將形塑出你完整的體驗。

然而，在我們這件雕塑裡，濕婆並非孤獨自處：偎依在祂腿上、讓祂用四隻手臂其中一隻深情擁抱著的，是祂的妻子雪山神女（Parvati）。兩人的打扮相當類似，同樣都繫上腰帶、裸露著身軀、戴著沉重的項鍊和頭飾。夫妻倆相互對望、含情脈脈、互相吸引，完全無視於紛紛擾擾的隨從。他們彼此的摯愛也映照在腳邊的靈獸身上；濕婆的聖牛呼應著主人寵溺的目光，雪山神女的靈獅以含羞的微笑作為回應。這件雕塑有著如此強烈的情色感染力，讓人不禁想像著濕婆和雪山神女將更進一步、更緊密的熱情相擁。然而，並沒有——或者說，至少目前還沒

——因為這對夫妻正在等待客人，或更確切地說，正等待參拜者的登門造訪。我們這件雕塑可能被擺放在寺廟的門口，迎接信眾闔家到來，而祭品應該不只獻給濕婆、同時也敬拜雪山神女，同時供養這一對神仙眷侶。

這種笑臉迎人的感性形象，並不只是要讓我們看到一對模範夫妻、讓所有的夫妻仿效而已：這件濕婆與雪山神女的雕塑，是一種對於「神」的本質究竟為何的冥想沉思，因為祂們其實是一神化為二尊的展現。尚格・利希・達斯解釋說：

「神」擁有男女兩種性別。這種想法背後的思維是，「神」必然不能是比我們還不如的存在。「神」不能沒有女性，因為我們人有女性，所以「神」就必須要有女性的一面。

雪山神女是一個不喜他人取笑她丈夫的好妻子。所以參拜者必須小心翼翼，總是先向雪山神女頂禮問訊、接著才能走近濕婆神。那麼做才算是合乎禮數、才不會出差錯。然而祂們也相當慷慨寬厚。你不必做太多事來取悅祂們，祂們就會很大方的給你賞賜。

就是雪山神女這種「神」的女性層面，讓非印度教的觀看者感到尷尬不安，尤其對接受一神論養成的人來說更是如此。這是在看待神靈時的一種極為特別的觀點。一神論當中的神，顧名思義，就是孑然一身——不能與其他的神靈發生關係、不能涉及任何官能性的性關係——而在猶太教、基督宗教和伊斯蘭教當中，一神論的神不單是獨一無二，同時在悠久的傳統裡，向來都由男性擔綱。但是在印度教的傳統裡卻恰好相反，濕婆需要雪山神女。宗教史學者，凱倫．阿姆斯壯（Karen Armstrong）就解釋說：

在一神論的宗教裡、尤其是在基督宗教當中，我們發現到性和性別的問題相當棘手。有些信仰在創始之初對女性持正面的態度，如基督宗教和伊斯蘭教就是如此；但在歷經幾個世代之後，它們就受到了挾持、被拖回舊有的父權體系。然而我認為人們在看待性行為這件事情的觀點上，還是有很大的區別。當你把性行為附上一種神聖的屬性、把它當成一種人們能夠理解神靈的方式，那必定會出現某種效果──你可以在印度教的婚禮儀式中看到，那在其中所代表的就是種神聖的行為。性別和性行為的問題，一直是基督宗教的死穴，在此也顯示出一種無法統整的情形，一種對統合生命基本事實感到無能為力的結果。

就是印度教全方位擁抱生命這種寬厚的胃納能力，尤其是性行為這件事兒，深深地迷住了蒐集這件雕塑的那個人──查爾斯．斯圖亞特；他是東印度公司的職員，如此不遺餘力地擁護印度教的價值與優點，以至於震驚不已的同胞們幫他起了一個綽號，叫他「印度桑斯圖亞特」（Hindoo Stuart）。斯圖亞特對印度生活的一切充滿了孺慕之情，他不但研究印度的語言和宗教，甚至還呼籲英國婦女穿上「理性與感性」兼具的印度莎麗服，但太太夫人們卻敬謝不敏。

在研究印度文化的過程裡，斯圖亞特蒐集整理了大量的雕塑──我們這個浮雕就是當中的一件──他蒐羅了每一位神祇的雕塑，以做為宗教與風俗視覺百科全書的實例。他的收藏品都放在加爾各答的家中公開展示，這是有史以來第一次，有人認真嘗試著要把印度文化有系統地介紹給歐洲觀眾認識。非但不認為印度教令人窘迫不安，斯圖亞特反倒在其中發現了一個令人擊節讚賞的生活框架、起碼在道德上能和基督宗教等量齊觀。西元一八〇八年，他出版了一本表達個人觀點的小冊子，名為《印度桑的答辯書》（*Vindication of the Hindoos*）：

> 每當我環顧四周，在印度教神話這浩瀚無垠的汪洋大海中，我發現了「虔敬」……「道德」……而只要我還能仰仗自己的判斷力，那麼印度教神話似乎就是有史以來世上最完整、最豐富的道德寓言體系。

斯圖亞特大聲疾呼，強烈反對傳教士試圖讓印度人改信基督宗教。他認為這麼做根本就不恰當。他始終認為自己的收藏應該要在英國讓人看見，以說服英國人、讓他們能尊重這個偉大的世界宗教。我確定斯圖亞特會十分滿意，他這件西元一千三百年左右被用來放在奧里薩邦廟裡迎接善男信女的濕婆和雪山神女雕塑，居然在兩百年後仍然能展示在一般大眾的面前——而且會令他感到高興的是，那些現在前來觀賞這件文物的人當中，許多都是英國的印度教徒。

雖然英國學校也漸漸教起了印度教的故事，而我們這些沒有接受印度教養成的人也很努力想要搞懂這種複雜的神學，包含了其中以各種樣貌出現在世人眼前的諸多神靈。然而，站在這幅雕塑面前，我們很難不立刻就領會到這偉大宗教傳統的一項中心思想：也就是，也許對「神」最合適的設想，並非把祂視為孤立的神靈、而是一對歡樂的恩愛夫妻；而且，肉體的愛欲並非人性墮落的證據、而是神性重要的組成成分。

▼淨化汙物與淫亂

69 瓦斯特克女神雕像

石雕像，來自墨西哥；西元九〇〇年—西元一五二一年；
高一百五十公分、寬五十七公分、深十四公分。

俗話說，翻譯始終是一種背叛的行為。當我們想從一種沒有文字、已然失落的文化裡把若干複雜的概念拿來加以說明時，情況其實也好不到哪兒去：想法迥異的後人提出了層層疊疊的詮釋，我們通常得從當中奮力殺出一條血路來，而且還找不到現成的字眼來表述這些互不相容的想法。

要想貼近對這件文物的原始理解，我們得借助後來有著兩種不同語言的兩種不同文化來進行過濾；但即便這麼做，我們也不太確定自己究竟達到什麼地步。這件文物總讓我一直感到好奇與困惑，而我也愈來愈不確定自己到底弄懂它了沒。這是一尊女性的雕像、來自現在的墨西哥北部，然而這片土地在大約西元一四〇〇年的時候，是屬於瓦斯特克人（Huastecs）。

阿茲特克人（Aztecs）、還有偉大的阿茲特克帝國如何在一五二〇年代被西班牙人征服的故事，如今都已家喻戶曉。然而我們比較少聽到的故事，卻是有關被阿茲特克人征服、讓他們得以建立帝國的那一群人。被阿茲特克人征服的種族中，最有趣的要算是他們北邊的鄰居

——瓦斯特克人。我們知道瓦斯特克人居住在墨西哥北部的灣區沿岸、位於現在韋拉克魯斯州（Veracruz）附近；在十到十五世紀期間，他們擁有相當繁榮的城市文化。然而在西元一四〇〇年左右，這個繁榮的世界被來自南方好勇鬥狠的阿茲特克人擊潰，而瓦斯特克人的統治階級立刻被徹底剷除。現在並沒有太多資料能讓我們重新塑造瓦斯特克人的世界和他們的想法：瓦斯特克人本身沒有任何的文字記錄，從阿茲特克人對自己征服過種族所做的記錄、再透過接著征服了阿茲特克人的西班牙人的文字傳播，才讓我們擁有這麼唯一的書面證據。因此，假使我們希望瓦斯特克人能直接向我們發聲的話，那我們就必須訴諸於他們所遺留下來的文物。這是他們留下的唯一證據，而其中最能傳神表達這一切的，就是極具特色的石像群。

在大英博物館的墨西哥展廳裡，這尊瓦斯特克女性雕像統轄著一群同伴——三尊以砂岩雕刻而成的姊妹、擁有相同的雕刻設計。我們這尊雕像約有一公尺半高、或多或少接近真人大小，但是樣貌一點兒也不逼真。她的樣子看起來像是用大型糕點刀具砌出來的——身體輪廓呈直線狀、外表扁塌塌——你甚至都可以把她想像成是個巨大的女薑餅人。走到一旁，你就知道她是用一塊很薄的砂岩雕刻出來的。從邊緣看，她的厚度還不到十公分。她兩手擺在腹部上、雙臂伸在兩側，形成了兩個三角形空間。事實上，她其實只不過是一連串的幾何形狀而已。她的雙峰呈完美的半球型，下方腰上穿著一條癟癟的、素面的矩形裙子、往下延伸到基座的位置。這是個直來直往、個性鮮明的女人（以直線和硬邊構成的女性雕像），顯然不是那種你會想要招惹、一起廝混的人。然而，她確實也有兩種相當人性化的樣子：她的表情竟出人意表的栩栩如生——似乎抬著頭在注視著旁邊的什麼東西——而且她的雙唇張開，仿若正在說話。

在她胸部下面呈現的，是整個身軀上僅有的表面細節——石頭上宛如鬆垮肉體的弧形線條、明顯發育成熟的跡象、也許是懷孕了的樣子，在在都讓許多人認為，她可能是一位母神（mother goddess）。

我們對瓦斯特克人的母神幾乎一無所知，但我們知道對征服者阿茲特克人來說，她的地位與自己的母神、特拉佐蒂奧托（Tlazolteotl）無異。你可以想像的是，所有的母神都有一個直接了當的工作職責——確保生育繁殖，並守護眾人長大成人——然而文化史學者瑪琳娜・華納（Marina Warner）卻指出，情況往往要複雜得多：

重要的是要能明白，所有的母神都是不一樣的。很多時候，母神都牽涉到了春天、草木……這類的繁衍生殖能力——講的不只是人類，也涵蓋了動物。於是以繁衍生殖的角度來說，你會進入到極端危險領域當中，因為在分娩時，不論母親或嬰兒都得面臨巨大的死亡威脅。直到晚近以前，這都是人類歷史裡的常態。另外還有一種很強烈的感覺，認為這種與延續生命的危險擦身而過的過程，其實會把你帶到離汙染源很近的地方。這種感覺在基督宗教裡尤為強烈。聖奧斯定就說過，「我們誕生於糞便和尿液之間」，而且他很煩惱人類分娩時表現得像動物的樣子。就整體而言，母神必須幫助人類來對抗這種焦慮——擔心遭受汙染的危險，以及生、死一線間的焦慮。

生孩子和嬰兒期總是有一大堆雜亂麻煩的事情。要達到至少符合衛生條件的最低要求，就意味著得設計一些手段來對付骯髒的穢物——而母神就是得大規模地來處理骯髒的穢物。

因此，「特拉佐蒂奧托」這個名字在阿茲特克語當中的字面意義是「汙穢女神」，也就毫不令人感到訝異了。她所扮演的角色負責了繁衍生殖、草木植被和更新復甦；她是終極的綠化女神，能將有機廢棄物和排泄物轉化成健康的新生命、確保了不起的大自然再生周期的運行。這是個不惜弄髒自己雙手的女神，而且，據阿茲特克神話的說法，她弄髒的還不只是雙手而已：她還有另一個名字，叫作「吞吃汙穢者」——她吞食汙物爛泥、並加以淨化。所以，如果我們能用阿茲特克人的眼光來解讀這位女神，也許會讓人感到尷尬窘迫，但這就解釋了為什麼她的嘴巴是開著的、她的眼睛為什麼總要看著上方。

正如同特拉佐蒂奧托被視為能夠吞食真正的穢物、從而恢復生機和良善，她在道德上也是如此。阿茲特克人告訴西班牙人說，她也是一位接受性犯罪告解的女神：

> 人們在她面前列舉所有的虛榮；人們在她面前攤開所有不潔的作為，無論有多麼的醜惡不堪、無論有多麼的惡性重大……確實把一切暴露出來，在她面前陳述一切。

對西班牙方濟會士伯納狄諾・迪・薩哈岡（Bernardino de Sahagún）來說，這似乎和基督宗教對性犯罪與告解的觀點有著驚人的雷同之處。我們不得不感到疑惑，想弄清楚西班牙人就本身傳統的角度來看，到底是從什麼距離來看阿茲特克人、並透過他們來看待瓦斯特克人的這些女神，尤其是把聖母瑪利亞納入考量。然而，基督宗教傳統已經移除了任何聖母瑪利亞與性行為有所牽扯的內容；特拉佐蒂奧托和被視為穢物的東西擁有與生俱來的密切關係，這也令西班牙人深感不安。讓薩哈岡深感遺憾的是，她居然還是個「淫亂女神」；阿茲特克人同樣也瞧不起自己這些瓦斯特克臣民，認為他們是無可救藥的荒淫。

我們很難對這尊雕像的意義下任何定論，而有些學者甚至還質疑她根本就不是女神。這尊雕像提供的證據還能再多告訴我們些什麼？

她最引人注目的特徵就是她那巨大的扇形頭飾，約有頭部的十倍大小。儘管我們看到部分已經破損，但就像她身上其他部位一樣，它仍被認為是用幾何形狀組合而成的。在頭飾中間、頭部正上方有一個素面的長方形石板；石板上方是一個未經裝飾的圓錐體。這兩者都框在一個巨大的半圓形架子上；架子看似石頭雕成的鴕鳥羽毛。那或許是羽毛、也可能是樹皮，而可能告訴我們答案的原漆早就已經脫落消失了。像這樣的頭飾，必然可以明確地讓我們知道這個人物究竟是誰。但令人抓狂的是，我們現在還沒有絲毫的信心來解讀這樣的訊息。研究瓦斯特克人的專家金．里希特（Kim Richter）讓我們知道了更多有關她對這尊雕像的世俗理解：

我一直主張這些雕塑代表了瓦斯特克人當中的菁英人士，他們用這些花俏的服裝元素來盛裝打扮；這些元素對中美洲各國的菁英來說，其實是稀鬆平常的。在瓦斯特克人的頭飾和其他地區找到樣式相仿的頭飾之間，我已經發現了它們的相關性。

我認為這是當年的一種時尚，但又不僅止於此……比方說，這和今天的古馳（Gucci）名牌包並沒有什麼不同。你在世界各地的有錢人身上都看得到——這是種地位的象徵，也象徵著當今全球不同地區之間彼此的聯繫，而這些頭飾就擁有非常類似的功能。它們向自己人展示了身為廣大中美洲文化一分子的事實。

金·里希特也許說對了，這些雕像也許只是代表了當地的菁英人士。但我卻很難相信，這些幾何圖案組成的裸女雕像是貴族家庭的肖像，即使是最具儀式功能的那種。我們都知道，她們成群結隊、高高的站在大家面前、站在人們堆起來的土丘上，人們可以聚集在這裡舉行儀式和遊行。然而在面對這尊雕像時，我們卻沒有一丁點兒的把握。遺憾的是，現在沒有哪個人可以告訴我們答案。金·里克特說：

我不認為這些雕塑對於今天的當地人真的有多大的意義。所以，當我在田野調查與土著交談時，他們會感到有趣與好奇、他們會想了解更多的訊息，但他們卻對這些雕像一無所知。我聽到一個報告說，在其中某一個遺址的農民會對著雕像射擊，把它們當成是練習用的靶子。

比起我們所知道的來說，這個文物揭露了更多我們所不知道的事情。我們這尊雕像以不由分說的直率方式向我們現身說法，但在我們所有講述歷史的文物當中，她或許是最難透過歷史記錄的過濾來加以解讀的。等談到下一件文物時，我也會嘗試來重塑一個失落的精神世界，然而仍有更多的證據尚待蒐集。它所牽涉到的調查研究，是某一個地球上人類最晚定居的地方——復活節島（Easter Island）；在這裡，我們能看到一些全世界最廣為人知的雕像。

▼巨石像背後，刻著無力的補充說明

70 復活節島雕像「荷瓦」

石雕像，來自智利、復活節島（拉帕努伊）；西元一〇〇〇年—一二〇〇年；高二百四十二公分、寬一百公分、長五十五公分。

拉帕努伊（Rapa Nui）——也就是復活節島——是最遙遠的有人居住島嶼，這不單就太平洋來說是如此、放眼全世界也是這樣。它有將近懷特島（Isle of Wight，英格蘭最大島）一半大，離最近有人居住的島嶼大約有兩千公里遠、距最近的陸塊約莫有三千兩百公里之遙。所以，人類花了那麼長的時間才抵達那個地方也就沒什麼好奇怪的了。南太平洋的種族、玻里尼西亞人（Polynesians）是全球史上最優秀的大洋航海者；他們有能力利用雙船體木舟（double-hulled canoes）跨越廣袤無垠的太平洋、是人類最偉大的成就之一。他們移居夏威夷，也到達紐西蘭安家落戶；他們在西元七百到九百年期間抵達了拉帕努伊，為人類浩瀚的歷史篇章寫下了一個句點——復活節島可能是地球上最後被人類永久居住的地方之一。

又過了一千年的時光以後，歐洲的水手才比得上玻里尼西亞人在航海上的英勇事蹟；當他們在西元一七二二年的復活節抵達拉帕努伊的時候，他們很訝異，居然已經有大量的人口在此地定居了。而更令他們驚訝的，則是當地居民所製作出來的物品。復活節島上這些碩大無朋的

巨石雕像，不管是在太平洋地區、還是擱在任何其他的地方，絕對都是獨一無二的；它們已可以躋身世界上最著名雕像的行列。我們這尊雕像就是其中的一個。他被稱為「荷瓦・黑肯挪挪軋」（Hoa Hakananai'a）——大致上可以翻譯成「隱藏的朋友」。他在西元一八六九年運抵倫敦，而後就一直是大英博物館館藏當中最受人喜愛的文物之一。

人類的歷史往往就是這樣，許多社群會投入大量的時間和資源來確保神明的情義相挺，但很少有社群會像拉帕努伊那些人這麼大張旗鼓、轟轟烈烈的來做這麼一件事情。他們的人口可能從來都沒有超過一萬五千人，但這個小島的居民卻在幾百年的時間裡開採、雕刻、並豎立起一千多尊巨大的石雕。「荷瓦・黑肯挪挪軋」就是其中之一。他大概是在西元一二〇〇年左右被製作出來，而且我們幾乎可以確定，他被用來當作祖靈的棲身之所：他是一個石人，而祖先也許會不時前來造訪、並棲身於其中。

一站到他的下方，你馬上就會注意到他是用堅實的玄武岩雕刻出來的。儘管我們看到他只有腰部以上的部位，他還是有二・七公尺（九英呎）那麼高、俯瞰著任何展出他的場館。要對這麼硬的石頭進行加工、卻只有石器工具來進行削切時，你就照顧不了細節，所以任何和這個巨人有關的一切就必須要做得很大——又醒目。他那沉甸甸的長方形頭顱十分巨大，幾乎與下方的軀幹一樣寬。突出的眉毛呈一直線橫跨、有整個頭部寬度那麼長。眉毛下是又大又深的眼窩和鼻孔大開的挺直鼻梁。方正的下巴明顯地向前突出，雙唇噘著嘴緊閉、表達了強烈的不滿情緒。相較於頭部，軀幹只有約略地勾勒一下而已。他的雙臂根本就只有個模樣，而雙手也消失在那隆起大肚腩的石塊當中。在他身體上唯一有細節描寫的，就是突出的乳頭。

「荷瓦・黑肯挪挪軋」的背面，▶
以淺浮雕手法刻滿了鳥人膜拜的符號。

「荷瓦・黑肯挪挪軋」難能可貴的是，他結合了物質的質量與喚起情感的能力。對雕塑家安東尼・卡羅爵士（Sir Anthony Caro）來說，這就是雕塑的本質：

我把雕塑——這種用石頭做成的裝置——當成是一種人類的基本活動。你在石頭上投入了某種情感的力量、某種風采。以那個樣子來製作雕像就成了一種宗教的活動。復活節島的雕像所帶來的，就是身而為人的本質。從羅丹之後的每一位雕塑家都曾經留心研究過原始的雕塑，因為所有不必要的元素在當中都被刪除掉了。凡留下來的都能強調石頭的力量。我們歸結一切回到的本質；看它的大小、它的簡約、它的雄偉、以及它的配置——這些都是很重要的東西。

這些雕像被放置在沿著海岸線特別搭建的平台上——一種反映了拉帕努伊部落區劃的神聖地形。要把這些雕像搬過來，應該得花上好幾天的時間、動員大量的人力。「荷瓦・黑肯挪挪軋」應該就是和他那些巨石夥伴各自站在自己的台子上，在海邊拉起一道令人驚歎不已的防線；他們背對著大海、持續守護著這座島嶼。這些永不妥協的祖先肖像，必定帶給任何潛在的入侵者一種縈繞於心、望而生畏的景象，而且也能讓所有來訪的貴賓獲得一個相稱而難以忘懷的歡迎派對。他們也被認為擁有一連串創造奇蹟的力量。人類學者兼藝術史學者，史蒂芬・胡柏教授（Professor Steven Hooper）就解釋道：

那是種活著的人與祖先們相處和交流的方式，他們對人類的生活有很大影響。祖先們能影響到後代的繁衍、繁榮與富饒。他們的形象偉岸、碩大無朋。在大英博物館的這個雕像還算是比較小的——在復活節島的採石場，有一個尚未完成的石像就超過了二十一公尺高——人們到底用了什麼方法才把它給立起來，恐怕只有天知道了！

它還真讓我想起中世紀在歐洲和英國的教堂建造過程；我們在這些地方可以看到許多非比尋常的建築，涉及了大量時間、人力與技巧的投入……這幾乎就好比是散見於復活節島山坡的這些雕像；大型的雕像，就相當於這些中世紀的教堂。你其實是不需要這麼多，但它們所傳達出來的訊息並不單只在於信仰的虔誠，也在於社會與政治方面的競爭態勢。

因此，就有這麼個人口眾多的島嶼、有效率的組織，用精心建構、競爭的方式來進行宗教儀式。然後，大約在西元一千六百年的時候，巨石像的建造似乎就突然中斷、戛然而止，沒有人知道是什麼緣故。所有像這樣島嶼的生態系統顯然都很脆弱，而這個島嶼的開發已經超過了能夠寬裕地永續發展的界線。島上的居民已經一點一點砍掉了大半的樹木，對陸鳥的獵捕也已幾近讓牠們滅絕。海鳥、尤其是烏燕鷗，也都搬離到更安全的近海岩石和島嶼上築巢。這必然讓他們覺得，似乎神靈的恩典正逐漸離他們而去。

君士坦丁堡的人用回顧舊有的宗教儀式來對抗危機，而拉帕努伊的居民卻是發明了一種新的宗教儀式；他們所求助的這種儀式，毫不讓人訝異地，全都與匱乏的資源有關。這種一直被稱為「鳥人」（Birdman）膜拜的儀式，重點就在於一項一年一度的競賽；參賽者必須到附近的一座小島去撿拾遷移過去的烏燕鷗所產下的第一顆蛋。越過海洋、攀上懸崖，成功完成把蛋完好無缺帶回來這項壯舉的人，在接下來的一年裡將得擔任「鳥人」這個角色。被授予神力之後，他將離群索居、任指甲如鳥爪一般的生長、並擁有一柄象徵著威望的儀式用短槳。而令人驚喜的是，透過了這尊雕像，我們不但知道了這個故事，還清楚明白了這種宗教儀式改變的緣由。「荷瓦．黑肯挪挪軋」非但沒有連同其他的巨石像一起被人遺棄，反而被整合納入了鳥人膜拜的儀式、被人搬到一間簡陋的小屋當中，馬上就進入了新的生命歷程階段。

這種出現在後期儀式的所有重大因素，全都呈現在我們這尊雕像的身上、全都被雕刻在他的背上。背面這些訊息，必然是在雕像製作完成的幾百年之後才被加上去的，且雕刻風格和正面也迥然不同。運用淺浮雕手法、圖案也小小的，雕刻的人試圖要在上面刻下大量各式各樣的不同細節。兩個肩胛骨都各自被轉變成鳥人的象徵；兩隻長著人類四肢的軍艦鳥彼此相望，鳥喙各自頂在雕像脖子的後方。雕像頭部的後方有兩柄風格特異的短槳，每一柄槳的上端看起來就像是縮小版的雕像臉孔；兩柄槳中間站著一隻被認為是年輕的烏燕鷗，而牠的蛋則是鳥人膜拜儀式的重點。這尊雕像背面的雕刻，應該從來就不像雕塑般的清晰可辨。我們知道它當初是用明亮的顏色彩繪而成的，所以人們就可以很容易來辨識和理解一堆極具說服力的記號。現在沒有了顏色，讓呈現在眼前的雕刻顯得相當軟弱無力、裝飾瑣碎、以及氣勢削弱——相較於正面那充滿自信活力的雕刻來說，這有如是一種令人困惑和懦弱膽怯的補充說明。

我們很少能在石頭上看到生態變化的記錄。在「荷瓦．黑肯挪挪軋」前後兩面雕刻的對話裡，我們看到了某種辛酸而動人的東西；這個雕刻帶來的教訓就是，並沒有什麼方法能讓生活或思想可以永垂不朽。它的正面訴說著大家都深信不疑的希望；他背部權宜之計的轉變，一直都是現實生活的寫照。他，終究是個普通人。

而普通人往往都能夠倖存下來。復活節島上的居民似乎已經相當適應了這種改變中的生態環境，而玻里尼西亞人一向都得如此。但是在十九世紀的時候，他們面臨了一種完全不同結構的挑戰——他們從大海的那一邊迎來了奴隸制度、疾病、還有基督宗教。當英國戰艦「黃玉號」（HMS Topaze）在西元一八六八年來到這裡，島上只剩下了幾百名居民。此時已接受了洗禮的酋長們，把「荷瓦．黑肯挪挪軋」呈獻給「黃玉號」的官兵。我們無從得知為何他們要把他送走，或許是因為這尊古老的祖先雕像被視為是新領受的基督教信仰的一大威脅。一群島民把他搬到了船上，而他就被帶到英國、獻給了維多利亞女王，然後就被送到大英博物館安置。他面朝東南方，遙望著一萬四千公里之外的拉帕努伊。

目前「荷瓦．黑肯挪挪軋」被放置在「生與死」（Living and Dying）的主題展廳裡，身邊圍繞著各式文物，向世人展現在太平洋和美洲的其他社群如何設法解決各地人類所面臨的困境。他強而有力地陳述了一件事情，就是所有社群都會不斷尋找新的辦法來搞懂這個不斷變化的世界，並確保自己能在當中存活下來。在西元一四〇〇年的時候，歐洲人對這個展廳所陳列的文物根本一無所知。但這種狀況後來就改變了。在接下來以文物訴說歷史的篇章裡，我們將一覽這許多不同世界——甚至渺遠如拉帕努伊這樣的島嶼——的形塑方式，看它們如何在願意或不得已的情況下，被整合成組成全球體系不可分割的一部分。這段歷史的許多方面都很耳熟，然而一如既往的是，文物總是有種力量能讓人受到吸引、感到驚喜，並獲得啟迪。

第15篇

現代世界的開端

西元一三七五年～西元一五五〇年

幾千年來，各式各樣的物品早都已不遠千里的跋山涉水、流通於各地。儘管有這些千絲萬縷的牽連，在西元一千五百年以前，這個世界基本上仍然是由一系列的網絡交織而成的。沒有誰能夠擁有全球化的眼光，因為從來就還沒有人環繞世界一周。接下來這幾章是關於在這即將邁入現代時期當口的全球各大帝國；當時它們仍無法想像，一個人就能夠訪遍諸國列強；當時即便所謂的超級大國，能夠主宰的其實也只有自己所在的地區而已。

▼大帝國的長壽竅門：官樣文章

71 蘇萊曼大帝的花押

書法，來自土耳其君士坦丁堡（伊斯坦堡）；西元一五二〇年—西元一五六六年；高四十五．五公分、寬六十一．五公分。

大約在西元一三五〇到一五五〇年間，全世界有大片的帶狀地帶被當年的超級大國給分占割據——從南美洲的印加王國，到亞洲的中國和中亞的帖木兒汗國，還有朝氣蓬勃的鄂圖曼帝國：它的疆域涵蓋了三大洲，東西橫跨了非洲的阿爾及爾到裏海的範圍、南北貫穿了布達佩斯到麥加的區域。

在這四大帝國當中，有兩個國祚延續了好幾個世紀，另外兩個則在幾個世代之後就轟然瓦解。國祚命脈能夠延續的國家，倚靠的不只是槍桿子，同時還得仰賴筆桿子——健全而有效的官僚體系，讓它們能安然度過艱困嚴苛和昏君當道的時局。矛盾弔詭的是，居然是外強中乾的紙老虎得以存續下來。我們這一章要來探討延續命脈的力量，講述的是偉大的伊斯蘭鄂圖曼帝國；它在西元一五〇〇年征服了君士坦丁堡，並且挾帶著國土安全與擴張力量所得到的自信，將自己從軍事強權轉變成一個行政管理相當健全的國家。鄂圖曼早向大家展現了，在現代世界裡，紙，就是力量。

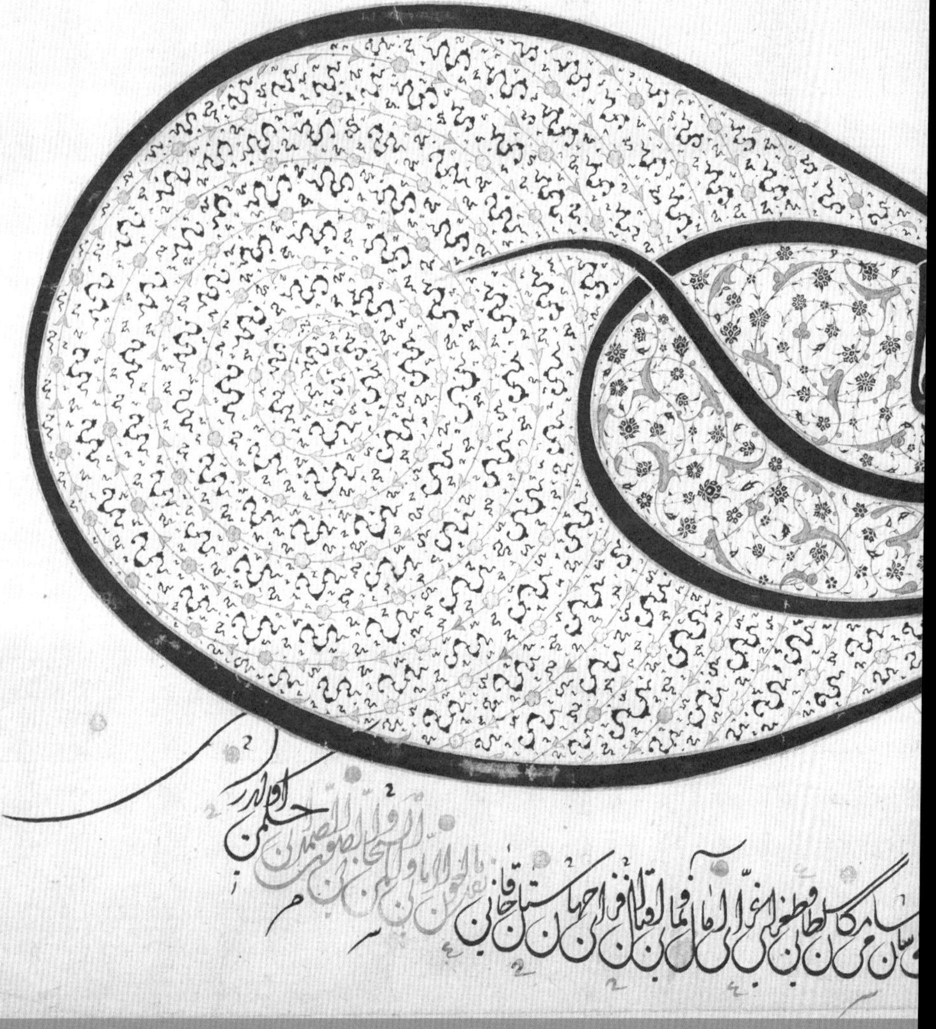

這是什麼了不起的一張紙啊！這是一幅異常美麗的著色畫圖——上面畫著國徽，是一枚象徵權威的戳記，也是至高藝術成就的表徵。它被稱為「花押」（tuğrā）。這枚花押用鈷藍色的墨水、醒目的粗線條畫在厚紙上面，圍住了一小片種滿五彩繽紛、金碧輝煌花朵的區域。畫面左邊有一個彎曲連綿的裝飾環、是個豐滿的橢圓形，中間有三條扎實的垂直線條，而在右邊則有一條彎曲的裝飾尾。這個雅緻、精心製作的花押文字是從一份正式文件上剪下來的，而整體的設計就意味著蘇丹的頭銜所代表的權力。這些文字所寫的是：「蘇萊曼（Suleiman）、塞利姆大汗（Selim Khan）之子，戰無不勝」。這句簡單的阿拉伯語詞，被人用華麗富饒的材料精心製作成一個徽章，清楚表明了他所擁有的巨大財富；這位百戰百勝的蘇丹王和英國國王亨利八世、神聖羅馬帝國皇帝查理五世同處一個時代，也難怪他被後來的歐洲人稱為蘇萊曼大帝（Suleiman the Magnificent）。

在西元一五二〇年登基時，蘇萊曼所繼承的是一個已然開疆闢土的大帝國。他繼續以無人能擋的精力來鞏固和擴大自己的領土。才用不了幾年的時間，他的軍隊就已經粉碎了匈牙利王國、攻下了希臘最邊陲的羅得島、取得了突尼斯、並打敗葡萄牙人而取得了紅海的控制權。此時的義大利就變成了最前線。蘇萊曼似乎打算要重建羅馬帝國、但將之歸於穆斯林的統治下——他夢想著一種點燃了西歐文藝復興的古羅馬榮耀，而這夢想也鼓舞了鄂圖曼帝國最大的成就。這兩個互相敵對的世界共享了同一個不可能實現的夢想。當威尼斯的大使表示，希望有一天能在威尼斯迎接蘇丹作客，蘇萊曼回答他說：「當然沒問題，但那得排在我打下了羅馬以後。」他在有生之年並沒有攻下羅馬，但時至今日，他仍被認為是鄂圖曼帝國最偉大的皇帝。

小說家艾莉芙．夏法克（Elif Shafak）提出了她身為土耳其人的觀點：

對許多人、尤其是土耳其人來說，蘇萊曼是一個令人難以忘懷的蘇丹——他在位長達四十六年。西方稱他為蘇萊曼大帝，但我們稱他為「立法者蘇萊曼」（Suleiman Kanuni），因為他改革了整個司法體系。當我看著這個簽名時，我看到了它所講述的權力、榮耀以及偉大的輝煌。蘇萊曼對於征服東方和西方感到樂此不疲，這就是為什麼許多歷史學家認為他深深受到亞歷山大大帝的啟發。在這件書法當中，我同樣也看到了那樣的表述方式、那樣的一個世界級強國。

你要如何來治理一個像蘇萊曼所統治的這麼一個大帝國、並確保中樞的權力能夠恰當地布署到帝國的周邊末梢呢？你需要的是官僚體系。帝國各地的行政官員必須證明自己擁有統治者的權力，這就必須透過頒發象徵性的徽章，能讓人隨身攜帶、昭示於眾。那樣的徽章也就是花押。它的作用就如同皇室的委任書、或警長的星形警徽一樣，讓帝國的官員擁有徽章賦予他們的權力。這種花押是官方文書中最重要的一種，而蘇萊曼在他統治期間大約發出了十五萬件。他勤於建立各種外交關係，創造出強大的公務員制度，並頒布新的法律。這一切都需要政府的文書、給駐外使節的指示以及法律的文件，而這所有的一切全都得從他的花押開始。

花押本身就點出了蘇丹的名字，而下面的文字寫著：「這是高貴而崇高的蘇丹名諱象徵，令人尊敬、能帶給世界光明的花押文字。願這份指示，在上主的協助和無始無終的造物主守護下，能發生它的效力。蘇丹諭令……」我們這張紙到這裡就被剪斷了，但在接下來的文件應該會繼續傳達特定的指示、法律或命令。有趣的是，這裡出現了兩種語言：指出蘇丹名諱的花押用的是阿拉伯文，提醒我們，蘇萊曼是信徒們的保護者，對整個伊斯蘭世界有著應盡的義務；下方的文字是土耳其文，表明了他身為蘇丹的身分、是鄂圖曼帝國統治者。阿拉伯文象徵著精神的世界，而土耳其文則代表了俗世的統治。

對這份文件的收件者來說，土耳其語言應該當然就是官方語言。鑑於這個花押華麗的藝術性，所以收件者必然是非常了不得的人物，可能是個省長、將軍、駐外使節或統治機構的成員；這份文件可能被送往蘇萊曼快速成長的帝國的任何一個地方，正如歷史學家卡洛琳・芬克爾（Caroline Finkel）解釋說：

> 他擊垮了馬穆魯克帝國（Mamluk Empire）、埃及、敘利亞、有著阿拉伯人口群居〔沙烏地阿拉伯西南部〕的漢志（Hejaz），同時也征服了幾個非常重要的聖地；不管怎麼說，這些人如今都是鄂圖曼帝國的臣民。蘇萊曼的花押，遠到波斯邊界都還能看到它的蹤影，而在東方最大的對手、波斯的薩非王朝（Shi'a Safavid Empire）總一直對鄂圖曼土耳其人進行挑釁；在北非也有它的蹤跡，鄂圖曼土耳其人從那裡展開海上遠征，在地中海西部擊敗了西班牙哈布斯堡王朝；在我們如今稱為俄羅斯下半部的地區也有它的蹤影。

蘇萊曼的鄂圖曼帝國控制了整個地中海東部的海岸線，從突尼斯一路延伸到了幾乎抵達義大利東北方的港口第里雅斯特（Trieste）這個地方。東羅馬帝國在八百年後總算是重建完成，但卻改頭換面，以穆斯林帝國的面貌現身。就是這個巨大的新興國家，逼得西歐人不得不尋找其他方式來與東方世界進行交流和貿易，迫使他們從地中海走出來、投入大西洋的懷抱。但，那已經是後話了。

大多數的官方文件都會遺失、損毀或被丟棄。我們的駕駛執照或稅單通常都不會逃過消失的命運。同樣地，我們再也看不到鄂圖曼帝國大量的官方文件了。保留官方文件最常見原因就是，這份文件和土地有關，因為後代子孫必須知道這片土地的擁有權歸誰。所以最有可能的推測是，我們這枚花押是附在一份大規模土地轉讓的文件上，授予或確認鉅額地產的產權。這也許就能解釋這份文件為什麼可以長時間被保留下來，讓日後的收藏家大概在十九世紀的時候把花押從文件上剪下來，把它當成一件個別的藝術品出售。

說它是件藝術品，它當然當之無愧。在鈷藍與金色葉子一同躍動的字裡行間，我們看到了大型的環圈，裡面包含了盤繞的蓮花和石榴、鬱金香、玫瑰和風信子如此繽紛茂盛的花圃。這就是華麗的伊斯蘭裝飾，以自然的形式歡樂慶祝、同時也避免了展現人體。這也是件書法名家的示範之作，十足展現了書寫的技巧和喜悅。鄂圖曼土耳其人，如同他們伊斯蘭世界裡的祖先和同時代人一樣，都十分重視這項書寫的藝術。要來寫就「神」這個詞彙時，必須投入一切聖潔的美感。書法家是很重要的官僚人員，服務於土耳其人的文書部門──「底萬」（Divan，意指一疊寫了字的紙張）；鄂圖曼帝國的官方書寫體「底萬尼」（Divani），就是由此而得名的。書法家替這種書寫體發展出美麗而極其複雜的形式。它以難以閱讀而惡名昭彰──其實這是故意的——用意在於避免文書裡出現多餘的廢話，還有防止官方文件遭到偽造。書法家身兼藝術家與官僚人員的身分，往往也是歷朝歷代的良工巧匠，負責將這些技巧代代的傳承下去。在伊斯蘭的世界裡，官樣文章往往也就是高雅的藝術。

現代的政客會相當自豪地宣示，希望徹底掃除官僚體系。當代的偏見在於，它會讓人步調遲緩、讓事情滯礙難行；但假若用歷史觀點來看的話，就是官僚體系幫助我們度過了難關、讓國家得以獲得存續。官僚體系並非怠惰保守的證據，如我們在第十五章所見到一樣；它可以救人活命——而這一點在中國表現得最為明顯。中國是全世界歷史最悠久的國家，且擁有最為綿長的官僚體系傳統，這兩者並存的現象絕非是巧合。我們下一件要探討的文物是一張來自中國的紙張，和花押一樣，也是一項威力強大的治國工具：那就是，紙鈔。

▼想發行鈔票得先減少文盲

72 明代的紙鈔

中國紙鈔；西元一三七五年—西元一四二五年；
高三十四公分、寬二十二・二公分。

「你相信有精靈嗎？快說你相信。如果你相信，就拍拍手！」

小飛俠彼得・潘請觀眾和他一起相信有精靈、好解救小精靈婷可蓓兒（Tinkerbell），這大家耳熟能詳的重要關頭總始終能得到大家熱烈的迴響。就整部歷史、從任何一方面來看，能說服別人相信看不到的東西、但又希望那是真實存在的這種能力，真是一種令人刮目相看的絕技。就拿紙鈔這個例子來說好了：好幾個世紀以前，中國有人在一張紙上面印了一個貨幣的面額，要其他人同意、願意承認這張紙真的就有上面那個面額的價值。你可以這麼認為，這紙張做的票據就像彼得潘故事裡的達林家小孩一樣，被認為應該是「和黃金一樣」、好到了極點，而在這個情況下，至少也該和黃銅一樣——因為銅幣數額的實際價值就被印在這張票據上。整個現代金融業的鈔券與信用體系，其實就是建立在這麼一個完全信任的簡單行為之上。紙鈔，堪稱是人類歷史裡貨真價實的一大革命性發明。

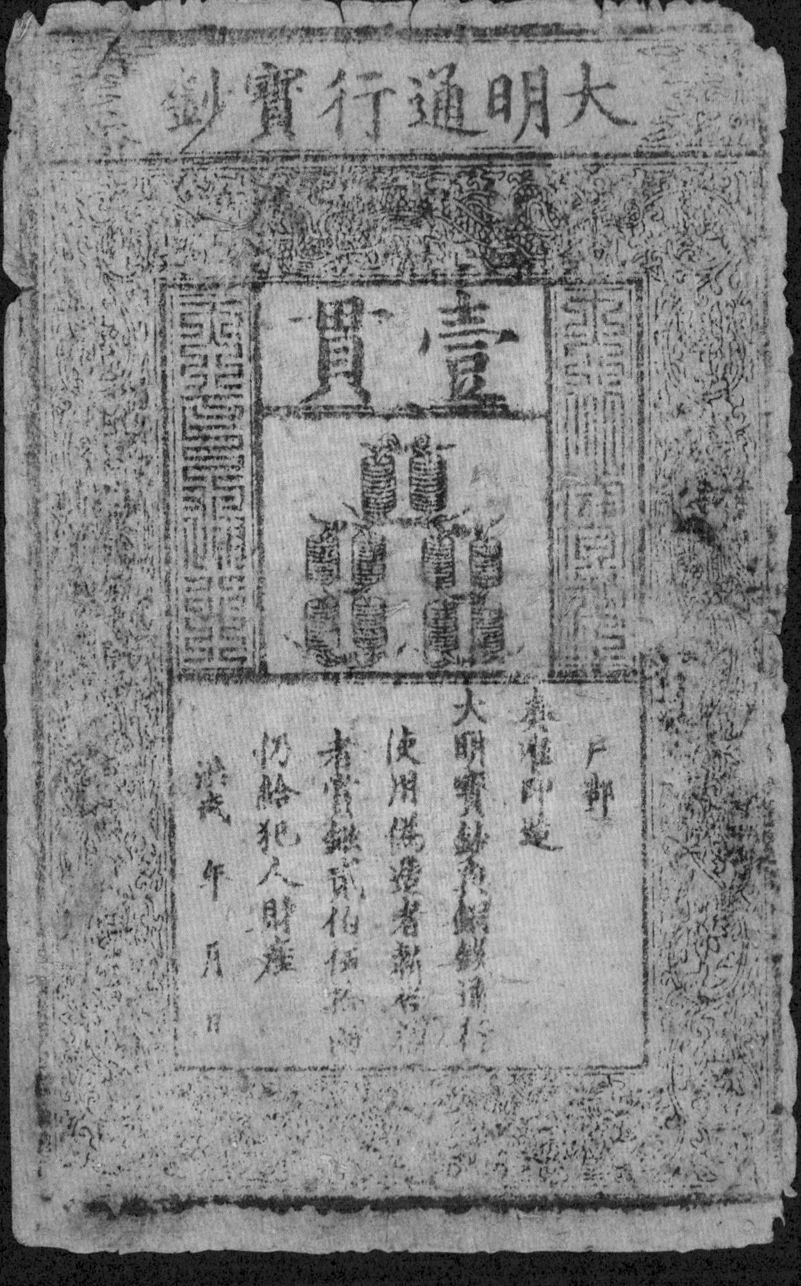
大明通行寶鈔
壹貫
戶部
奏准印造
大明寶鈔與銅錢通行
使用偽造者斬告
者賞銀貳伯伍拾兩
仍給犯人財產
洪武 年 月 日

我們這件文物是這些早期紙鈔當中的一張、中國人管它叫「飛錢」，來自大約西元一四〇〇年的明代時期。對於這項發明的理由，擔任英格蘭銀行行長的默文·金（Mervyn King）有話要說：

我認為在某方面來說，「錢是萬惡根源」這句格言的正確說法應該是「惡是金錢之源」！貨幣的發明，是為了要避免掉一些與信任他人有關的問題。但接下來的問題就成了──你能信任發行貨幣的人嗎？因此國家自然就成了貨幣的發行者。然後再來的問題就是，我們能信任國家嗎？就許多方面而言，這個問題其實關乎我們未來是否還能夠信任自己。

世上大多數地區在這時的貨幣兌換，都以金、銀和銅製的硬幣來進行，而能夠用來判斷它們內在價值幾何的依據就是重量。但中國人在紙鈔身上看到了優於大量硬幣的明顯優勢：它的重量輕、方便運輸、而且還大到足以在上面傳播文字與圖像訊息──昭告的不僅是它的價值、為它背書的政府機構，同時還有它所依附的種種假設狀況。倘若操作管理得宜，紙鈔會是一種維繫高效能國家的強大工具。

猛一看，這張票據和現代的紙鈔一點兒都不像。它是紙做的、任誰都看得出來，大小要比A4紙張來得稍微大一點。它質地柔軟、呈天鵝絨般光滑的灰色，材料用的是桑穰（桑皮紙）、一種中國當時官方認可的紙鈔製作原料。桑皮紙的纖維長而有彈性，所以即使在今天、在經過六百多年以後，這張紙仍然是這麼柔軟、柔韌。

這張紙鈔以滿版單面印刷而成、是一個木刻的戳記，黑色顏料印著直書的中國文字和裝飾花紋。沿著紙張上緣寫著六個醒目的楷書，說明這是「大明通行寶鈔」。在這行字的下面是龍紋欄界、群龍盤繞著整張紙的裝飾邊框——龍，當然是中國和帝王的傳統象徵。在邊框的內側有兩行篆體文字；右邊那行再次宣告這是張「大明寶鈔」、而左邊那行則說明了它將「天下通行」。

這是個相當豪氣的聲明。但這天下如何能永世其昌？在這張鈔券上衿印下這個承諾時，大明朝廷似乎也堅定表現了自己將無遠弗屆地來履行這項承諾。我請教了默文・金，讓他對這項勇敢的主張來做點評論：

我認為這是一種關乎維繫這種貨幣價值的合同、一個含蓄而不容置疑的合同，建立在個人與接下來幾年、乃至幾十年所相信的決定之間。這是一張紙——當中並沒有什麼內在的價值——它的價值是由發行單位身後的機構是否穩定來決定的。如果人們相信這些機構能夠存續下去、如果人們認為它們力求穩定的承諾值得信賴，那麼他們就會接受、並使用這種紙鈔，而它也就成為正常貨幣流通的一環。當這種信任面臨破產，如發生戰爭或革命而被推翻政權的國家一樣，那麼這個貨幣系統也就崩潰了。

而這確實就是西元一三五〇年左右在中國實際發生的情況，當時適逢蒙古帝國解體滅亡的當口。因此在西元一三六八年取而代之、甫建立的明朝，所面臨的一大挑戰就不僅是要重新恢復社稷的元氣，同時還得重新架構金融貨幣的秩序。明朝第一位太祖皇帝朱元璋是一個粗鄙的地方軍閥，以統治者之姿開始進行一項雄心勃勃的計畫；他要用孔老夫子偉大的儒家思想來建立一個長治久安、文風鼎盛的中國社會。正如同歷史學家卜正民（Timothy Brook）為我們詳細說明的：

明朝開國皇帝的目標是，兒童應能讀、寫、還要能夠識數。他一直有個想法，認為每個人都該具有讀寫能力，而且他認為能讀書識字是一件好事，因為這牽涉到商業的運作——會讓經濟發展更有效率——同時也涉及了道德的含義：他希望學童能夠閱讀《論語》、學習與孝道和敬老有關的基本典籍；他還希望這樣的讀寫文風能推及整個大致重獲安定的國家。我能想像，有四分之一的人口能夠看懂這張紙鈔上說些什麼是個什麼樣的情況；而這以當時歐洲的標準來看，實在是太了不起了。

作為這令人印象深刻的政治擘畫其中一環，新建國的大明朝皇帝決定要重新建立貨幣系統。他知道，健全而靈活的貨幣制度能夠鼓勵社會穩定的發展。於是他設立了戶部，然後在西元一三七四年成立了「寶鈔提舉司」。而寶鈔的發行，就從下一年開始。

寶鈔帶來的第一個挑戰是打擊偽鈔。所有的紙鈔都得面臨遭到偽造的風險，這是因為那麼一張紙的實際低廉價值、和紙上面額所承諾的高額價值之間存有巨大落差的緣故。這張明朝的寶鈔上就寫著，政府允諾給予告發偽造者若干賞金。一方面許諾這樣的甜頭，對任何可能偽造

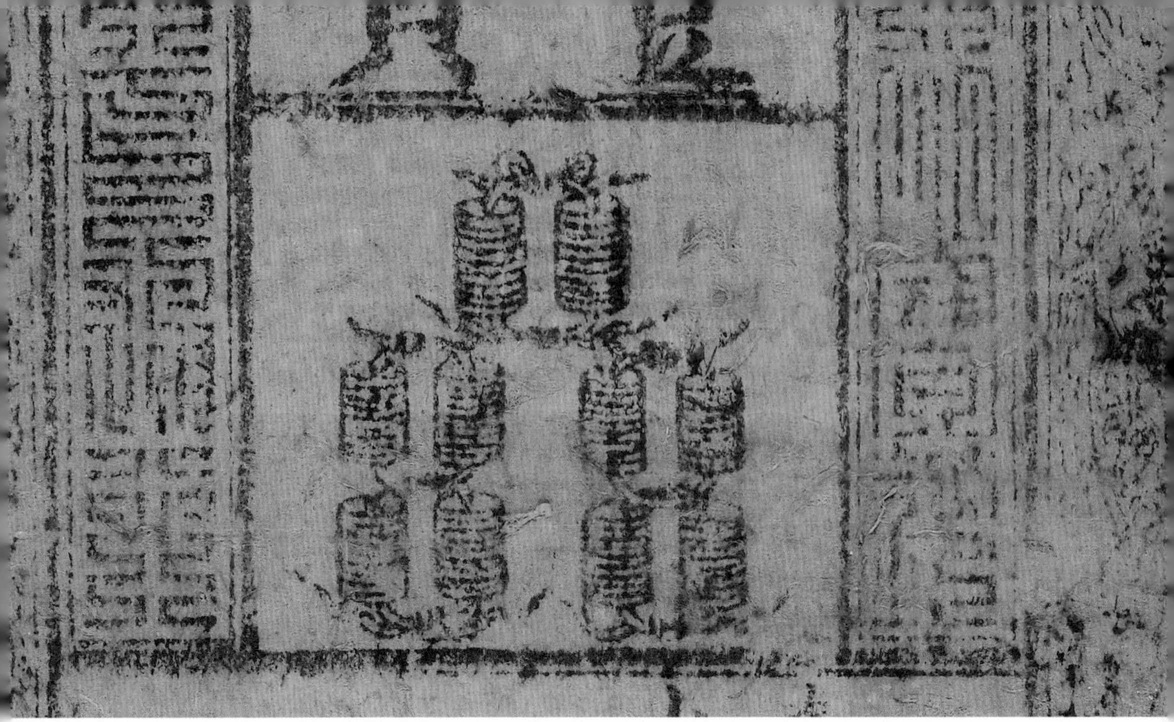

▲ 寶鈔中間的圖畫顯示了串在一起的十堆硬幣。

寶鈔的人也有極為可怕的懲罰：

偽造者斬，告捕者賞銀貳佰伍拾兩，仍給犯人財產。

然而，更大的挑戰是如何來保持這種新貨幣價值的完整無損。在此，大明朝廷的關鍵貨幣決策是，確保這種寶鈔總是可以被兌換成銅錢——寶鈔的價值就等同於數量明確的硬幣價值。歐洲人就把這些硬幣叫做「現金」——這些硬幣是圓形的、中間有方形的孔，在中國的流通使用已經有一千多年。讓我喜歡上這個大明寶鈔的一個理由是，就在它的中央有一幅圖畫、顯示著與紙鈔面額數量相同的硬幣。圖裡有十堆、每堆有一百個硬幣，所以總共有一千個硬幣，或如寶鈔上所寫的「一貫」。四處遊走時若帶著這麼一張紙，和帶著同等價值的一堆硬幣相較之下，你就知道這種早年的紙鈔該會多麼的有用、多麼的受人歡迎了。在這圖裡畫著一千枚硬幣：把所有的銅幣都串在一起，有一公尺半高。全部的重量約有三公斤重，處理起來顯得相當笨重而麻煩，要再加以細分和用來支付，也十分困難。對某些人來說，這種寶鈔必然讓生活變得簡單容易得多。當時有個仁兄就寫道：

只要收到紙鈔，就得支付出銅幣；只要紙鈔一被發行，就得收回銅幣。這種做法經過證實，從來都不會無法操作。這就好像池子裡的水一樣。

這聽起來很簡單。但「經證實從來都不會無法操作」這句話，卻回過頭來令大明朝皇帝深感困擾。按照慣例，實務往往都會變得比理論要來複雜得多。紙張兌換成黃銅、黃銅兌換成紙張的做法，從來就不曾順利進行過。而且就像到今天為止的那麼多政府一樣，明朝當局就是抗拒不了多印鈔票的誘惑。如此就讓紙鈔的價值下跌；在大明寶鈔發行十五年之後，有官員指出，這種面值一千個銅錢的寶鈔已經暴跌到只能兌換兩百五十個銅錢了。到底出了什麼問題呢？默文・金解釋說：

他們沒有中央銀行，而且也發行了過多的紙鈔。原則上，紙鈔要有銅幣的支持才行——這是發行紙鈔背後的概念。然而實際上，這種關連性卻被搞垮了，而一旦人們意識到這種連結垮掉了，那麼這寶鈔還有多少價值，其實就是個讓人判斷未來政府是否會發行更多寶鈔、讓購買力下降的問題。到最後，這種貨幣終將變得一文不值。

但我不認為紙鈔注定要歸於失敗。我想，如果你在金融危機發生前的四、五年前問我，我會說：「我認為我們現在已經想出如何管理紙鈔的辦法。」也許從金融危機的角度來看，我們應該要再審慎一點，而或許——用周恩來這另一位了不起的中國人、在被問起對法國大革命的看法時所說的話來說：「嗯，這還言之過早。」我們在紙鈔問世七百年之後來談它們，可能也還是言之過早。

到最後，大約在西元一四二五年，中國政府放棄了這樣的掙扎、中止了紙鈔的使用。小精靈落荒而逃——或是用更大氣的話來說，讓紙鈔得以運作的信仰結構已經崩潰。銀錠取而代之，成為明朝金融貨幣世界的基礎。但不管有多麼難以管理，紙鈔擁有如此多的優點，無可避免的又讓全世界回頭奔向它的懷抱；現在，沒有哪個現代化的國家會認為可以不用紙鈔，而還能讓國家應付裕如。對於這最早期印在中國桑皮紙上的大明寶鈔，到今天的回憶仍存活在倫敦一個小小的花園裡。一九二〇年代，英格蘭銀行為了向那些早期的紙鈔表達致敬之意，於是選了一小塊地，種下幾棵桑樹。

▼幾百個騎兵就滅了世上最大帝國

73 印加黃金駱馬

黃金雕像，來自祕魯；西元一四〇〇年—西元一五五〇年；
高六・三公分、寬一・五公分、長五・五公分。

大約五百多年前，印加帝國的領土比鄂圖曼土耳帝國還要大、也比明朝統治的中國大上不少——事實上，它是當時世界上最大的帝國。在國力最鼎盛的時期、約莫在西元一五〇〇年左右，它的疆域貫穿了三千多英里的安第斯山脈、統治了從哥倫比亞到智利的一千兩百多萬人口，東西橫跨了太平洋岸到亞馬遜叢林一帶。到了一五二〇年代，西班牙人就會到來、而這一切也都將歸於塵土。

但在那之前，整個印加帝國仍處在昌盛繁榮的狀態。它沒有文字、但卻是個高效率的軍事社會；這是個以祕魯庫斯科（Cusco）為首的文明，井然有序、效率奇高、而且富裕繁榮。它的經濟發展不僅仰賴人力，同時也依靠同樣重要的駱馬——龐大的人口勞動力和幾十萬頭的駱馬。儘管它是當時世界上最大的帝國，但我們卻用了在這一節講述的歷史裡，最小的一件文物來加以呈現——一個來自群山環繞的世界，小小的、黃金打造的信使。

雖然這個帝國在軍事、社會以及政治上呈現了高度的條理和組織，但印加人卻沒有書寫的

文字，所以我們只能夠大量依賴西班牙征服者的各種記錄。我們從這些記錄和遺留下來的文物當中得知，印加帝國確實是世界歷史上最為非凡的一大成就。當明朝開始在中國繼承大統、鄂圖曼人就要攻下君士坦丁堡的時候，印加人也正忙著建造他們龐大的帝國。到了西元一五〇〇年，印加人掌控的範圍，已經從自己位在祕魯南部的心臟地帶擴張了有十倍之多。

安第斯山區全都是令人望而生畏的崇山峻嶺——這是個垂直的帝國，梯田分布在山坡上、道路越過了山峰。灌溉設施和運河改變了河道，把山坡變成了鬱鬱蔥蔥的梯田。滿盈的倉庫和延伸的公路，都顯示出規畫和配置上的細緻考量。印加人在天險裡開出道路，而讓他們得以實現這個目標的功臣就是駱馬。然而，一個國家倚賴動物得以發達也不是什麼新鮮事兒，如同身兼科學家與作家的賈德・戴蒙（Jared Diamond）所告訴我們的：

> 家畜可否供人利用和牠們的類型為何，對人類的歷史和文化有著極為重大的影響。例如，在舊世界的歐洲和亞洲，歐亞大陸的大型家畜——馬、牛、山羊、綿羊和豬——提供給我們肉類、蛋白質和牛奶。牠們當中有些大到足以充當交通工具，其中有一些馬、駱駝和驢子大到足夠以供人騎乘；還有一些、特別是牛和馬，能夠被用來拉車。能夠供人騎乘的馬和駱駝就成了戰爭所使用的動物，並提供給歐亞大陸的人遠優於其他大陸人口所享有的巨大好處。可以說，家畜不僅能夠促進穩定生活的發展、供給我們食物，同時也能提供征服敵人所需的武器。

賈德・戴蒙描述的這種在動物學上抽籤碰運氣的情形——當地的動物是否可以被馴化，得全憑機運——大大地偏袒了歐洲和亞洲。相形之下，澳洲可就抽到籤王了，食火雞很難馴化，也從來沒看過有誰騎著袋鼠去打仗的。美洲人的情況也好不了多少，不過他們至少還有駱馬。駱馬沒有辦法和馬比速度，負載能力也比不上驢子；牠們還有一種讓人十分生氣的習慣，就是只要累了就雷打不動、任誰也勸不來。然而，牠們確實非常適應高海拔地區、能抗寒耐凍、懂得自己覓食，還可以提供毛線原料、肉類和肥料。牠們無法載人，因為一匹健康的駱馬只能運載大約三十公斤重的貨物——比今天搭飛機的平均行李限重還多上一些——所以，牠們在運送軍事行動所需的物資時，確實能夠發揮極大的功用。當印加人的領土沿著安第斯山龐大的山脊往下擴張時，他們飼養了大量的駱馬來做為軍隊的馱畜。並不令人意外的，他們也製作了這種能夠吃苦耐勞、對人民生活和帝國運行都相當重要的動物模型。

我們這隻小小的黃金駱馬是這麼的小、小到我可以輕易地把牠擱在掌心——牠大概只比五公分高一點，通體呈空心狀、用敲薄的金葉子製作而成，所以重量非常輕。牠的形體顯得動人而活潑——伸直的脖頸、豎直而警覺的耳朵、一雙大眼睛、以及明顯露著笑容的嘴巴。對於這種似乎經常擺出高傲姿態和輕蔑譏誚的表情、突然變臉的物種來說，這就成了一種頗不尋常、看似愉悅的典型。人們在印加領土各地找到了許多像這樣的小塑像、有金有銀；牠們經常被當成獻祭的供品埋在山巔之上。

這個地區可以分成三個涇渭分明的不同層次：先是平坦的沿海地帶；然後是擁有著名安第斯梯田的山腰坡地，在非常困難的地形上生產農作物；接著是高山區的高原草地，海拔有三千五百公尺。駱馬讓這三個不同的印加世界聯合成一體，並且使這個廣大的帝國團結在一起。這個世界裡擁有不同的種族、語言和神祇；社群之間經常處在彼此交戰的狀態下；各式各樣的帝國技術被布署來控制這個快速興起的國家。有些地方的菁英人士被無情的淘汰；有些地方則拔擢新血，賦予他們私有土地、並免除徵稅。在後期才被征服的領土裡、如厄瓜多爾北部，運作的模式還比較像是附庸國、而沒有被完全納入印加帝國的體系當中。這種文化上的馬賽克鑲嵌模式，被印加人的戰爭機器焊接成一個強大的帝國，仰賴的就是成千上萬駱馬所提供的運輸和食物。我們知道在早期一場對西班牙人的戰鬥後，被擊敗的印加人就遺棄了一萬五千頭駱馬。

我們的小駱馬由黃金打造而成，而黃金在印加神話裡是一種重要的物質。黃金是偉大印加太陽神的特質，代表著祂的生殖能力——黃金被形容為「太陽的汗水」、白銀則是「月亮的眼淚」。因此，黃金被視為具有陽剛的力量，尤其印加帝國權力的擁有者、皇帝本人更被視為是太陽神之子。今天，以黃金和白銀打造的印加文物僅有極少數能夠倖存下來：那微小碎片呈現出令人目眩神迷的富饒景象，在一五二〇年代西班牙人抵達之後的記錄裡多有描述。他們寫到了的諸多的宮殿，圍牆全都覆以金箔、當中有無數金銀打造的人像與動物雕像；還有微型黃金花園模型，裡面棲息著金燦燦的鳥類、爬蟲類和昆蟲。這一切應該都被移交給西班牙人、或被他們占有。最後，幾乎所有的一切都被回爐做成了金條、運回西班牙去了。

就如所有的社會一樣，種植和收成往往都伴隨著祭祀神靈的儀式和供奉；對印加人來說，這往往還涉及了用天竺鼠、乃至於菁英的小孩來進行活物生祭。如同祕魯籍的印加專家加布里埃爾·拉蒙（Gabriel Ramon）所解釋的，曾有成千的駱馬被用來進行獻祭：

在印加帝國統治時期有兩套曆法。一套是官方的皇曆，此外則是許多來自各省、各個征服領地所用的較小規模曆法。但在官方的曆法當中，他們也嘗試要把農業曆法給融入其中，把收成和種植的重要時間和主要的慶典結合在一起；而在官方的曆法裡，就有好幾個和駱馬有關的慶典儀式。曾經有一位殖民地作家古曼・柏瑪（Guaman Poma）提到一個在十月舉行的儀式；這個儀式的目的在祈求上天降雨、必須要獻祭白色的駱馬。

印加最盛大的宗教儀式就是太陽節（Festival of the Sun，Inti Raymi）。有一位西班牙編年史家就為我們留下了完整的描述：

> 接著出現的就是印加祭司，帶著大批五顏六色、雌雄各異的年輕駱馬；祕魯的駱馬有著各式各樣的顏色，就如同西班牙的馬匹一樣。所有的駱馬都是屬於太陽神的。首先獻祭的是一匹年輕的黑色駱馬，目的在於對這節慶進行占卜和預兆的觀察。他們抓住駱馬、讓牠頭部向著東方。儘管駱馬還活著，但身體左側已經被切開；他們把手伸進去，掏出心臟、肺臟和腸子；所有這些東西，都得從頭部下方的喉嚨拿出來。如果肺臟拿出來時還在顫動，那就會被認為是最幸福的預兆。在他們獻祭了這匹駱馬之後，其他大量的年輕雌雄駱馬也被帶出來進行共同獻祭。牠們被切斷喉嚨、剝掉獸皮，血液和心臟被保留了下來，以作為獻給太陽神的祭品。其他的部分則都被火焚燒、化為灰燼。

這位西班牙作家還告訴我們，當真正的駱馬被宰殺時，各省區的統治者也會把金銀打造的駱馬模型拿來贈予印加人，以作為這種動物為該地區帶來龐大財富的象徵憑證。我們的駱馬可能就是其中的一個憑證。或者還有一種讓人比較不是那麼舒服的猜測：牠也許是其他印加宗教儀式當中的一環。菁英階層的兒童被挑選出來後，就在儀式裡被當成山神的活祭遺棄在山巔之上，而像我們手邊這種金質小駱馬，曾在他們屍體旁邊發現。

印加帝國的財富不僅取決於廣大的駱馬放牧，也來自於印加人有辦法能壓榨被征服的臣民為他們工作。然而，這些臣民可不像駱馬那麼溫馴，而且許多安第斯山脈的居民——無依無靠、飽受剝削——也對印加人這些外來侵略者深痛惡絕：

> 印加人的暴政就要侵門踏戶了……假使我們向印加人屈服，我們將不得不放棄我們以前的自由、我們的最好的土地、我們最美麗的婦女和女孩、我們的習俗、我們的法律……我們將永遠成為這個暴君的奴隸和僕從。

印加人對許多省分的掌控其實相當的脆弱。持續不斷的叛亂說明了潛在的弱點，而這一點在西元一五三二年皮薩羅（Pizarro）回頭攻下了祕魯時，就顯現出它的關鍵影響力。一些地方上的菁英立即抓住機會與這些入侵者結盟，來甩開印加帝國加諸在身上的枷鎖。

除了有愈來愈多反叛者的加入之外，西班牙人還擁有利劍、鎧甲以及槍枝，而這些都是印加人所沒有的——最關鍵的是，他們還擁有馬匹。印加人從沒見過騎在動物背上的人，也沒見過這種人獸一體所展現出來的速度和靈活性。印加的駱馬，必然在突然間顯得是那麼令人絕望的纖弱和遲緩。戰爭很快地就結束——僅僅幾百名西班牙人就屠戮了整個印加軍隊、俘虜了他們的皇帝、扶植了一個傀儡統治者，並且繳獲和回爐了他們的黃金寶藏。我們的小駱馬是少有能倖存下來的其中一項物件。

西班牙人受到了大量黃金的故事所吸引而來到祕魯。但他們反而發現了世界上藏量最豐富的銀礦，並且開始鑄造即將驅動全世界第一次全球化通貨的銀幣。印加人用駱馬的數量來衡量自己帝國的財富。西班牙人也會來衡量自己的財富，如同我們將在第八十章裡看到的，用的是八里亞爾幣披索（見第八十章）。

▼我留名在月球表面

74 帖木兒的翡翠龍形杯

翡翠杯具，來自中亞；西元一四一七年—西元一四四九年；
高六・四公分、寬十九・四公分。

我們將帶領你到森嚴的軍營，
在那兒你會聽到塞西亞的帖木兒
以令人咋舌的高傲措詞威嚇世人，
用征服者的利劍懲罰各個王國。

在上述的文字裡，英國伊莉莎白時代的詩人、劇作家馬婁（Christopher Marlowe）把歐洲人眼中的帖木兒（Tamburlaine）形象永遠定格在那個地方，他在伊莉莎白女王時代的英國仍然是一個傳奇的力量。

在更早的一兩百年前、也就是西元一四〇〇年，真正的帖木兒早已成為中國以外的蒙古帝國疆域統治者。他汗國的心臟地帶，就是我們現在所知的烏茲別克（Uzbekistan）、哈薩克（Kazakhstan）、土庫曼（Turkmenistan）以及塔吉克（Tajikistan）。中亞這片龐大區域的歷史

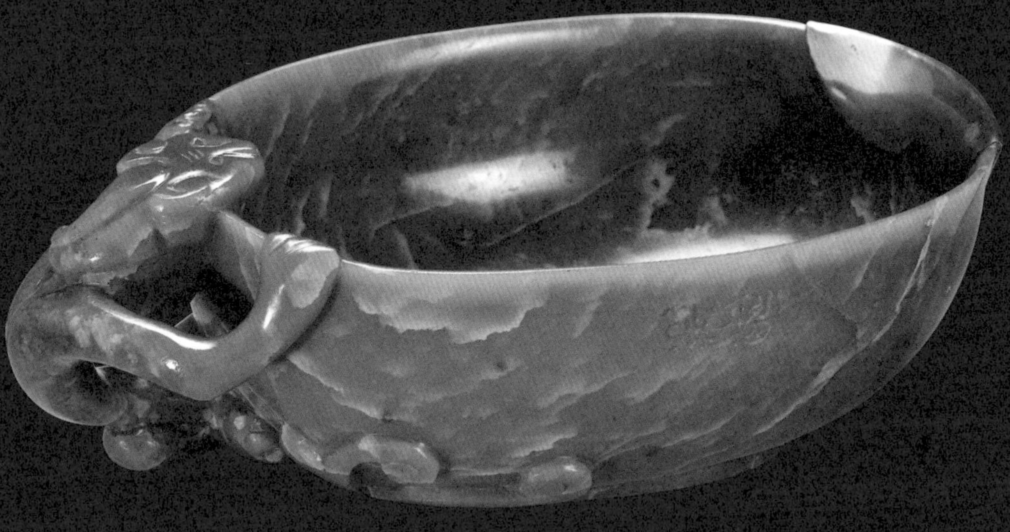

發展一向都是波動頻繁，在此我們可以見到帝國的崛起、衰落以及消亡——然後再有新的帝國崛起，重演一場這樣的循環。這個區域必然擁有了兩副面孔——一張臉看著東方的中國、另一張臉望著土耳其和伊朗的西部。撒馬爾罕（Samarkand）是帖木兒汗國的首都，也是連接這兩個世界的偉大絲路上一個主要的城市。這種複雜的文化與宗教歷史，大半都體現在我們這個小小玉石杯上，它屬於帖木兒那身兼天文學家的孫子烏魯伯格（Ulugh Beg）所擁有。

月球的表面上有數以百計的環形山。對於觀察月亮的人來說，這些環形山增添了它的興味與質感，但它們的名字也提供了別樣的樂趣：它們簡直就是一部偉大科學家的名人錄。有些環形山的名字是用來紀念哈雷、伽利略、哥白尼和許多其他的天文學家——其中就有十五世紀初中亞的烏魯伯格。他在現在烏茲別克的撒馬爾罕建造了一座大型天文台，並編寫涵蓋將近一千顆恆星的著名天文表；這個天文表成了亞洲和歐洲的標準參考資料，到了十七世紀還在牛津被翻譯成拉丁文——正是這項成就，為他贏得了留名月球環形山的殊榮。他同時還短暫地統治了世界強權之一的帖木兒汗國；在它國力最強盛的時候，領土不單只有中亞，也包括了伊朗和阿富汗，還要再加上部分的伊拉克、巴基斯坦和印度。令人敬畏的帖木兒在西元一四〇〇年左右建立帖木兒汗國，在我們這張照片裡，他孫子的名字、身為天文學家的王子烏魯伯格，是以陰刻的方式雕刻在杯子上的。烏茲別克作家哈米德・伊斯梅洛夫（Hamid Ismailov）就說道：

> 這個文物屬於烏魯伯格，實在是讓人感到非常激動，因為我在這裡可以看到阿拉伯文寫就的「烏魯伯格駙馬」（Ulugh Beg Kuragan），並想像著烏魯伯格在觀星時就用著這個杯子。這實

▲ 阿拉伯文鐫刻的銘文寫著「烏魯伯格駙馬」。

在是太讚了。

烏魯伯格的杯子呈橢圓形，高度剛好比五公分多一點、杯口寬有十五公分，與其說是個杯子、看起來其實更像是個小碗；通體以上等橄欖綠紋理的翡翠雕鑿而成，泛著光澤的玉石表面還漂浮著天然的雲狀斑紋。它看起來非常漂亮，但玉石在中亞之所以價值非凡，並不僅在於它的美麗、也因為它擁有保護的力量：玉石可以保證配戴者的安全，避免遭受雷擊和地震的侵擾——而以做成杯子的重要性來說——還可以偵測毒物。毒藥若被放進玉石杯裡，有人這麼說，會讓容器當場破裂。所以，擁有這個杯子的人就可以暢飲無慮。

這個杯子的把手是一條絢麗的中國龍。它的後腳牢牢抓住了杯體的底部，嘴巴和帶蹼的前腳抱住了前方的上緣。它窺視著杯緣，那麼你就可以把手指伸過它彎曲的身體所留下的空隙。這是種感官上極為親密的體驗。

這個把手的樣式也許帶有中國風，但銘刻的文字——烏魯伯格駙馬——卻以阿拉伯文的書寫體雕刻在杯子上。「駙馬／Kuragan」是一種頭銜、意指「皇室的女婿」；這個杯子本來是帖木兒專用、後來才傳給了烏魯伯格。他們倆都娶了成吉思汗後裔的公主為妃，而藉由宣稱自己女婿的身分，就等若宣告了自己繼承了成吉思汗蒙古帝國的普遍管轄權。

因此，這個杯子很可能是製作於撒馬爾罕，擁有一個表明了與東方中國親屬關係的把手、以及一組面向西方伊斯蘭世界的銘文。阿拉伯文的銘文提醒了我們，帖木兒所創立的這個新興帖木兒汗國，是個行動派的穆斯林國度。此時正好是大興土木建造偉大清真寺的時期，在布哈拉（Bukhara）和撒馬爾罕、塔什干（Tashkent）和赫拉特（Herat），都有規模宏大的建造構思和實際興建的工程，可說此時的中亞等於經歷了一場歐洲的文藝復興。

約莫在西元一四一〇年左右，烏魯伯格開始幫他父親治理撒馬爾罕。他在此建造了天文台，修訂並糾正了古希臘人托勒密（Ptolemy）的天文計算數值——如我們在中世紀希伯來星盤（見第六十二章）上所看到的，同樣融合了古希臘和阿拉伯人的學術研究。然而，這位中亞的文藝復興王子卻一點兒都不像他那創建帝國的偉大祖父帖木兒。歷史學家，碧翠絲・佛布斯・曼茨（Beatrice Forbes Manz）替他做了個總結：

> 在某些方面，他是個非常糟糕的指揮官，也許也不是

▼ 後來修復之後新增的土耳其文銘文：「上主的慈悲廣大無垠。」

個出色的統治者。然而，他卻是個優秀的文化贊助者，尤其對數學和天文學的資助更是出名。這些才是他真正熱情所在，我認為這要比政治或軍事行動更加讓他著迷。他對玉石也充滿了狂熱，也難怪我們會在他的個人財產裡發現那個杯子；而且他的宮廷生活相當奢靡，道德上的要求要比他父親寬鬆得多。烏魯伯格的信仰相當虔誠、整部《古蘭經》爛熟於胸，但他也像許多統治者一樣，總有著某種程度的放浪形骸。所以，比方說，在他的宮廷裡就有大量飲酒的場面出現。

大約在西元一四一五年，有一位來自中國大明朝的特使訪問了撒馬爾罕；整座城市仍然還帶著隨和不拘、半游牧社會的氣息，他對於帖木兒汗國首都這種放任自流的風俗習慣感到萬分驚訝。這是一座奇怪的城市，並蓄兼容了現代的建築和傳統的帳篷——那是帖木兒人從大草原上帶來的蒙古包。對於這位自視甚高的中國訪客來說，撒馬爾罕簡直就是狂野的大西部：

他們不講原則、也很沒規矩。當下屬遇到上級時，他們就走上前去、彼此握手，就這樣！女性外出時會騎馬和騾子；如果在路上遇上了，她們會彼此聊天、大聲談笑、一起鬼混，絲毫沒有羞恥心。再者，她們交談時還會用上猥褻的語詞，至於男人的表現更是下流。

僅靠個人忠誠來維繫的帖木兒汗國無法長治久安，實在是不足令人為奇。汗國的統治者看起來，更像是待在草原上的家裡、而不是在政府辦公室上班的樣子。整個國家既沒有確立有序的中央集權慣例，也幾乎沒有任何有效的官僚機構。因此每一個統治者的死亡都會帶來失序混亂的結果。烏魯伯格的父親一直在為帖木兒汗國的重建努力不懈，但在他於西元一四四七年死後，烏魯伯格繼位後僅兩年就失去了對國家的掌控。他努力嘗試用帖木兒的聲譽來加強自己的權威，把他傑出的祖父埋葬在由罕見黑玉做成的紀念碑下，以阿拉伯文鐫刻銘文，好讓大家都看得到：「當我崛起，世界將為之顫抖。」他想必十分渴望權力的回歸，儘管他也知道自己永遠都配不上這樣的權力。大地當然不可能因烏魯伯格而顫抖。哈米德·伊斯梅洛夫從他的綠色翡翠杯當中看到了一種充滿詩意的隱喻意義：

在這個地區，杯子被視為是一種個人命運的象徵。當我們說「杯子是滿的」，那麼命運也就得到了滿足。因此，巴布爾（Babur）這位偉大的詩人、同時也是烏魯伯格的侄孫，就在一首詩裡提到，悲傷的大軍數之不盡，唯一對付他們的辦法就是飲下更濃烈的酒、用酒杯當作盾牌。杯子的象徵作用就在於此——它是一面盾牌，一面抵擋悲傷大軍的形而上盾牌。

然而它卻是一面失效的盾牌，伴隨著他的人生走向終點，悲傷的大軍籠罩著烏魯伯格。在他統治整個帝國的兩年裡，儘管時間很短、卻災難不斷。大軍殺入了撒馬爾罕，並在西元一四四九年將他擊敗；他被自己的長子俘虜、交給了一名奴隸，然後遭到斬首處死。然而烏魯伯格並沒有就此被人遺忘。他那日後成為印度蒙兀兒帝國開國皇帝的侄孫巴布爾，為了表達對他的敬意，就把他的遺體埋葬在黑玉紀念碑下，長伴著英勇的帖木兒。

到了那個時候，帖木兒汗國已在歷史舞台上落幕了。中亞再次陷入分崩離析、成為各種勢力競相角逐的戰場，當中最大的新興勢力就是西方的鄂圖曼帝國。那些後來的演變發展同樣也記錄在我們的杯子上。後來，想必是在烏魯伯格身故很久以後的某個場合裡，這個珍貴的翡翠玉杯想必被摔過，因為它有一邊出現了嚴重的裂痕。但是有人用白銀修復這個裂痕，白銀上還鐫刻一段銘文，可能是在十七或十八世紀刻上去的，離原主人遭到處決已有三百年的光景。銘文以鄂圖曼土耳其文寫成，所以這個杯子在當時應該已經流落到伊斯坦堡。銘文上寫著：「上主的慈悲廣大無垠」。

時運不濟的烏魯伯格應該不會同意這個說法。在這個杯子被重新刻上土耳其文的時候，俄羅斯的勢力已經擴展到舊時帖木兒帝國的領土。到了十九世紀，這整個地區將成為俄羅斯帝國體制的一部分，而撒馬爾罕也會被這又一個中亞帝國給吞併掉——先是帝制俄國、後來成了蘇聯，直到西元一九八九年輪到它面臨解體為止；而帖木兒人對這樣的動亂是再熟悉也不過了。

蘇聯解體後出現了許多新的國家，其中有一個就是烏茲別克。在努力尋求自己的身分定位時，它訴諸了自身過往的歷史元素，尋找的既不是俄羅斯、中國、也不是伊朗或土耳其。現代烏茲別克在鈔票圖案上向全世界宣告，這個新興的國家實際上是承襲自帖木兒汗國：我們在鈔票上看到了帖木兒和烏魯伯格長眠的黑玉碑陵墓。

毫無疑問，烏魯伯格身為星象學者的成就要遠高過了身為敗亡帝國統治者的作為，所以這麼做也許還滿恰如其分：把月球上的風暴洋（Oceanus Procellarum）附近的環形山用他的名字來命名。對抗這些風風雨雨，他的翡翠玉杯或許能給他帶來安慰、卻無法帶給他任何的保護。

▼全憑想像，竟畫得如此逼真

75 杜勒的犀牛

木版畫，來自德國紐倫堡；西元一五一五年；
高二十四．八公分、寬三十一．七公分。

聖赫勒拿島（St Helena）這座小島位於南大西洋當中；讓它特別出名的原因是，拿破崙在西元一八一五年滑鐵盧之役戰敗後，曾經被流放至此監禁。然而，歐洲另一個偉大的奇蹟也曾在聖赫勒拿島佇留——牠是個比法國皇帝破壞力要小得多的生物；對於西元一五一五年的歐洲人來說，牠還真是個奇蹟：牠是一頭印度犀牛。

雖然同樣也被人囚禁，但牠卻是被關押在一艘葡萄牙船隻上，在印度航行到葡萄牙里斯本的長途跋涉過程裡，曾在此短暫的停留——這趟旅程堪稱是航海術的一大成就。此時歐洲正要開始展開大擴張，從而導致了對於世界多數地區的探索、測繪和征服；而讓這一切得以實現的，則有賴於船隻建造和航海技術方面的各種新的工業技術。大家對記錄、傳播這麼快速發展知識顯得興味盎然，而這就得利於另一項新的技術——也就是印刷術。所有這些不同的發展，都十分巧合地出現在我們這件文物身上，它是一幅文藝復興時期最有名的藝術圖像。至少在某一方面來說，印度犀牛要比拿破崙幸運得多：幫牠繪製畫像的是阿爾布雷希特．杜勒（Albrecht

ll Em anuell gen Lysabona pracht auß India/ein sollich lebendig Thier. Das nennen sie
ldtkro t. Vnd ist vō dicken Schalen vberlegt fast fest. Vnd ist in der grôß als der Helfandt
nasen/ Das begyndt es albeg zu wetzen wo es bey staynen ist. Das dosig Thier ist des Helf⸗
mit d em kopff zwischen dye fordern payn/vnd reyst den Helffandt vnden am pauch auff
t nich ts kan thůn. Sie sagen auch das der Rhyno cerus Schnell/ Fraydig vnd Listig sey.

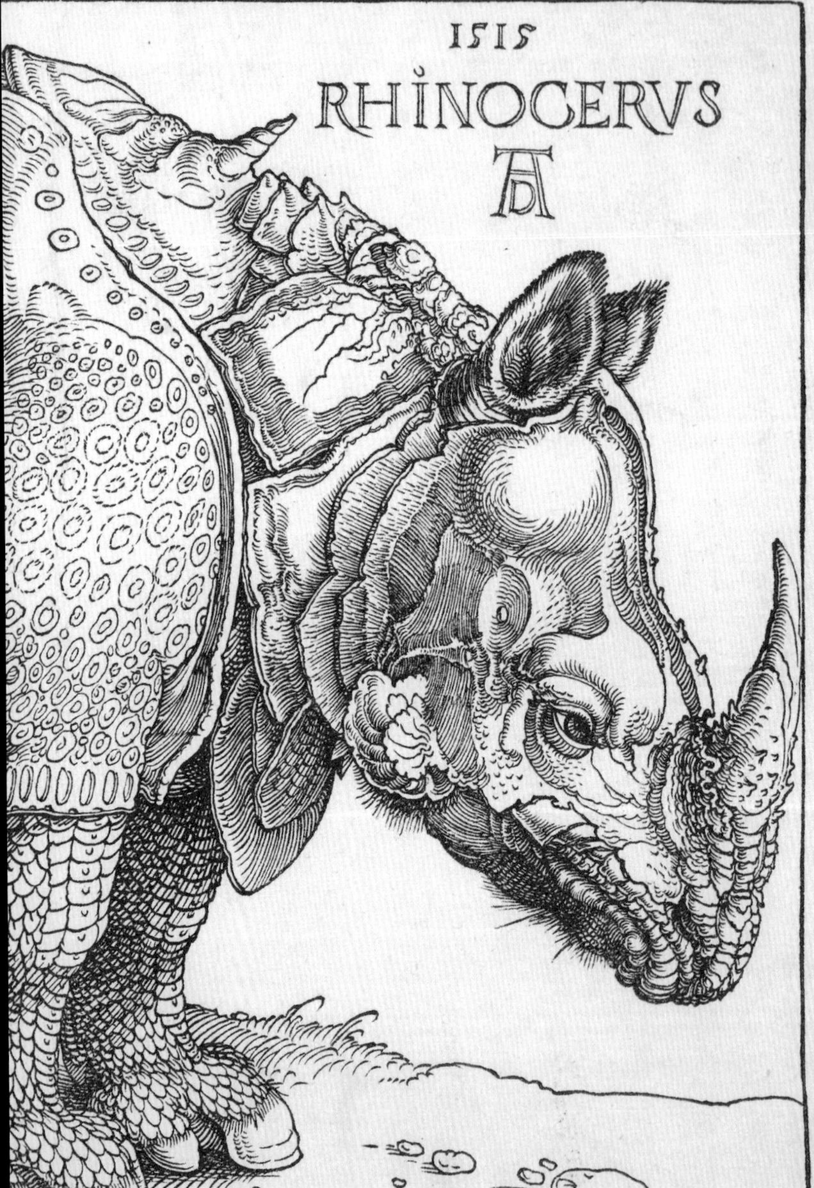

Nach Chriſtus gepurt. 1513. Jar. Adi. j. May. Hat man dem groſmechtigen Kunig
Rhinocerus. Das iſt hye mit aller ſeiner geſtalt Abcondertfet. Es hat ein farb wie ein ge
Aber nydertrechtiger von paynen/ vnd faſt werhafftig. Es hat ein ſcharff ſtarck Horn
fantz todt feyndt. Der Helffandt furcht es faſt vbel/ dann wo es Jn ankumbt/ ſo laufft
vñ erwürgt Jn/ des mag er ſich nit erwern. Dann das Thier iſt alſo gewapent/ das J

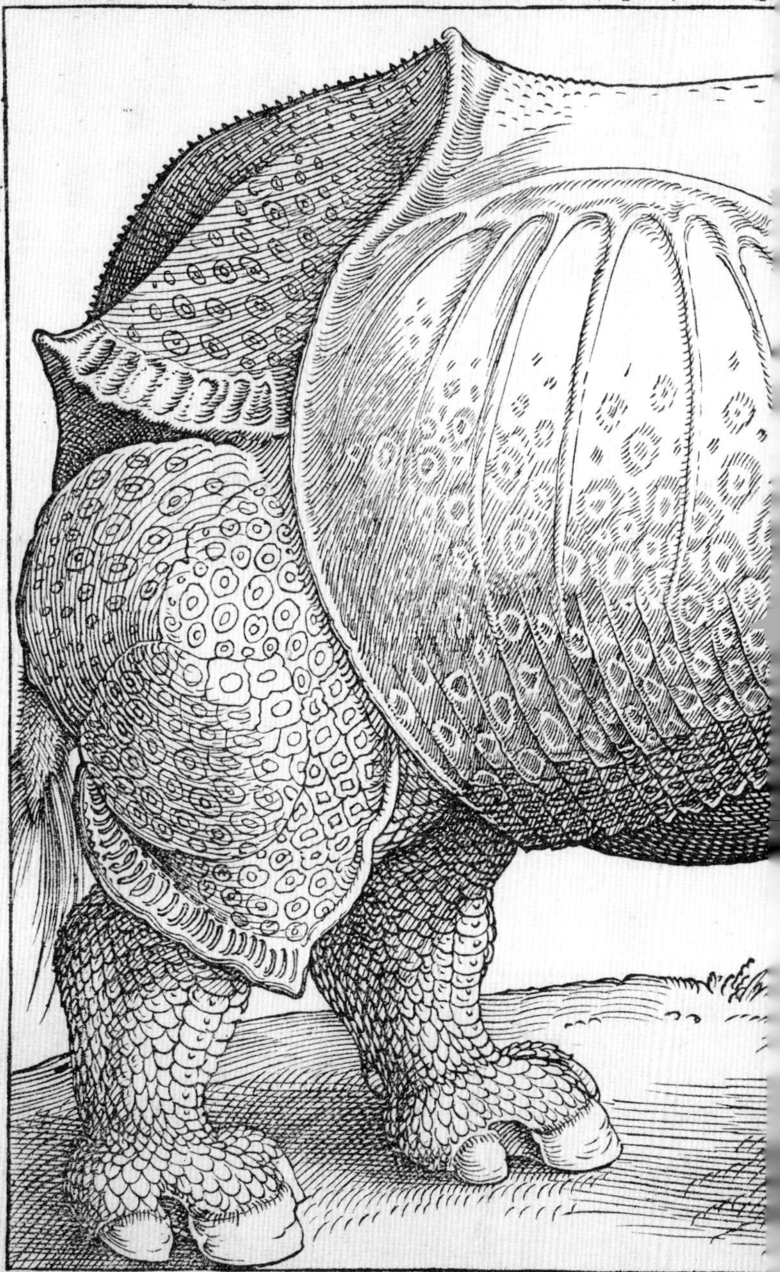

Dürer，一四七一年－一五二八年，德國文藝復興著名油畫家、版畫家、雕塑家及藝術理論家）。

在最近這幾章裡，我一直在檢視來自四個大陸帝國的文物，這些國家在大約五百多年前掌控了全球廣袤的大片土地。我們這件文物引出了一個羽翼漸豐的海洋帝國，也就是葡萄牙。印度洋和歐洲之間的香料貿易，在幾個世紀以來曾有過穩定發展的時期。但是到了十五世紀末，鄂圖曼人控制了地中海東部、並封鎖了傳統的貿易路線（見第七十一章）。於是西班牙和葡萄牙就開始尋找新的方法來獲得亞洲的商品。它們兩國都冒險進入了大西洋——這片海域對長途航行來說，殊為不易。在尋路前往印度的努力上，西班牙大膽西進、發現了美洲大陸；葡萄牙決意南下，沿非洲漫長的海岸直到繞過了好望角、一路前進走到印度洋，直達富饒的東方。他們在非洲和亞洲搭起一個細長的網路來做為停靠站——有港口和貿易據點——沿著這條網路而來的就是香料和其他各式充滿異國情調的商品，還有我們的犀牛。

杜勒的犀牛是一幅木刻版畫，畫面上是一頭巨大的野獸，牠頭部上方那行「RHINOCERVS」能讓人很容易便認出牠的身分，字的上方標示著代表年分的「一五一五」、下方的「AD」則是藝術家的花押簽名。我們看到的是犀牛的側面、頭部朝右。杜勒巧妙地在畫面上加了邊框來呈現出一種受壓抑的感覺，把牠整個軀體塞進一個僅夠容身的密閉框框裡——捨棄了牠一部分的尾巴，而牠的角則帶有侵略性地頂住右邊的邊框。這個傢伙恐怕是想逃走吧，我們會這麼想著——那會搞得很麻煩啊。

在動物上方的印刷方框裡是一段德文寫成的文字：

〔西元一五一五年五月〕獻給葡萄牙里斯本偉大和強大的國王厄瑪奴耳（King Emanuel of Portugal），從印度帶來的活體動物一隻，名為犀牛。謹在此呈現牠的樣貌。牠有著斑點龜的膚色、全身覆蓋著厚厚的鱗片。牠的形體有如大象、但腿比較短，而且牠幾乎刀槍不入……還有人說，犀牛奔行速度極快、精力充沛、生性狡猾。

這頭犀牛如何來到歐洲的故事告訴了我們，葡萄牙人不僅與印度進行貿易往來，還試圖要在那裡建立起永久的基地——這是歐洲人出現在亞洲土地上的最早開端。他們的成功多半得歸功於阿方索·德·阿爾布克爾克（Alfonso d' Albuquerque）；他是葡萄牙帝國在印度的第一任總督、也是一位令人印象深刻的奠基者，同時，他也是把這隻犀牛帶來給我們的那個人。西元一五一四年，阿爾布克爾克找上了古吉拉特邦（Güjarat）的蘇丹協商一座小島的使用權，使節團帶了一堆貴重的禮物。蘇丹也回禮相贈——其中就包括了一頭活生生的犀牛。阿爾布克爾克似乎有點兒被這活生生的禮物給搞矇了，所以就順勢利用路過的葡萄牙小型艦隊把這頭野獸送到里斯本、作為獻給國王的特殊贈禮。要把一頭體重約在一噸半到兩噸之間的犀牛弄上一艘十六世紀的船隻，肯定費了相當的工夫。

有一首義大利短詩，就讚美了這趟令全歐洲驚訝不已的航程：

我是從灰濛濛的印度被帶到這兒來的犀牛，
從白晝的門廳和當時的門戶而來。

我登上了開往西部的艦隊，那大膽的航行無所畏懼，
勇闖新的天地，看到了不同的世界。

這頭犀牛在西元一五一五年一月初從印度開始了牠的旅程。陪同牠的還有印度籍的飼育員歐森（Osem）、以及大量的稻米——對犀牛來說，這還真是個奇怪的食物選擇，但比牠平常飼料的分量要輕便了許多。我們不知道這犀牛有多喜歡牠的食物、但牠似乎長得滿健壯的，而在經過了一百二十天的海上旅程、當中只停靠了三個港口——莫三比克、聖赫勒拿島、亞速群島——牠終於在五月二十日抵達了里斯本。當時有大批群眾蜂湧而至，驚異地觀看著這一幕。

犀牛抵達的這個歐洲，此時不僅著迷於存在於海岸以外的可能未來，同時也滿心想著要來恢復自家深厚積澱的過去。古羅馬的建築和雕像在義大利被發掘出來、讓人充滿狂喜，而這種考古發掘的工作也正逐漸揭露古典時期世界的真實樣貌。這頭犀牛的外觀——這種來自東方的異國生物——對於受過教育的歐洲人來說，等若是另一種古代遺物的重新發掘。羅馬作家普林尼（Pliny）曾經描述過這樣的野獸，而且牠們還曾在羅馬的露天劇場擔綱演出，但在歐洲已經有一千多年未曾得見了。古典時期的古代遺物能被重新尋回，著實令人振奮——一種活生生的動物學文藝復興、再加上魅惑的異國東方財富。也難怪杜勒的反應會這麼的強烈了。歷史學者，菲立普．費南德茲—阿梅斯托（Felipe Fernandez-Armesto）就解釋說：

這頭犀牛是如此重要，因為人們看著牠，就好像看到一部古典時期最著名作品的化身——

普林尼的《自然史》（*Natural History*），書裡用了一個很短的專章來介紹犀牛。而當人們看到牠的時候就會說：「你知道的，普林尼說得對！這種生物確實是存在的！我們在這裡已經有可靠的證據，證明這些古代的文章……」這就是為什麼杜勒會來畫牠、為什麼牠的版畫會受到歐洲各地的追捧。

葡萄牙國王決定把這頭犀牛轉送給教宗；他需要教宗的支持，來建立自己在東方帝國的所有權。他知道，教宗和整個羅馬將被這個生物深深吸引。但是，這頭可憐的野獸卻從沒能到得了義大利。載運牠的船隻在拉斯佩齊亞（La Spezia）外海遭遇暴風雨襲擊而沉沒，船員全體罹難、無一倖免。儘管犀牛善於游泳，卻因為被拴在甲板上，所以也淹死了。

然而這頭犀牛死後的名聲卻仍然維持不墜，甚至在牠還活著的時候，這頭迷人生物的各種記錄、詩歌和素描就已傳遍歐洲各地。有一幅素描流傳到了住在紐倫堡的杜勒手上；當然，杜勒一輩子從沒見過犀牛。我們不知道這幅素描裡包含了多少細節，但是杜勒從中衍生出來的版畫完稿應該要大大地歸功這位藝術家的想像力。乍看之下，牠還挺像印度犀牛應該看起來的樣子——粗壯結實的腿、裝甲一般的背、羽狀的尾部末端，當然，還有那只獨角。但是，有些東西又好像不太對——和真的犀牛比較起來，畫裡其實很多地方都有問題。腿上長著鱗片、腳上長著大型向外展開的腳趾。皮膚上帶有皺褶和線條，而且還生硬地從腿上長出來——這根本就是裝甲鋼板！哪是皮膚？牠在脖頸上還多長了一只奇怪的角——沒有誰真能知道這是打哪兒來的——而且這頭長著怪異鼠鬚的生物全身還覆滿了鱗片和漩渦狀紋路，讓人一看就會產生軍事方面和裝飾用途的聯想。

牠和任何真正的犀牛差得實在太遠了，但因為真的犀牛溺死了，杜勒這頭想像的犀牛很快就變成數以百萬歐洲人心裡真實的事物。藉由大量生產這種野獸的圖像，就能滿足人們對牠的龐大好奇心，而這還得歸功於木版印刷這種新的技術。

杜勒定居的紐倫堡是一個龐大的商業中心，也是最早期印刷廠和出版商發軔的所在。到了西元一五一五年，杜勒本人已成為當時的版畫大師，所以他占盡了地利、能把他的犀牛素描轉換成有利可圖的版畫。他在有生之年大約賣出了四、五千幅犀牛版畫，而且到今天也已經以其他各種形式售出了數百萬份。這個圖像深植人心：特別是在自然史的作品裡，杜勒的犀牛更是不可動搖，即使日後出現了更準確描繪的犀牛畫像。在十七世紀，從比薩主教座堂的門上到南美洲教堂的壁畫裡，隨處都能見到這幅版畫。而現在，牠也出現在馬克杯、T恤衫和冰箱的磁鐵上頭。

在製作了這幅犀牛版畫的五年之後，杜勒還有另外一段充滿異國情調的邂逅。西元一五二〇年，他在布魯塞爾看到阿茲特克人以馬賽克拼貼做成面具和動物的形狀，認為它們在各方面都和犀牛完全不同、但卻同樣讓人振奮不已：「各種奇妙的物品，」他寫道，「有著各式各樣的用途，對我來說，它們的美麗更甚於奇蹟。」歐洲人即將面對的新世界，將深深地改變他們可能思索自己的方式。

第16篇

第一次全球化經濟

西元一四五〇年～西元一六五〇年

在這個年代，歐洲人首度遠離自己的大陸去從事冒險活動，其中最引人矚目的，就是沿西非海岸南下進入印度洋，以及橫渡大西洋。所造就出來的海洋帝國，因船舶技術方面的諸多發展而能真正得以實現，同時也帶來了第一次的全球化經濟；使用西班牙八里亞爾幣披索作為貨幣，從歐洲走向美洲、中國和日本各地。在這個經濟框架下，荷蘭東印度公司（Dutch East India Company）成為世界上第一家跨國企業，從遠東將貨物運往歐洲市場。

這些探險家和商人首度讓不同的文化彼此相互接觸，同時也帶來了各式各樣的結果：西班牙探險家抵達墨西哥，導致了阿茲特克帝國的毀滅；相形之下，葡萄牙和貝南王國之間就是一種互惠互利的關係——葡萄牙水手提供他們亟需的黃銅來換取象牙和棕櫚油。

▼神聖羅馬帝國國家機器縮影

76 機械式大帆船模型

機械式大帆船，來自德國奧格斯堡；西元一五八五年；
高一百零四公分、寬七十八．五公分、長二十．三公分。

這艘華麗的大船已經裝上桅杆和船帆，即將就要啟航。船尾上高高坐著日耳曼民族的神聖羅馬帝國皇帝。最重要的臣民魚貫走過他面前、依序轉身、向他敬禮。深藏在船體當中的風琴演奏著音樂。然後大砲發射的爆炸發出了聲響和煙霧，而這艘帝國的大帆船就會莊嚴的往前移動。

所有這一切都發生在一具小型的模型上。我們這艘船是個鋼銅材質、表面鍍金、精心製作而成的模型，立著的高度大約有四十公分。製作的目的並不是航向大海，而是要它滑過一張華麗異常的餐桌。它是個裝飾品，同時也身兼時鐘和音樂盒的功能——而這些都藏在類似三桅大帆船的造型裡；這種船隻是十六世紀歐洲各地所開發出來的，被用來拓展貿易和進行戰爭。這個模型複雜的內部運作也曾經發出過聲響和煙霧、並且讓船隻模型移動。如今這艘船已靜止不動，平靜地停泊在大英博物館裡，然而它看上去仍然蔚為壯觀。

這夢幻般的機械式大帆船是歐洲文藝復興時期裡，最豪華的主管級玩具之一；它所總結的不僅只是歐洲造船術的成就，也概括了西元一四五〇到一六五〇年間的歐洲本身的發展。在這兩百

年期間，歐洲的世界觀和它在當中的定位已然徹底的改頭換面。歐洲擴張的主力是加利恩大帆船（galleon），這是一種專為遠洋航行所設計的新型船舶，特別能夠適應大西洋上的大風。歐洲的探險家就用這樣的船隻橫渡大洋，在各個大陸上遇到了其他的社群聚落，其中有許多還是第一次的相逢。

我們的大帆船要橫渡的並不是波濤洶湧、險象環生的大洋，而是一張富麗堂皇的歐洲餐桌，但它和那些龐大的歐洲遠洋船隻卻出奇的相似；它是加利恩大帆船、與亨利八世的「瑪麗薔薇號」（Mary Rose）系出同門，而同款最著名的就是西班牙在西元一五八八年攻打英國所派遣的無敵艦隊（Great Armada）所用的船隻。它們大多是三桅、圓船身的戰艦，設計上能同時搭載人員和槍砲，而且還是所有十六世紀國家海軍的主力。荒謬的是，它們同時也是流行的桌上裝飾品，而提到這種船隻總是會用法文的「船形桌飾」（nef）來加以表述。

在英國樸茨茅斯（Portsmouth）造船廠負責「瑪麗薔薇號」重組的海洋考古學家，克里斯多夫・道博（Christopher Dobbs）就拿它來與我們的鍍金船形桌飾相互比較了一番：

> 「瑪麗薔薇號」和這個船形桌飾還是有點不一樣——它是比較早期的船型——卻是海戰當中非常重要的主力，因為它是最早在吃水線附近擁有專門打造的有蓋砲眼的船型中的一種。這些船隻相當的重要，它們是當時國力強大的象徵，這種地位就相當於太空梭一樣。我想，這就是為什麼在正式的晚宴有這麼個船形桌飾滑過餐桌，會讓他們感到如此自豪的緣故。因為它不僅是個夢幻般的機械物件，也反映了戰艦所代表的輝煌成就，那也許是當年最先進的科技表

船尾上高高坐著神聖羅馬帝國皇帝，被七個選帝侯簇擁著。▶

徵。

這些偉大的船舶是當年歐洲形體最大、構造最複雜的機器。這個小型的鍍金帆船模型也是個用奇技淫巧打造而成的物件；無論從工藝技巧和藝術裝飾、或機械力學與金飾技術的角度來看，都是件了不得的傑作。矛盾弔詭的是，這艘小船是幫一個距離海洋有數百英里之遙的社群打造，且極有可能是由漢斯・施洛特海姆（Hans Schlottheim）這位從來沒見過遠洋船艦的內陸工匠所製作的。就在邁向十六世紀末期的時刻時，它就誕生在豐饒的銀行金融之都奧格斯堡（Augsburg）；這是個地處德國南方、神聖羅馬帝國轄下的一座自由城，隸屬於東起波蘭、西至比利時海峽口岸這龐大蔓延領土的一部分，而這所有的一切都必須效忠於帝國的皇帝，也就是魯道夫二世（Rudolph II）。

我們可以看到，在船上甲板莊重坐著的就是魯道夫。在皇帝面前的是七位選帝侯，這些德語世界的教會和俗世諸侯有權選出新的皇帝，且在選舉過程裡還能收取賄賂來藉機自肥。這艘船很可能是製作來送給其中一位選帝侯——薩克森選侯國（Saxony）的奧古斯都一世（Augustus I）。奧古斯都一世的財產目錄裡就包含了一段描述，幾乎與大英博物館所收藏的大帆船完全吻合，以至於我們會認為它所說的肯定就是我們這個船形桌飾。

這是一艘鍍金的船舶、製作極為精巧，附有一個時鐘，在每十五分鐘和整點時會報時、需每二十四小時上一次發條。船上有三支桅杆，桅杆上方瞭望台裡的水手會在每十五分鐘和整點時旋轉、用鍾子來敲鐘。在船上，神聖羅馬帝國皇帝坐在帝國寶座上，他的面前走過七個帶著傳令官的選帝侯，在接受封邑時向他行禮致敬。另外還會有十名小號手和一名定音鼓鼓手交替宣布宴會開始的訊息。船上還有一名鼓手和三名衛兵，連同十六門小炮，其中有十一門可自動裝填與發射。

在看到、聽到這個會動的物品發出這些有趣而令人訝異動作與聲響時，這些德國南部的晚宴嘉賓會有什麼想法？他們當然會誇讚這個好玩的自動機械裝置是如此的匠心獨具，但他們也必定充分意識到這是個會動的暗喻、象徵著國家就如同這艘船一樣。在歐洲文化裡，把國家喻為一艘船、領導人肩負舵手或船長職責的概念已經由來已久。最常使用這個比喻的就是古羅馬的政治家西塞羅，事實上我們所說的「總督／governor」一詞就是源於拉丁文的「舵手」——「gubernator」。更誘人的是，「gubernator」的字源就是來自希臘文的「kubernetes」，這同時也是英文「cybernetics／模控學」的字源；所以，統治管理、掌舵操控、以及機器人技術這些概念，全都巧合地出現在我們語言當中——也出現在這艘大帆船上。

這艘模型船所象徵的國家真可謂是舉世無雙。神聖羅馬帝國在歐洲是個十分獨特的現象。它的領土覆蓋範圍遠遠超過了整個現代德國的區域，運作機制和我們的大帆船比起來，複雜的程度簡直不遑多讓。它並不是一個現代意義上的國家，而是由錯綜複雜的宗教貴族領主、領地龐大的諸侯、以及小型而富裕城邦所組合而成的政治聯合體。這麼一個古老的歐洲大夢，使得許多迥然不同的元素得以和平共處、完全由對皇帝本人的效忠來加以維繫，而且這樣的大夢也被證明了有著驚人的可行性。

時間推移到我們這艘鍍金大帆船的時代，這個將國家比喻為一艘船的古老暗喻也獲得了一層新的含意。船舶已經成為大家濃厚興趣的關注焦點、注意力集中在機械力學和工藝技術上；

這些學科馬上就讓歐洲所有的統治者大受吸引、甚至深深著迷。歷史學家麗莎・賈丁（Lisa Jardine）就解釋說：

有錢人、各式各樣的富豪、貴族，大家都想讓自己擁有一點工藝技術——一些有齒輪、舵輪和上鏈裝置之類的東西，具有觀賞性的時鐘或裝飾性的定位儀器。擁有科學儀器是很時髦的，因為它們是向外擴張和發掘探索的工具。發條裝置根本就是歐洲人的發明，至少在十六世紀初期就已經小規模的出現了。這種裝置全靠手工、需要精確的工藝技術、完全無法大量生產，而且多半都是假金匠或銀匠之手。它馬上就迷住了所有的人：你可以幫某個東西上緊發條，然後不用你碰、它就自己動了起來。發條裝置簡直就是十六世紀的偉大魔法。

或許它曾經是偉大的魔法，但發條裝置在十六世紀的德國可是形成了一個蓬勃發展的行業。我們這艘船最了不起的工藝並不在於帆船本身的造型或鍍金的技術，而是在於時鐘的機械和自動運行的零件。觀賞者一再讚嘆的是這種機械裝置的準確度、井然有序以及優雅的魅力；它能夠體現出這個近代歐洲國家老早就想、但卻鮮少能達成的理想：在一個引導概念、一個慈愛的君主統帶領下，讓一切事物都能夠和諧的合作無間。它的吸引力還不僅止於歐洲而已：像我們這艘大帆船的自動機械裝置還被當成了禮物，送給了中國的皇帝和鄂圖曼帝國的蘇丹，而且都受到了極大的好評。從德國德勒斯登（Dresden）到日本京都，有哪一位統治者在看到這些人物依照他的指令、以嚴謹而不偏不倚的順序來移動時，還能夠無動於衷、不滿心愉悅的呢？

的呢？這和現實世界裡他所統治的混亂無序完全就兩回事兒。

即使是在十六世紀，像這樣子的自動機械裝置也不單單只是有錢人的玩具而已：它們是實驗科學、機械力學、工程學和追求永動機（按，想像中不需能源就能永遠運作的機械）的核心要件，也是人們愈來愈渴望藉由掌握世界運作的祕密來控制整個世界的中心所在。更基本的是，它們涉及了透過機械的手段來模仿生命的強烈願望，最終將造就了現代自動化技術和模控學的基礎。可以說，就是在西元一千六百年左右這段時期，我們把對於整個世界的理解視為一種機械裝置的想法開始真正具體成形；把宇宙當成一種機器，既複雜又難以理解、但最終還是可以被納入管理和控制。

這艘大帆船所象徵的國家——神聖羅馬帝國，被繁瑣複雜的政府結構搞得寸步難行、被宗教分歧弄得積弱不振，卻正航向驚濤駭浪的茫茫大海。它在東邊受到土耳其人的包圍，在西邊又即將相形失色於面朝大西洋的西歐國家——葡萄牙和西班牙、法國、英國以及荷蘭。這些國家擁有大帆船所代表的遠洋航海新技術的支持，正展開與世界其他地區的對話，令它們擁有了前所未有的財富，最後終於顛覆了歐洲的權力平衡。用像這艘鍍金大帆船一樣的船艦來從事航海活動，它們會在世界各地邂逅許多王國與帝國，而船艦精密複雜的程度會讓那些人眼花撩亂；它們會和那些人進行貿易、和那些人產生誤解齟齬，有些到頭來還讓它們給消滅了。那些遠洋航海的探險，在很大程度上來說，塑造了我們今天所生活的世界。在下一章，我會來探究這些新型船艦讓歐洲人得以造訪新世界的第一站：西非。

XVI.4
98
1-15
23

▼打開你的國門，我的軍隊就不打來

77 貝南雕飾版：歐巴與歐洲人

黃銅雕飾版，來自奈及利亞的貝南；西元一五〇〇年—西元一六〇〇年；
高四十三．五公分、寬四十一公分、厚十．七公分。

西元二〇〇一年英國人口普查記錄顯示，有超過二十分之一的倫敦人是非洲黑人後裔，而這個數字至今仍持續的上升中。如今在現代英國的生活和文化裡，存在著一種濃厚的非洲元素。這種發展僅只是非洲和西歐關係的歷史裡最新的一個篇章，而在這部漫長與動盪的歷史裡，貝南青銅像——過去人們是如此稱呼它們的——享有了一種獨一無二的地位。

貝南位於現在的奈及利亞，在十六世紀製作的這塊雕飾版其實是黃銅、而不是青銅做成的。它們每一片大約都有A3紙張的大小、以深浮雕的手法呈現出各種人物圖案，用來歌頌貝南王國（Benin）統治者歐巴（Oba；貝南人對國王的稱呼）的成就、並讚美歐巴宮廷裡所舉行的儀式。它們不僅是偉大的藝術作品和金屬鑄造的重大成就，同時也記錄了歐非接觸的兩個截然不同的時刻——一個是帶著友好和平的商業性質，另一個卻是血腥而殘忍的場合。

我們在本篇各章節裡所看到的文物，都記錄了十六世紀的歐洲人如何與這片更遼闊的世界進行第一次接觸、並隨即與他們展開了貿易活動的情形。這些華麗的雕塑，則是從非洲的角度來記錄了這種相逢的情況。如今在歐洲和美國各地的博物館裡有數以百計這樣的貝南雕飾版，讓我們對這個西非王國的組織架構有了清晰異常的認識。雕飾版最重要的主題是頌揚身為獵人與戰士的歐巴和他高超的本領，但它們也讓我們知道了貝南人如何來看待自己的第一批歐洲貿易夥伴。

占據這塊雕飾版主要畫面的，就是歐巴本人雄偉的身影。雕飾版大約有四十公分見方；顏色是令人印象深刻的黃銅色、而非青銅色；畫面裡有五個人物的圖案，三個非洲人、兩個歐洲人。在這幅最引以為傲的浮雕裡，坐在王座之上、帶著高聳頭盔狀王冠、直視著我們的，就是歐巴。我們完全看不見他的脖子——因為有一大串頸環從他肩膀一路套到了下嘴唇的位置。他舉著右手、手裡握著一柄儀式用的斧頭。他的左右兩邊各自跪著一名王室宮廷的工作人員，穿著打扮與歐巴類似，但頭飾顯得比較樸素、頸環的數量也比較少。他們穿戴的腰帶上裝飾了小鱷魚頭，象徵這些人獲得授權要與歐洲人進行生意上的往來——而我們只看到兩個小小的歐洲人，腦袋和肩膀浮出於畫面的背景。

這些歐洲人是葡萄牙人，他們從一四七〇年代開始就搭乘著大帆船南下西非海岸、前往印度，可是他們對西非的胡椒、象牙和黃金也興趣濃厚。他們是第一批從海上來到西非的歐洲人，而他們的大型遠洋船艦讓當地的居民震驚不已。在此之前，任何西非和歐洲之間的貿易都得透過一大堆的中間商，他們利用駱駝越過撒哈拉沙漠來運送貨物。葡萄牙人的大帆船擊敗所有的中間商取而代之、並能夠載運更大量的貨物，這就提供了一種全新的貿易機會。他們和荷蘭、英國這些十六世紀尾隨而至的競爭對手一起把西非的黃金和象牙帶到歐洲，再把來自世界各地、十分珍貴的商品帶給歐巴宮廷，其中包括來自地中海的珊瑚、來自印度洋被當成貨幣的瑪瑙貝、來自遠東地區的布匹、以及來自歐洲本身數量遠勝於以往被運抵西非的黃銅。貝南的雕飾版就是用這種原料製作出來的。

對於歐巴在王國裡身兼精神信仰和俗世生活領袖的地位，讓所有來自歐洲的訪客都留下了深刻的印象；貝南黃銅雕飾的主要作用，就是用來對他歌功頌德。它們被釘在他宮殿的牆上，就像歐洲宮廷把繡帷掛毯懸掛起來一樣，讓訪客既能夠來誇讚統治者的成就、同時也可以欣賞到整個王國的財富。它所產生的整體效果，一位早期到訪的荷蘭訪客曾有著詳細的描述：

> 國王的宮廷呈四方形……它被畫分成許多宏偉的宮殿、屋舍、以及臣子們的房間，其中包含了許多美麗的長形畫廊、大約有阿姆斯特丹證券交易所那麼大，從上到下覆以澆鑄的黃銅、上面雕刻著戰爭功勳和戰役的圖畫，而且到處都保持得非常乾淨。

在十五世紀和十六世紀到訪貝南的歐洲人會發現，這個社會在各方面和歐洲王室宮廷的組織和結構並無二致，都擁有一個能夠全盤掌控的政府，尤其是對外貿易這一塊。貝南的宮廷是一個極其國際化的所在，也就是貝南雕飾版所呈現的這個樣貌，讓奈及利亞出生的雕塑家蘇加利·道格拉斯·坎普（Sokari Douglas Camp）為之著迷不已：

> 甚至當你看到當今歐巴的照片時，他身上的珊瑚戒指都要比其他人還來得多，而且在他胸襯上的珊瑚也多過別人。最了不起的一件事就是，所有珊瑚這一類的東西其實都不是來自貝南

的海岸、而是來自葡萄牙這一些地方。因此，對我來說，所有那樣的對談交往向來都很重要——我們擁有一些應該是很傳統的東西，但這樣的傳統性卻是透過貿易交流而得來的。

製作這些雕飾版所需的黃銅通常都以大型手／臂鐲（manilla）的型式來進行運送，所涉及的數量巨大得令人難以置信。在西元一五四八年，單單一家德國商號就同意提供葡萄牙人四百三十二公噸的黃銅臂鐲，以供應西非市場的需求。

再看一次這塊雕飾版，可以看到有一個歐洲人手上的確拿著一個臂鐲，而這就是整個情景的關鍵之所在：歐巴和他管控歐洲貿易的官員在一起。這三個非洲人呈現在畫面的前景、身形比例遠大於後方矮小的歐洲人；兩個歐洲人蓄著長髮，頭上都帶著精心製作的羽飾帽子。畫面裡的臂鐲說明了歐洲運來的黃銅只是原料，而貝南的巧匠會用它來打造出像這樣的藝術作品；這幅雕飾版本身就等若是一份文件，明確指出了這整個過程都是由非洲人來主導掌控的，其中還包括完全禁止這種黃銅雕飾版的對外出口。所以，儘管象牙雕刻在十六世紀就從貝南出口、並聞名遐邇於歐洲，但貝南的雕飾版卻只保留給歐巴本人、不准運離國境。在一八九七年之前，歐洲從來就沒見過這種東西。

西元一八九七年一月十三日，《泰晤士報》報導了一則「貝南大災難」的消息。有一支英國代表團在貝南城進行一項重要的宗教儀式時闖入，結果受到了攻擊、部分成員還慘遭殺害。實際情況的細節完全讓人搞不清楚，同時也引發了激烈的爭辯。不管真相究竟為何，英國人表面打著為這項謀殺復仇的旗號，組織了一支懲罰性的遠征隊襲擊了貝南城、放逐了歐巴、建立了南奈及利亞保護領地。攻擊貝南所掠奪而來的戰利品包括了雕刻象牙、珊瑚珠寶以及數以百計的黃銅雕像和雕飾版。這些物品有許多都遭到了拍賣、用以支應遠征隊的花費，而買主則是世界各地的博物館。

這些全然沒沒無聞的雕塑作品在抵達歐洲、點收之後，引起了極大的轟動。這麼說並不過分，因為它們改變了歐洲人對非洲歷史和文化的認知。在第一批接觸到這些雕飾版、並認可它們代表的特質與重要性的人當中，有一位就是當時大英博物館館長查爾斯・赫克利斯，瑞德（Charles Hercules Read，一八五七—一九二六）：

不消說，當第一眼見到這些卓越非凡的藝術作品時，我們立刻就震懾於這麼個意外的發現，並困惑著證實了有如此高度發展的藝術，竟是來自於這麼全然野蠻的種族……

於是就有許多盲目抓瞎的理論被人提了出來。有人認為這些雕飾版一定是來自古埃及，或者說，也許貝南人是以色列某一個失落的部落。還有人認為這些雕塑必然受到歐洲的影響，畢竟這些作品與米開朗基羅、多納泰羅（Donatello）和切利尼（Cellini）同處一個時代。但研究很快就確定了貝南的雕飾版完全是屬於西非的創作、絲毫不受歐洲的影響。歐洲人不得不重新審視、並全面檢視他們那想當然耳的文化優勢假設。

令人困惑的是，歐洲人和西非人在十六世紀建立起大致平等與和諧的交流往來，到了十九世紀末期已經不著痕跡地完全從歐洲人的記憶當中消失了。這或許是因為這種關係到後來受到了橫跨大西洋奴隸貿易的主導，以及更後期歐洲人在非洲的競相爭奪，而西元一八九七年的懲罰性遠征只不過是其中一個血腥事件而已。將一些貝南偉大的藝術作品掠奪一空和拆毀殆盡，雖然這些掠奪把對於貝南文化的知識和讚賞散播到世界各地，卻也在許多奈及利亞人的心中留下了一道創傷——即便到了今天仍然讓人深深感到痛楚，如同奈及利亞作家、同時也是諾貝爾文學獎得主渥雷·索因卡（Wole Soyinka）描述道：

當我看到貝南青銅像時，馬上想到了對技術與藝術的精熟掌握——它是這兩者完美的結合。我立刻就想到一個富有凝聚力的古老文明。它能夠提高民族自尊心，因為它令你明白，非洲社會其實也創造過一些偉大的文明、建立過一些偉大的文化，而時至今日，它能夠改變許多非洲社群裡揮之不去的屈辱感，那種感覺讓我們忘記了自己在外國武力非建設性的入侵之前，也曾經是個正常運作的民族。被掠奪的文物至今仍然帶有深長的政治意味。貝南青銅像，和其他的文物一樣，仍然是當代非洲政治裡相當重要的一環，當然，對於奈及利亞更是如此。

貝南的雕飾版，這些充滿濃烈情感的文物，到今天仍然令我們感動不已，如同它們當年初抵歐洲時一樣，而那已是一百年前的事了。它們是引人矚目的藝術作品、也是歐洲和非洲在十六世紀能在平等條件下相處的有力證據，但同時也是殖民主義者敘事當中備受爭議的對象。

78 雙頭蛇雕像

馬賽克裝飾小雕像，來自墨西哥；西元一四〇〇年——一六〇〇年；
高二十・五公分、寬四十三・五公分、厚五公分。

現今任何一位造訪墨西哥城的遊客，都可能會聽到街頭藝人的聲音；他們敲著阿茲特克風格的鼓、戴著羽毛裝飾、身上還畫著彩繪。這些街頭藝人並不只是想娛樂路人而已：他們是想讓人們仍能回想起逝去的阿茲特克帝國，那個在十五世紀統治著墨西哥、強大而又高度組織化的國家。街頭藝人希望我們相信，而你若願意、也可以相信，他們的祖先是莫泰佐馬二世（Moctezuma II），也就是那位在西元一五二一年在西班牙人大征服裡慘遭推翻的皇帝。

在西班牙人征服的過程裡，阿茲特克的文化大半都遭到了摧毀。所以，我們對於這些街頭藝人所禮讚的阿茲特克人到底有多少了解呢？幾乎所有關於阿茲特克帝國的記載都是推翻它的西班牙人所留下來的，因此我們在閱讀時得抱著相當審慎懷疑的態度。那麼更重要的就是，要檢視我們認為是真正純粹阿茲特克的原始資料，就必須要從他們所製作、而得以倖存下來的物品下手。這些東西是這個戰敗種族的文獻記錄，而且我認為透過它們，就能讓我們聽到被征服者的聲音。

在十六世紀一開始，阿茲特克人當然不知道自己正處在毀滅的邊緣——這是一個年輕又充滿

活力的帝國，意氣風發的統治著北起德克薩斯州、南到瓜地馬拉、涵蓋了絕大部分現代墨西哥的大片領土和貿易網路。他們擁有繁榮昌盛的文化，能生產珍貴程度更甚於黃金的精雕細琢藝術品——綠松石馬賽克鑲嵌。西班牙人在一五二〇年代首度把一些這種馬賽克鑲嵌和其他阿茲特克的珍品帶到歐洲，旋即造成了極大的轟動——這是歐洲人初次瞥見這偉大的美洲文明；儘管對它完全陌生，但它在各方面顯然和歐洲人自身文明的高度發展與奢華程度不分軒輊。這件雙頭蛇作品就是少數存留下來的阿茲特克遺物當中，製作最為精巧、最能引人注目的文物之一。

這條大蛇用了大約兩千顆小綠松石安裝在弧形木架上製作而成，約莫有四十公分寬、高度是寬度的一半。這條蛇有兩顆腦袋共用一具身體，以側面呈現在眾人眼前；蛇身上下盤繞成字母「W」的形狀，兩端各有一個凶殘而咆哮著的蛇頭。它的身上全都是綠松石、只有在口鼻與牙齦的部位覆上了豔紅色的貝殼；牙齒用挑出來的白色貝殼製作，呈現出巨大而可怕的獠牙。當你在它面前上下挪動觀賞的位置，在綠松石上搖曳的光線讓變幻莫測的顏色似乎活了過來；那一顆顆的綠松石看來反倒不太像蛇身上的鱗片、更像是在陽光下閃閃發光的羽毛。這件文物當下讓人覺得，它既是一條蛇、同時也是一隻鳥。這讓它顯得神祕難解、讓人心神不寧，它是件彰顯技巧卓絕的作品、也是個展現原始力量的工具。

這條大蛇的製作方式帶給了我們很多有用的訊息。在大英博物館的文物維護部（Conservation Department），麗貝卡・史黛西（Rebecca Stacey）一直在研究構成這件文物的材料、以及把這兩千多片零件拼湊在一起的樹脂或膠水。

我們做過了一系列的分析，並且檢查過出現在上面不同貝殼的差異性。用在嘴巴和鼻子周圍的豔紅色貝殼取自海菊蛤；這在古代墨西哥是一種非常珍貴的貝殼，除了因為那美得令人難以置信的猩紅色，也因為那得潛到深海裡才採集得到的緣故。而用做粘合劑的植物樹脂，也是一種典禮儀式使用的重要材料，因為使用了與製作薰香和祭祀供品相同的材料——這是種對阿茲特克人本身十分重要的祭祀禮儀生活方式。他們會使用許多不同種類的樹脂：松脂，大家都挺熟悉的，還有熱帶墨西哥沉香木（bursera）樹脂；後者是一種香氣更為濃郁的樹脂、經常被拿來製作薰香，在今天的墨西哥仍然繼續使用。

因此，這件神奇文物的不同元素就被結合在一起——幾乎也就如字面上所說的——用的是信仰的黏著劑。麗貝卡・史黛西和世界各地的科學家已經證實了，在阿茲特克時代的墨西哥所見到的綠松石，是從遙遠的外地運送過來的——有的甚至還是從遠在一千英里之外的首都特諾奇蒂特蘭（Tenochtitlan，現在的墨西哥城）開採出來的。當時這個地區到處都有販售像綠松石、貝殼和樹脂這一類的商品，然而組成我們這條大蛇的部分材料更可能是來自強制要求他人朝貢的貢品——也就是從被阿茲特克人征服的種族身上橫徵暴斂而來。這個帝國建立於一四三〇年代、離西班牙人的來臨已不足一個世紀，而維持這個國家所依靠的是軍事武力的侵略，以及來自臣服省分定期（且不情願）向特諾奇蒂特蘭朝貢的黃金、奴隸和綠松石。透過這樣的貿易和朝貢所產生的財富，讓阿茲特克人得以建造許多道路和堤道、運河和溝渠以及諸多重要的城市——城市的景觀，讓西班牙人行經整個帝國時感到驚歎連連：

在早晨，我們來到了一個廣闊的堤道、並且繼續我們的征途……當我們看到這麼多城市和村莊就建造在水面上、還有一些龐大的城鎮座落在陸地上，我們都覺得相當驚奇；有人說，這就像是阿瑪迪斯（Amadis）英雄傳奇故事裡的魔法一樣，因為宏偉的高塔和建築就從水面往上升起，且所有的建築物都是用石頭雕砌而成的。有一些士兵還問說，我們眼前所見到的一切是不是夢境一場。

綠松石的價值極其不凡，是重大儀式裡的主角，具有加深印象和威嚇脅迫的作用——是維繫帝國行政運作各司其職的「震懾」手段之一。透過狄亞哥，杜蘭（Diego Durán）的著作，讓我們得以知道了這一切；他是一位熱愛阿茲特克人的天主教道明會士，學習了他們的語言、並大力傳播他們的文化和歷史。因此儘管他是個西班牙人，我們也許可以相信他對於進貢儀式所做的描述：

參加儀式的人們帶著黃金、珠寶、華服，羽毛和寶石等來進貢，所有物品俱是價值不菲、數量龐大……如此鉅額的財富簡直讓人數不過來、根本難以估算。所有這一切都是為了在敵人、賓客和陌生人的面前來炫耀這輝煌莊嚴的景象和統治威權，並且向他們灌輸恐懼和畏懼的念頭。

綠松石同時也是阿茲特克統治者莫泰佐馬二世王權的重要象徵；他在主持活人獻祭的偉大祭祀儀式時，就是頭戴著綠松石王冠、鼻子上掛著綠松石鼻飾、身上穿著綴著綠松石珠子的纏腰布。我們幾乎可以確定，這件雙頭蛇飾品就是在這樣的宗教儀式場合裡穿戴的，甚至還可能在西元一五〇二年莫泰佐馬的登基大典裡派上用場。它應該具有極大的象徵意義，不僅因為它那珍貴的綠松石材質，也因為它被塑造成神話般的蛇形造型。身兼詩人與作家的阿德里安娜・迪亞茲・恩西索（Adriana Díaz Enciso）就解釋了蛇和阿茲特克神祇之間的關係，尤其是偉大的羽蛇神——魁札爾科亞特爾（Quetzalcoatl）。

蛇對阿茲特克人十分重要，因為那是再生與復活的象徵。在特諾奇蒂特蘭的羽蛇神神殿裡，你可以看到若干蛇的浮雕雕塑；水從牠們的嘴裡流出來，澆灌在農作物上來幫助它們生長。因此，牠就擁有了繁衍繁殖的意涵。你也可以看到牠們被彩繪在金字塔和神殿的牆面上。羽蛇神會以蛇形、全身長滿羽毛的造型出現在許多雕塑和圖畫當中。這種融合了鳥類、長尾綠咬鵑和蛇類的造型，是大地的象徵、是一種天地之力的融合，如此看來，牠也是一種永恆和重生的象徵。

當我們再回頭來看這件雙頭蛇的時候，就能清楚知道這些細小、角度仔細琢磨過的綠松石顆粒，顏色其實和綠咬鵑的藍綠色長尾相去不遠；它們被切割出來的斜面閃爍著微光，就和綠咬鵑彩虹般燦爛的羽毛一樣。這件雙頭蛇也許確實代表了羽蛇神，而如果真是這樣，這就直接讓它和西班牙將軍埃爾南・科爾特斯（Hernán Cortés）抵達墨西哥的相關重大事件產生了交集。

西班牙當時的報導記錄了科爾特斯和莫泰佐馬相遇的情形，並敘述了莫泰佐馬把科爾特斯當成是羽蛇神的化身。阿茲特克的傳奇故事裡曾提到羽蛇神已飄然遠遁到大西洋裡，而有朝一日祂將以一個大鬍子、白膚金髮樣貌的人再度回歸；因此——西班牙人是這麼告訴我們的——莫泰佐馬非但沒有集結自己的軍隊武裝，反倒把科爾特斯當成了神祇，向他宣示效忠、並致贈了充滿異國情調的禮物。據報導，其中有一件禮物是「鑲有綠松石的蛇杖」。這個禮物甚至有可能就是這件雙頭蛇。

我們永遠無法弄清楚事實的真相。但我們確實知道，阿茲特克人的朝貢制度招致了滔天的民憤，讓諸多臣服的種族投向了西班牙侵略者的陣營。假若沒有這些心存叛念的當地軍隊做內應，西班牙人永遠都不可能征服墨西哥。恰如其分地，這件雙頭蛇文物告訴了我們兩個故事。它是阿茲特克帝國在藝術、宗教和政治各方面實力達到頂峰的佐證；同時它也證明了阿茲特克帝國有系統壓迫臣服種族的事實，最終也在他們的反撲下走向毀滅。莫泰佐馬在不久之後就死了，而特諾奇蒂特蘭也遭西班牙人攻陷、成了一片硝煙瓦礫。失去了皇帝和首都，阿茲特克帝國事實上也就謝幕下台了。緊接著這些災禍而來的是，令人震驚的歐洲疾病所帶來的毀滅性影響、尤其以天花為甚。曾經有人指出，有高達百分之九十的當地人口在西班牙人到來的幾十年內紛紛死去。墨西哥就只是西班牙在美洲龐大帝國的一個重要部分；這片龐大的領域從加利福尼亞州一路延伸到智利和阿根廷一帶——這個帝國，如同我們將看到的，影響所及的區域遠超過了西班牙和美洲地區的範圍。

▼這是一種風格，不只一個人

79 日本柿右衛門大象

瓷器小塑像，來自日本；西元一六五〇年—西元一七〇〇年；高三十五．五公分、高四十四公分、寬十四．五公分。

對世界上大多數的地區來說，白象向來都是權力和奇蹟的象徵。牠們被東南亞的君主視若珍寶；佛陀的母親在臨產之前就夢到了白象。然而人們對牠們的評價也是毀譽參半——作為國王的禮物，牠們無法體面地被拿來投入工作，而且照顧起來的花費也貴得嚇人。所以「白象」就成了帶有無用而鋪張浪費意涵的一個詞語。在大英博物館，我們擁有兩頭幾近純白的大象。牠們可說百無一用、而且又十分昂貴（牠們現在的身價應該可以值好幾千英鎊），但牠們卻讓人看起來覺得十分賞心悅目，而且還告訴了我們一個令人意想不到的故事、訴說了中日韓三地在十七世紀的一場三方競逐的權力鬥爭——以及現代多國企業誕生的過程。

在西元一六六〇年到一七〇〇年之間的某個時候，大英博物館的大象被人從日本運到了歐洲。牠們的尺寸大約和約克夏小獵犬相當，而且基本上從牠們的象鼻和象牙就能讓你看出牠們是大象。除此之外，牠們的顏色也十分的繽紛亮眼。牠們的身體以白瓷製成、一種相當漂亮的乳白色，在白瓷上彩繪了大面積瓷釉的裝飾——腿上有紅色的塊狀斑點、背上有無疑是代表了騎乘挽

具的藍色圖案、耳朵內側是鑲著紅邊的淡黃色——顯然這是亞洲象的耳朵。而牠們的眼睛，同樣讓我們很清楚就能明白，是屬於日本式的眼睛。我們無需質疑，創作大象的藝術家一定是憑空想像出這種自己從未見過的生物；但我們也可以肯定，這位藝術家一定是個日本人。

這神采奕奕的瓷象，是日本與中韓兩個鄰國在複雜的交往關係下必然會出現的產物，然而牠們也呈現出亞洲和西歐在十六、七世紀緊密貿易往來過程裡所產生的衝擊。打從這種直接的接觸交流展開以後，歐洲向來會時不時就燃起對日本藝術和工藝作品的熱情。而這一切都肇始於十七世紀一種對於柿右衛門樣式瓷器的狂熱。

據說這種特殊的技術是一位名叫柿右衛門（酒井田柿右衛門；一五九六—一六六六）的陶藝企業家所發明的，後來演變成一種日本代代相傳的傳統工藝技術。我們的大象是柿右衛門樣式的大象；牠們和柿右衛門其他樣式的動物作品一起攜手，以家飾裝潢之姿，大舉攻占了十七世紀歐洲皇室豪門家具和壁爐架。關於這些日本瓷器動物的收藏，藏品最優、最早開始的其中之一就是林肯郡的柏利莊園（Burghley House），他們也有柿右衛門大象。

米蘭達・洛克（Miranda Rock）是收藏了這些瓷器的埃克塞特伯爵（Lord Exeter）的直系後裔，她就向我們描述了伯爵獲得這些物品的經過：

得以收藏這種瓷器，真是身為第五代埃克塞特伯爵的偉大收藏家約翰和他的妻子安妮・凱文迪許（Anne Cavendish）的一大成就，他們倆都是滿腔熱情的壯遊者。我們知道這種日本瓷器在西元一六八八年就已經在這裡了，因為財產目錄裡有提到；但是我們必須假設的是，當地應該是有這麼個和約翰過從甚密的精明商人，因為在柏利莊園這裡有著數量相當可觀的日本瓷器，而這種東西在當年可是大受歡迎的。而在我們這裡也收藏了好幾件可愛的作品，上面畫著日本人物和這些令人讚嘆的大象。

我們找到了如今已傳至第十四代柿右衛門的陶藝家，他自承是這項技藝原創者的後代子孫，而且本人還是當今的日本人間國寶。他確實有可能是那位工匠的直系後裔；那位工匠的作品，曾經在四百多年前妝點了埃克塞特伯爵的小小動物園。目前他定居和工作的地方就在九州佐賀縣的有田町——日本瓷器的發源地——他的家族在這裡世代做著陶藝工作已有數百年的歷史：

柿右衛門家族一直從事柿右衛門樣式的彩色瓷器製作，至今已有將近四百年的歷史。在有田町和周邊的地區蘊含著大量的瓷石，數千年來一直不斷的風化與自然氧化成瓷土。柿右衛門家族從江戶時代就開始使用這種天然的材料。要想嫻熟掌握這項技術、獲得這種技能，正常說來得花上三十到四十年的時間，而且培養下一代始終是個極大的挑戰。

塗布在大象皮膚上的瓷釉被稱為「濁手」（にごしで）。這種技術在有田町尤其發達，而我們也一直在努力保存這項技術。那並不是純白色，而是一種溫暖、牛奶般的白色。我可以這麼說，江戶時代的柿右衛門樣式瓷器就是從它開始的。

我至今仍使用傳統的工具。對許多日本工匠來說，這麼做才是正確的，才能夠讓傳統的技術延續下去。日本擁有自己的審美觀，也竭盡全力在維護著。人們或許認為我只是因襲舊有的老路，但我認為我的工作是在現代裡結合了傳統的元素。我們認為大英博物館裡的大象是獨一無二的，而我在自己家裡也擺了一尊小型的瓷象。

中國，正如大家都知道的，是瓷器的發源地，而且在幾個世紀以來也一直大量的對外出口瓷器。到了十六世紀，歐洲陷入了一種對瓷器極度狂熱的狀態，尤為渴望那聞名遐邇的青花瓷（見第六十四章）。歐洲富豪貪得無厭的胃口實在難以滿足，使得中國得卯足了勁才能讓供應勉強跟得上需求，如同一位洩氣的義大利商人在西元一五八三年所描述的：

現在留給我們的只不過是一堆剩下的殘渣，因為在這裡，他們處理瓷器的方式就有如一名擁有一盤無花果的餓漢，先從最成熟的下手、然後用手指觸摸其他的果子、再一個接一個挑出比較不是那麼硬的、直到一個都不剩為止。

然而新的供應商即將就要進入這個新興的市場。到了十五世紀，朝鮮已經從中國獲得了製作瓷器的技術和知識。因為戰爭的緣故，才使得這些祕密流傳到了日本。十六世紀末，日本在一位野心勃勃的軍事領袖——豐臣秀吉帶領下走向統一；他在一五九〇年代對朝鮮發動了兩次攻擊，想以當地作為進攻中國大明朝的跳板。儘管攻占中國和朝鮮的目的最後並沒有達成，但日本在這個過程裡卻從朝鮮半島獲得了珍貴的瓷器製作技術——並且擄獲了一些懂得這些技術的陶藝工匠。韓國學者河智娜—戈蘭（Gina Ha-Gorlan）就描述了這三種文化之間長期相互作用的方式：

中日韓三國從史前時代就保持著密切的合作關係。在文化交流方面，往往都是中國首先發展出先進的技能與技術，然後被韓國加以採納，繼而再傳入日本。在十六世紀末日本侵略朝鮮期間，朝鮮陶藝匠李三板（이삼판）被從朝鮮帶到了日本。值得注意而又有趣的是，這場戰爭經常被稱為「陶藝匠之戰」，因為有那麼多的朝鮮陶藝匠被帶到日本，試著把白瓷器製造技術移轉到日本。因此這件柿右衛門大象的塑像，其實是朝鮮的製造技術、中國的裝飾技巧、日本的品味三者結合而成的產物。

約莫西元一六〇〇年左右，日本的陶瓷業遇到了兩件意想不到的天大好事。首先是陶瓷產業的升級，無論在人力或技術方面都有很大的提升；這得歸功於一五九〇年代朝鮮戰爭所帶來的結果。接著在西元一六四四年，中國的大明江山易主，隨之而來的政治混亂讓中國的瓷器生產轟然崩潰，使得歐洲市場的門戶就此大開。這對日本當然是個絕佳的大好機會，趁勢介入、取代了中國瓷器出口的業務，並且在極短的時間裡就有能力主宰歐洲的市場。柿右衛門樣式的產量迅速擴大，為了迎合歐洲人的品味，還創造出了新的外型、尺寸、設計和最重要的——顏色，在傳統中國青花瓷上添加了光彩耀眼的紅色和黃色。歐洲人大量的購買了這些瓷器，而且到頭來也開始加以模仿。到了十八世紀，德國、英國和法國也都開始生產自己本國製造的「柿右衛門」。所以，在這曲折離奇、變幻莫測的歷史意外轉折裡，我們看到了第一件被歐洲人模仿的瓷器並不是來自中國、而是日本。

這一切在歐洲和日本推動的改革創新，其原動力就是來自於世界上第一個跨國企業——荷蘭東印度公司，以其無與倫比集中的資源、人脈和經驗，促成了這所有的一切。從座落在阿姆斯特丹壯麗宏偉的新總部，公司的商人和管理者運籌遠渡重洋的貿易運作，在將近一個世紀的時間裡宰制了全世界所有的商業行為。

此時日本適逢江戶幕府時代，掌權的將軍為了加強對國家的控制，就在西元一六三九年實施鎖國政策，關閉了與外界聯繫。日本只開放了幾個管理嚴格的對外「門戶」，其中尤其以長崎港特別重要；他們允許少數的最惠國能夠在那些地方進行商業貿易活動。這些國家包括了韓國和中國，以及唯一一個歐洲的合作夥伴——荷蘭東印度公司。這種獨家專營權令這家公司運送日本瓷器前往歐洲的數量日益增長，而且作為一家壟斷的供應商，他們還可以收取高額的價格、賺取極大的利潤。以從日本啟運的最大運輸貨物量為例，該船隻在西元一六五九年抵達荷蘭，一共載運了六萬五千件商品。我們的大象想當然耳也是坐著荷蘭東印度公司的商船來到歐洲的。

大英博物館的柿右衛門大象，告訴了我們一個十七世紀發生在整個世界的故事。日本工匠儘管與外面的世界隔絕，還是運用著借鏡自中國和朝鮮的技術，製作來自印度的動物圖像；仍然透過荷蘭第一個擁有真正全球影響力的貿易公司，來迎合英國買家的品味。這是一個絕佳的例子，說明了全球五大洲如何藉由船舶及貿易首度被串連在一起。這個新的世界如今需要一種有效的交流方式——一種國際通用的貨幣。在接下來的章節裡將要描述的，是打下早年的全球化商業活動基礎的白銀：開採於南美洲、鑄造成西班牙八里亞爾幣披索、並且對外出口到世界上每一個角落——成就了第一種全球化的貨幣。

▼舉世第一枚全球發行貨幣

80 西班牙的八里亞爾幣披索

西班牙錢幣，鑄造於玻利維亞的波托西；
鑄造於西元一五七三年—西元一五九八年；直徑四公分。

廣告商向我們保證，金錢，能讓我們買到夢想。但有些錢，特別是硬幣，本身就已經是夢想般的玩意兒，名字充滿了歷史和傳說的魔力——達克特金幣（ducat，首見於西元一一四〇年）和弗羅林金幣（florin，首見於西元一二五二年）、格羅特銀幣（groat，泛指大型厚重的硬幣）、基尼（guinea，舊時英國金幣、面值一鎊一先令）和金鎊（sovereign，舊時英國金幣、面值一英鎊）。然而，這些全都比不上那名聲最為響亮的硬幣——八里亞爾幣披索（pieces of eight）。它們是書籍和電影裡的常客，從《金銀島》（*Treasure Island*，一八八三）到《神鬼奇航》（*Pirates of the Caribbean*，二〇〇三），都讓人對它們充滿了形形色色的聯想——艦隊和運寶船隊、沉船、戰爭與海盜、茫茫大海及加勒比海地區（Spanish Main）。

然而這並不僅靠著《金銀島》裡的獨腳水手希爾法的鸚鵡聒噪宣揚，才成就了八里亞爾幣披索在世界貨幣中至尊無上的地位。而是因為西班牙的八里亞爾幣披索是史上首見的全球性貨幣。這種銀幣被人大量生產，並且在一五七〇年代首次鑄造問世後的二十五年內，就已經通行遍及亞洲、歐洲、非洲和美洲，建立起一種一直延續到十九世紀的全球性優勢。

用現代的標準來看，八里亞爾幣披索是個頭相當大的硬幣。它的直徑約有四公分，而且重量很沉——大致和三個一英鎊的硬幣相當。這個特別的硬幣有著昏暗的銀色、這是表面腐蝕的緣故，但當它在剛鑄造完成時卻是閃爍著耀眼的光彩。在西元一六〇〇年左右，這個銀幣的購買力，用現在的價值來看，大約能夠買下價值五十英鎊的貨物——而且差不多在世界各地都能通用無虞。

西班牙人受到了黃金的誘惑來到了美洲，然而令他們在當地發財致富的卻是白銀。他們很快就在阿茲特克人統治的墨西哥發現了銀礦、並加以開採；然後就在祕魯、就在一五四〇年代，他們還真的挖到了豐富的銀礦——就在印加帝國南端一個群山環繞的地方、也就是如今玻利維亞境內的波托西（Potosí）；很快這個地方就成了聞名遐邇的「銀山」（Silver Mountain）。在發現了波托西銀礦的短短幾年內，白銀從西班牙在中南美洲的殖民地源源不絕地湧向大西洋彼岸，從一五二〇年代每年一百四十八公斤少少的數量，成長到一五九〇年代每年將近三百萬公斤的巨量。在全世界的經濟史上，從來都沒出現過這麼龐大的規模、或造成了這麼嚴重的後果。

與世隔絕的波托西山區位於海拔三千七百公尺、高聳入雲又乾旱寒冷的安第斯山高原上——是南美洲最高的地區之一。儘管地處偏鄉僻壤，銀礦還是需要大量的勞動力，以致於這個村莊的人口到西元一六一〇年已經成長到十五萬人，讓它變成了當年歐洲標準下的大城市、同時也是個富裕到令人難以想像的地方。西元一六四〇年，有一位西班牙神父對礦山和它的礦產發出了狂熱的讚美：

大量的銀礦石……那數量大到會讓人覺得，就算世界上沒有其他的銀礦，單靠它們也就足以把全世界填滿財富。位於礦區中間的是讓人贊不絕口的波托西山丘，大量的寶藏就從這裡大把大把的散布到全世界各個國家。

要是沒有了波托西，十六世紀的歐洲歷史可就完全不是這個樣子了。就是美洲的白銀，使得西班牙的國王成了歐洲最強大的統治者，而且負擔得起軍隊和艦隊的開銷。就是美洲的白銀，使得西班牙這君主國能夠打敗法國和荷蘭、英國和土耳其，並且建立起一種到頭來被證明是毀滅性的支出模式。然而在那幾十年的時間當中，源源不絕的白銀提供了堅如磐石的信用憑證，讓西班牙安然度過了最可怕的危機和破產的威脅：人們會假設隔年「總是」會有另一個運送寶藏的船隊抵達，而事實上也確實如此。國王菲利普四世（Philip IV）就說：「白銀乃我王權安危與國力強弱之所繫。」

生產這樣的財富得賠上巨大的人命作為代價。在波托西，年輕的美洲原住民男子被徵召、強制進入礦坑裡工作。礦區的條件十分嚴酷，事實上還極有可能致人於死。西元一五八五年，有一個目擊者就報導了：

他們在勞動之餘所能得到的，不是被當成狗一樣對待，就是被橫加毆打，用的藉口不外是挖的銀礦太少、花的時間太長、挖的是土不是礦、或者乾脆指控他們偷竊。就在不到四個月之前，有一個礦主就用這種方式嚴懲一名印第安人，而這名領班害怕那加諸於身的皮肉之苦、就

DEI · GRATIA
FIVE SHILLINGS
NEW SOUTH WALES
REX · M · 8R · F · T

跑去礦坑裡躲起來，而他又因為驚恐過度而失足，摔得粉身碎骨。

在這酷寒的高海拔山區裡，肺炎是司空見慣的威脅，而且參與提鍊銀礦的人還經常因汞中毒而死亡。大約從西元一六〇〇年開始，隨著當地印第安人社群的死亡率節節攀升，就有數以萬計的非洲奴隸被運送到波托西來取代原本的勞動力。他們比本地人口的適應能力更佳，但也逃不過大量死亡的命運。在波托西銀礦強制勞動的史實，至今依然是西班牙殖民壓迫的象徵。

令人不安、也讓許多玻利維亞人感到沮喪的是，波托西銀礦至今仍然是惡劣而不健康的工作場所。聯合國教科文組織（UNESCO）在波托西一項計畫的前負責人玻利維亞籍的圖提・普拉多（Tuti Prado）就告訴了我們個中的情形：

> 波托西，以今天的人口來看，是全國最貧窮的地方之一。當然，採礦的技術已經有所不同，但貧窮狀況和健康狀態仍然和四百年前一樣糟糕。我們有很多的兒童在礦山裡工作，而且很多礦工活不過四十到四十五歲——甚至是三十五歲——就因矽肺病和粉塵而死去。

波托西礦山生產的稀有原料讓西班牙富甲一方，然而卻是波托西鑄幣廠製作了八里亞爾幣披索，才奠定了它成為全球化貨幣的基礎。這些硬幣在波托西被裝上了駱馬，經過兩個月的艱苦跋涉、穿過了安第斯山脈，最後才抵達利馬和太平洋海岸。在那裡，西班牙運寶船隊從祕魯將銀幣往北運送到巴拿馬，接著用陸運的方式橫越過地峽，然後再用護航的船隊越過大西洋。

▶ 澳洲的英國殖民政府希望建立當地的貨幣，於是就把西班牙的八里亞爾幣披索改製成五先令的硬幣。

然而這種白銀的貿易並不只集中在歐洲——西班牙同時也建立了一個亞洲帝國、總部設在菲律賓馬尼拉，而且這種八里亞爾幣披索很快就大量的跨過太平洋而來。在馬尼拉，八里亞爾幣披索被用來進行交易，對象多半是中國商人，換取絲綢和香料、象牙、漆器和最重要的——瓷器。從西班牙殖民的美洲遠道而來的白銀，動搖了東亞的經濟，並且造成了大明帝國金融秩序的紊亂。事實上，世界上幾乎沒有哪一個地方能自外於這些無所不在的硬幣、不受到它的影響。

在大英博物館的錢幣收藏當中，有一項展覽能夠讓人清楚明白，這種西班牙美洲殖民鑄幣廠所生產的八里亞爾幣披索，在世界舞台上究竟扮演著何種角色。有一個硬幣上有印尼當地蘇丹的附加標記；另一個硬幣上的標記則是西班牙人自己加上去，表明了這硬幣適用於他們的布拉班特（Brabant，位於現在比利時境內的省分）。有些硬幣還銘刻著中國商人的印記。人們還在蘇格蘭西部外海、赫布里底群島的托伯莫里（Tobermory）附近找到了一枚這種來自波托西的硬幣；它來自一艘西元一五八八年被擊沉的西班牙無敵艦隊的船隻。到了十九世紀，八里亞爾幣披索甚至還抵達了澳洲。當時英國當局在當地的貨幣不敷使用，於是就購買了西班牙八里亞爾幣披索、挖掉西班牙國王的肖像、再刻上「五先令、新南威爾斯（New South Wales）」的字樣。從赫布里底群島到新南威爾斯都可以看到這些硬幣的蹤跡，說明了無論是作為一種商品、或作為一個硬幣，八里亞爾幣披索對全球的商業活動都帶來了根本的轉變，如同金融史學家威廉・伯恩斯坦（William Bernstein）所描述的：

這是個天上掉下來的禮物，這些祕魯和墨西哥的白銀，很快就被鑄造成數億、甚至數十億個硬幣，而且它們還成了全球貨幣體系的標準，它們就是十六世紀到十九世紀的威士卡、萬事達卡和美國運通卡。它們簡直無處不在。例如，當你在閱讀有關十八、十九世紀中國茶葉貿易這種數額龐大的交易資料時，你看到的價格說明是以「銀元」計價、還打上了錢號；而當然這裡所指的就是西班牙披索——也就是這種八里亞爾幣披索。

在整個歐洲，西班牙的美洲殖民地寶藏開創了一個白銀的時代、一種「所有歐洲國家走透透的財富」。

然而如此大量的白銀也帶來了一連串的新問題。它增加了貨幣的供應量——用現代的術語來說，就很像是政府大印鈔票一樣，所造成的結果就是通貨膨脹。當帝國的財富在政治和經濟方面顯得虛有其表的時候，在西班牙就有人就覺得納悶了。諷刺的是，銀幣在西班牙本國反倒成了稀罕的東西，因為國家在國內經濟活動衰退的時候，還大出血似的灑著銀幣來支付外國的商品。

隨著西班牙本國出現了看不到黃金和白銀的情形，知識分子也努力設法要彌平財富在幻想與現實之間的巨大鴻溝，並且解決意外的經濟問題所帶來的道德後果。在西元一六〇〇年的時候，有一位作家對這種情形做了這樣的描述：

西班牙崩潰的原因是，財富御風而行、扶搖直上，始終這麼受到合同契約、票據交換、白銀和黃金形式的支配，而沒化為能開花結果的貨物，而且因為貨物本身更具價值，也就從國外將財富吸引到它們身上，於是我們的居民就完蛋了。因此，我們就知道西班牙金銀貨幣缺乏的原因就是貨幣太多了，而西班牙貧窮的原因就是她有太多錢了。

在經過四百多年之後，我們仍然努力想了解世界金融市場、並設法控制通貨膨脹。波托西依然因它所創造的財富而聲名在外。西班牙人到今天仍然會說某件東西具有「波托西的價值」（'vale un Potosí'）來表示這個東西「相當值錢」，而且西班牙的八里亞爾幣披索仍然以浪漫道具的形式持續地活在奇幻海盜故事當中。然而，它其實是現代世界裡的一大基石、鞏固了第一個全球大帝國，預想、並實現了現代的全球化經濟。

第17篇

宗教寬容與不寬容

西元一五五〇年～西元一七〇〇年

宗教改革（Protestant Reformation）把西方基督教會分裂成兩個對立的派別，並引發大規模的宗教戰爭。任一方陣營在三十年戰爭（Thirty Years War）裡無法取得勝利的結果，兵疲馬困、力量耗盡之餘，也就在歐洲帶來了一段宗教寬容的時期。

此時主宰著歐亞大陸的是三個勢力龐大的伊斯蘭大國：土耳其的鄂圖曼帝國、印度的蒙兀兒帝國和伊朗的薩非王朝。蒙兀兒帝國提倡宗教寬容，允許印度次大陸上大多數非伊斯蘭人口繼續以自己喜歡的方式來敬拜神明。而伊朗的薩非王朝則是開創了世界上第一個重要的什葉派國家。

與此同時，征服和貿易也都重新界劃了全球的宗教地圖；天主教在美洲、伊斯蘭教在東南亞，也都設法來包容新皈依者既有的宗教儀式。

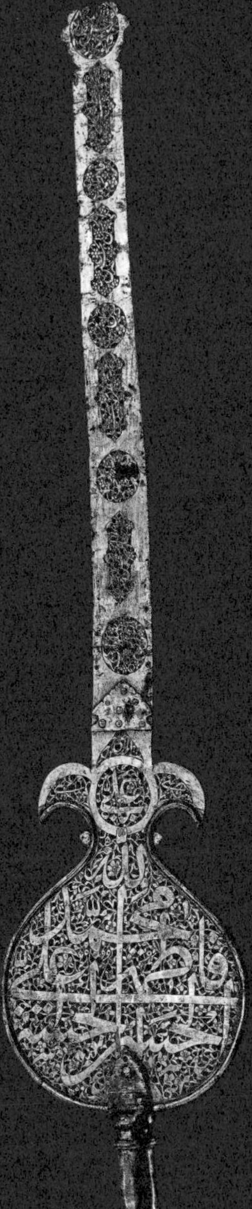

▼他們為什麼能在伊朗當權幾百年

81 什葉派宗教遊行儀仗

黃銅鍍金遊行儀仗，來自伊朗；西元一六五〇年—西元一七〇〇年；
長一百二十七公分、寬二十六．七公分、厚四．五公分。

造訪伊斯法罕（Isfahan）這個十七世紀什葉派伊朗的首都，大多數的觀光客都會驚喜的發現，在這個純然伊斯蘭的城市裡，居然會有一座名列基督宗教最偉大的大教堂；教堂裡隨處可見銀色的十字架和壁畫，訴說著《聖經》裡一個又一個救贖的故事。這座大教堂是在十七世紀前期由近代伊朗偉大的統治者、國王阿拔斯一世（Shah Abbas I）所建造的；它同時也是個絕佳的例證，說明了人們在十六、七世紀如何重新界定宗教世界的版圖。

在這重新界定的過程裡，最核心的問題就在於一個國家是否能夠擁有一個以上的信仰？這個問題在十六、七世紀的伊朗所得到的答案是，當然不成問題。然而，一神論的信仰總很難長時間彼此共存，而且它們之間的宗教寬容往往相當具有爭議性、也十分的脆弱。在這一章，我要來探索十七世紀伊朗的狀況，所使用的文物是一個「阿拉姆」（'alam）儀仗——一件用鍍金黃銅做成的華麗儀仗。這種儀仗源自於作戰用的軍旗標竿、像旌旗一樣被用於戰鬥當中，但在十七世紀的伊朗卻把它們用在盛大的宗教遊行的場合，集結的不是英勇戰士、而是香火信徒。

阿拔斯一世是薩非王朝（Safavid Dynasty）的一員；王朝在西元一五〇〇年左右開始當權，並且把什葉派伊斯蘭教定為國教，從此確立了這個教派至今的地位。這些和英國都鐸王朝所發生的一些事件有著有趣的相似之處；大約就在伊朗成為什葉派教徒的時候，英國也正式成為了基督宗教當中的新教徒（Protestant）。在這兩個國家裡，宗教變成了國家認同的一項決定性因素，讓自己的國家和周遭充滿敵意的鄰國有所不同——新教徒的英國不同於信奉天主教的西班牙，什葉派的伊朗有別於遜尼派（Sunni）的鄰國、尤其是土耳其。

阿拔斯一世和英國伊莉莎白一世（Elizabeth I）身處同一時代，擁有統治者罕見的政治才能、以及更加稀罕的宗教實用主義。與伊莉莎白女王一樣，他熱衷於發展國際貿易與接觸交流。他廣邀全世界各路人馬造訪他位在伊斯法罕的首都，在接待中國特使的同時，也聘請英國人擔任顧問；他開疆闢土，並在這個過程中俘虜了亞美尼亞基督徒，帶回伊斯法罕。亞美尼亞人在那兒發展出與中東和歐洲的絲綢和紡織品貿易，獲利十分豐厚；為了回報他們，阿拔斯一世就幫他們建了一座基督宗教的大教堂。到訪的歐洲人都十分訝異於這種主動的宗教寬容，能夠容忍基督徒和猶太人各自擁有自己的禮拜場所，在穆斯林國家裡還能獲得和平的包容——這種程度的宗教多樣性，是當時基督宗教治下的歐洲所無法想像的。伊斯法罕當然是伊斯蘭的學術中心，也是建築、繪畫和絲綢、陶瓷與金屬加工等高級手工藝全然投入到為信仰服務的一個地方。

這個薩非王朝國王們所統治的什葉派伊朗，是個高度發展、具國際視野、社會繁榮和信仰虔誠的國度。王朝的國祚維持了兩百多年，而我們從這件西元一七〇〇年左右製作的儀仗，仍然可以見識到它當年的風采。它的形狀大致像一柄長劍、劍身與手柄之間有一個圓盤，整體長度超過

伊斯法罕大教堂，
是國王阿拔斯一世於十七世紀前期所建造，▶
結合了基督宗教的聖像畫與伊斯蘭教的設計風格。

一公尺。它的製作方式採用了鍍金黃銅這種典型的金屬加工傳統；這個傳統在伊朗、尤其是伊斯法罕逐漸發展而成，而這裡的商人和工匠多來自於近東與歐洲會面交易的印度。

然而不管在製作的風格和技巧方面有多麼的國際化，這種儀仗還是專門用在什葉派穆斯林的儀式慶典裡，裝在長竿子上、在遊行的行列裡被人高高舉著一起穿街走巷。劍身上面的鋒刃已經轉變成綴滿文字和圖案的精緻裝飾。這些文字其實就是信仰的宣言，而且這一類的文字也是什葉派當政的伊斯法罕實體結構的一部分。

在替基督徒建造大教堂的同一段時間裡，阿拔斯一世也建造了柔特菲拉清真寺（Mosque of Shaykh Lutfallah）。這真是一座名副其實的紀念碑：整座建築的結構要件都被標示出來，並且裝飾著銘文、真主的話語、先知的言詞、或其他神聖的經句。事實上，這些話語似乎還扮演了整幢建築的支柱角色。在整個朝向聖地麥加的壁龕、也就是中央的神龕上，寫著先知家屬（Ahl al-Bayt）的名字。上面的名字有先知穆罕默德（Prophet Muhammad）本人、先知的女兒法蒂瑪（Fatimah）、她的丈夫阿里（Ali）以及他們的兒子哈桑（Hassan）和海珊（Husain）。

我們在大英博物館裡的儀仗上也發現了這些相同的名字，三次提到了阿里的名字。對什葉派的穆斯林來說，阿里是第一位伊瑪目、也就是信徒的精神領袖，而這種儀仗就被稱為「阿里之劍」。在儀仗其他的地方則寫著另外十個什葉派伊瑪目的名字——他們全都是阿里的後裔，而且和阿里一樣，都是殉道者。當這個儀仗被人高舉著招搖過市時，信徒們就會看到先知、法蒂瑪、阿里以及所有其他伊瑪目的名字。

什葉派認為伊瑪目的職務——絕對正確的宗教指引——只專屬於穆罕默德的家族，也就是先

柔特菲拉清真寺裡，▶
面朝聖地麥加的壁龕上寫著先知家屬的名字。

知女婿阿里的後裔。相比之下，絕大多數的遜尼派穆斯林都願意接受原本是民選職位的哈里發所管轄。在先知死後的幾十年之後，這些不同的觀點導致了流血衝突，而阿里和他的兒子在這個過程裡全都遇難了——這就是什葉派伊瑪目殉道傳統的開端。

薩非王朝的什葉派屬於十二伊瑪目宗（Ithna 'Ashari），認為伊瑪目總共有十二代，其中有十一位殉道身亡、名諱被書寫在儀仗之上。第十二代伊瑪目據說已經在西元八七三年遁世隱沒，而他將在信徒的等待、以及真主對他感到滿意時恢復其職，屆時什葉派統治的國度將重臨人間。在此之前，薩非王朝這些同樣也擁有先知血脈的國王們，就是那遁世伊瑪目的臨時代理人。然而，宗教事務方面的職權並非取決於國王，而是掌握在「烏理瑪」（ulema）手上——他們是伊斯蘭神學家與法學家組成的團體，負責解釋伊斯蘭的法規，而且時至今日依然如此。

哈蕾・艾芙夏（Haleh Afshar）是伊朗出生的學者，她回顧了數百年來什葉派在伊朗的生活和政治當中所占有的地位，同時也探討了它在西元一九〇七年的立憲革命（Constitutional Revolution）與西元一九七九年的伊斯蘭革命（Islamic Revolution）當中所扮演的角色：

有好幾個世紀的時間，什葉派就是伊斯蘭教一個非常與眾不同的支派，而且這個團體不隸屬於任何一個機構。事實上，什葉派總是處在論爭的過程裡、總是處在邊陲地帶。隨著薩非王朝的建立、宣布了什葉派為國教，我們才開始建立了層層等級制度的宗教機構、對政策才具有某種程度的影響力。從伊朗發展的歷史角度來看，這還算是最近才發生的事。這個過程已經持續了好幾個世紀，而宗教機構往往都是處在革命的風口浪尖上；例如在一九〇七年的立憲革命當中，宗教領袖要求成立司法和憲法的議會，而在一九七九年的革命裡，同樣又是標舉著正義司法大義這個什葉派不變的核心主題。

這種高度的正義感容或源自於什葉派教義的基本精要——重點就擺在受難者與殉道者。到了十七世紀後期、也就是製作這個儀仗的年代，為殉道者精心規畫的紀念遊行儀式充滿了特色：有揮舞鏈條自我鞭笞的人、隨節奏律動的行列、音樂演奏以及經文吟誦。這就足以說明大英博物館裡這個儀仗的矛盾本質。長劍般的外觀和名稱、第一眼看上去讓人感受到必勝信念與攻擊性，但它其實卻是用在什葉派紀念挫敗、苦難與殉教的典禮儀式之中。

現今儀仗的型體有時候都還蠻大的。它們不再只是一個金屬劍身，而是覆蓋著布飾的龐大裝置、寬度甚至可以涵蓋整條馬路——但是往往還是靠一個人單獨來扛著。

我們採訪了住在倫敦西北部伊朗人社區裡的一位長者侯賽因・波塔馬比（Hossein Pourtahmasbi），請他為我們描述一下，這種執著儀仗的傳統在現代是如何進行的：

首先你得是個很棒的舉重選手，因為它實在非常的沉重。它的重量有時會高達一百公斤，但這不單單只是重量的問題而已——這還牽涉到這個巨大而寬闊的儀仗是否形狀對稱的問題。你必須要有足夠強健的體魄才能應付，所以這些扛著儀仗的人多半都是摔跤選手、舉重選手或在社群裡以身強體壯而聞名的那些人。但是光有強壯的身體還是不夠：你還得是社會上人盡皆知的名人，是因為傳統而讓你得到了認可。這麼做可以讓記憶永存、也能讓你更加堅強；你接續著古調繼續唱著、保存了傳統、並讓他繼續延續下去！

在這個儀仗被製作出來的那個年代、也就是西元一千七百年左右，這種對於肌肉崇拜的熱情已然成為什葉派儀式當中的重要元素。然而國王阿拔斯讓不同信仰之間得以維持均勢的成果，卻讓繼任者給遺棄了。薩非王朝最後一任君王侯賽因（Husayn）對非什葉派的教眾極為嚴苛而不寬容，而且還賦予宗教領袖龐大的權力來規範民眾的行為；如此的宗教鎮壓或許就是促成了他垮台的原因。侯賽因在西元一七二二年遭到推翻、結束了薩非王朝漫長的統治年代，而伊朗也陷入了長達幾十年的政治混亂狀態。然而阿拔斯一世留給後人的東西，至今在伊朗仍顯而易見。伊朗的國教是什葉派伊斯蘭教，但基督徒、猶太教徒和祆教徒也都能在憲法條款保障下，自由而公開的從事本身的宗教活動。和十七世紀一樣，伊朗如今仍然是一個多信仰的社會、對宗教的差異性相當寬容，讓許多觀光客驚喜連連、並留下深刻的印象。

統治印度的伊斯蘭帝國

82 蒙兀兒王子小畫像

紙張畫作，來自印度；約西元一六一〇年；
高二十四·五公分、寬十二·二公分。

在現代全球政治的範疇裡，形象——幾乎——就是一切。我們都很清楚，領導人看待自己的照片曝光是多麼小心謹慎，因為他們完全明白與特定的王室成員、政治人物或知名人士一同合照，所蘊含的意味是什麼。在宗教信仰的政治學當中，更重要的是要能讓人在某些場合裡，看到他和合適的宗教領袖一起出現的畫面——儘管這可能也還是有風險：比方說，讓人看到和教宗或達賴喇嘛握手言歡，也許能帶來立竿見影的選舉好處，但也可能衍生微妙的政治後果。現在很少有政治領導人會冒著被人看見的風險，去聆聽宗教上的訓誨教導、更不用說是訓斥譴責了。

十七世紀的印度，權力和信仰之間的對話與今天的情形並沒兩樣，同樣都是錯綜複雜、同樣都具有爆炸性。但在西元一六一〇年左右，能否有公開亮相的機會還是和現在很不一樣：當時沒有新聞照片、沒有二十四小時播放的新聞頻道，只有繪畫、而且還是一種針對特定受眾來製作的繪畫。我們這幅來自印度蒙兀兒帝國的小畫像，體現了在統治者的世界和信仰的國度之間，一種難能可貴、抑或者是獨一無二的關係。

在十六、七世紀的時候，有三大伊斯蘭帝國分別主宰支配著歐洲和亞洲：在中東和東歐有鄂圖曼帝國、在伊朗有薩非王朝、在南亞有蒙兀兒帝國，而三者當中最富有的顯然是蒙兀兒。在西元一六〇〇年左右，蒙兀兒帝國在阿克巴皇帝（Emperor Akbar）的治理下達到國勢鼎盛的高峰，與他同期的統治者還有英國的伊莉莎白一世和薩非王朝的國王阿拔斯。整個帝國在他兒子賈漢吉爾（Jahangir）的帶領下仍繼續蓬勃發展，而我們這幅畫作就是在他的治下誕生的。蒙兀兒帝國的幅員遼闊，從西邊阿富汗的首都喀布爾往東延伸了一千四百英里、直抵現代孟加拉的首都達卡；然而，與伊朗薩非王朝或鄂圖曼土耳其人不同的是，蒙兀兒帝國的穆斯林統治者所統轄的是一大群非穆斯林信仰的臣民。除耆那教徒（Jains）和佛教徒之外，約有百分之七十五的人口是印度教徒。

有別於基督徒和猶太教徒的是，印度教徒並沒有被《古蘭經》認可為除穆斯林之外其他的「有經者」（people of the book），所以他們在理論上甚至不必獲得伊斯蘭統治者的宗教寬容，而這是蒙兀兒歷代皇帝都必須要留意的。他們憑著開闊的宗教包容政策來處理這種潛在的困難。阿克巴和賈漢吉爾都能輕鬆處理這些不同的信仰。他們在部隊裡有印度教的將領；與穆斯林或印度教聖徒的密切往來，也是蒙兀兒菁英生活和人生觀裡相當重要的一環。定期與宗教界人士會晤是國家的政治策略，會透過拜會訪問與當時的媒體來加以宣傳——也就是像這種小畫像一樣的媒介。

小畫像是一種藝術形式，從倫敦、巴黎到伊斯法罕、拉合爾（Lahore）的宮廷當中都十分流行。蒙兀兒的小畫像顯示了印度畫家對於波斯和歐洲的種種發展都瞭如指掌。我們這一幅大約有精裝書一般的大小，年代可以追溯到西元一六一〇年左右；畫面上顯示了一個富裕的年輕貴族、也許是當朝蒙兀兒王朝的王子和一個既無財又無勢的聖徒。聖徒在畫像的左邊，頭髮花白、鬍子拉碴，穿戴相當簡單的長袍、斗篷和頭巾，腳前擺著一把帶叉的手杖——顯然是苦行者、或伊斯蘭聖徒使用的扶手或拐杖。在他對面的年輕人穿著飾以金色刺繡的紫色服裝，腰裡別著一把綴滿珠寶的匕首（貴族必備的配備）、頭上戴著象徵著崇高地位的綠色頭巾。這兩位，艱苦修行的苦行者和衣著華麗的王子，一同趺坐在小圓頂涼亭前一個微微凸起的平台上，這裡顯然是個在某位受人尊敬的宗教人物墳塚附近所興建的伊斯蘭聖地。遮蔭在他們頭頂的是一棵畫工精細的樹，樹下孤伶伶的長著一株藍色的鳶尾花。在他們的後方是一片起伏的綠色景致，最後消失在遙遠天際。

在蒙兀兒的繪畫裡，山水景致的重要性，往往在各方面都毫不遜色於人物。蒙兀兒的裝飾景觀花園聞名遐邇，不僅因為這是玩耍取樂的地方、也因為那是伊斯蘭天堂樂園的實質隱喻。所以，把我們這位有錢的公子哥安排在這景致裡向穆斯林教師討教信仰的問題，是個相當妥當的設置。在這片田園詩一般的場景裡，權力遇上虔誠，兩者展開了一番辯論。

我請教了奧紹克・庫馬爾・達斯（Asok Kumar Das）這位蒙兀兒繪畫的專家，請他告訴我這幅畫的用意何在、以及穆斯林和印度教人物是否可能出現在同一幅畫裡：

最初一開始，這些畫是因為國王想看、所以專門為國王或王室成員觀賞而作的，但是到後來也就變得相當普遍，而且我們也可以在畫冊或其他的書籍裡找到相同或相似的繪畫作品。這確實是要傳達某種特定的訊息，因為阿克巴在展開建國偉業的過程裡發動了好幾次戰爭，但他同時也傳遞了自己要展開的不是戰爭、而是友誼的訊息；印度教徒和其他的王子們擁有姻親的關係，而這對於十六世紀的穆斯林統治者來說，是一件相當稀鬆平常的事。有些與他過從甚密的貴族和主要的大臣都是印度教徒，而且也一直保持著印度教徒的身分。國王統治者和他們的信仰之間並不存在任何的敵意。因此這裡所要傳達的訊息是，這位國王不只擁有宗教寬容的態度，同時對其他宗教也相當友好、讓大家能夠彼此和平與和諧的共存。

強大的統治者在聖徒的智慧面前表現謙卑，這一類的會面在印度有著非常悠久的歷史。這種彼此會面的傳統和宗教寬容的互動，被看作是蒙兀兒人偉大的祖先——成吉思汗和帖木兒——留給後人的東西。這是蒙兀兒帝國在四處征戰時的一大特點，讓它有別於其他的伊斯蘭國家。在自傳開頭部分，賈漢吉爾就盛讚自己父親阿克巴的宗教寬容態度，與同時代土耳其和伊朗的做法大不相同。在阿克巴治下的印度，賈漢吉爾寫道：

他提供空間給對立宗教的教授和不論好壞的不同信仰，等於關上了通往爭執口角的道路。遜尼派教徒和什葉派信徒會上同一座清真寺、基督徒和猶太教徒一起進同一座教堂，並且各自以自己的方式來進行禮拜。

英國第一任駐印度大使湯瑪士・羅伊爵士（Sir Thomas Roe）在西元一六一七年到任，在一個顯然不是平日醉酒夜晚的場合裡，留下了賈漢吉爾本人親口肯定宗教寬容的難忘記錄：

這位好國王開始辯論起摩西、耶穌和穆罕默德的律法；而在喝了酒之後，他還能如此和善的轉過身來面對我，說道：「我是國王吧？我也該要歡迎你的到來。」基督徒、摩爾人、猶太人，他並不干涉他們的信仰：他們來了就能得到全心的關愛，他會保護他們免於犯錯：他會保障他們生活安全無虞、沒有人可以壓迫他們；他反反覆覆的說著這些話；然而他在喝得很醉的情況下開始哭泣、開始叨唸著不同宗教的受難故事，讓我們一待就到三更半夜。

無論是喝醉了還是清醒著，賈漢吉爾就是一個奉行宗教寬容到讓人驚訝不已的統治者。當他行走於自己的帝國時，會有成千的民眾到場觀看他拜會聖徒與他們的聖地，並且親眼目睹這麼一個多元信仰社會的公開展現。然而，賈漢吉爾似乎也受到了個人欲望的驅使，想要探索其他宗教傳統在精神心靈上的真理。他和享有盛名的印度教隱士葛杉尼・亞羅（Gosa'in Jadrup）有過許多私人的會晤，並且還在自傳當中描述了其中一次會面的情形：

他選擇居住的地方，是在山丘旁一個挖掘出來、裝上了一扇門的洞裡……在這個狹窄、幽暗的洞裡，他在孤獨中度過。在冬天寒冷的日子裡，儘管他幾乎赤身露體、只在身上前後披著一塊破布，他從來都不曾生火……我與他交談、而他也講得非常之好，讓我留下了非常深刻的印象。

賈漢吉爾敘述的語氣說明了，這種會晤對蒙兀兒統治菁英生活裡的精神與政治層面都相當的重要；像這一類掌權者和富人不恥下問於聖潔窮人的會晤，在其他地方當然很難找得到相提並論的例子。我們幾乎無法想像有歐洲的統治者，不管在這個時代、或任何其他的時代，能表現出如此謙恭的態度來聆聽信仰方面的教誨。印度歷史學家阿曼・納斯（Aman Nath）回顧了幾個世紀以來，印度政治人物與聖徒會晤的情形：

出生在印度，而且身為它文化、文明以及歷史的一份子，這對我來說似乎是個司空見慣的場景。即使到了今天也沒多大的改變，因為掌握權力的人和政治人物還是會去會晤聖徒，儘管那是出於不正確的原因。但在我們談論的這幅繪畫裡，信仰的地位遠遠高於權力和政治。還有其他事情得優先考慮的年輕王子會習慣性的以為，如果獲得聖徒的祝福，那麼在他治理國家時就能一馬平川。而事實上他一點兒都不覺得勉強，他就是來拜望一位蘇菲（Sufi）聖者、低下了他的頭，而我認為這就是整幅畫裡最重要的一點：一個擁有更多財富、權力、和野心的男子席地而坐，跪在一個犧牲了一切的人身前。在印度，少即是多，而且萬幸的是，因為是這麼的貧困匱乏，以致於這種「不足」就與神靈產生了關連、就變成了一種補償的形式，告訴了人們：聖潔的人什麼都不要，只有愚蠢的人和貪婪的人才會汲汲營營於一切。

儘管印度在賈漢吉爾時代以後陷入了一片政治動盪的混亂，但是這種國家包容所有宗教、一視同仁的傳統卻流傳了下來，成為了現代印度的一項建國理想。

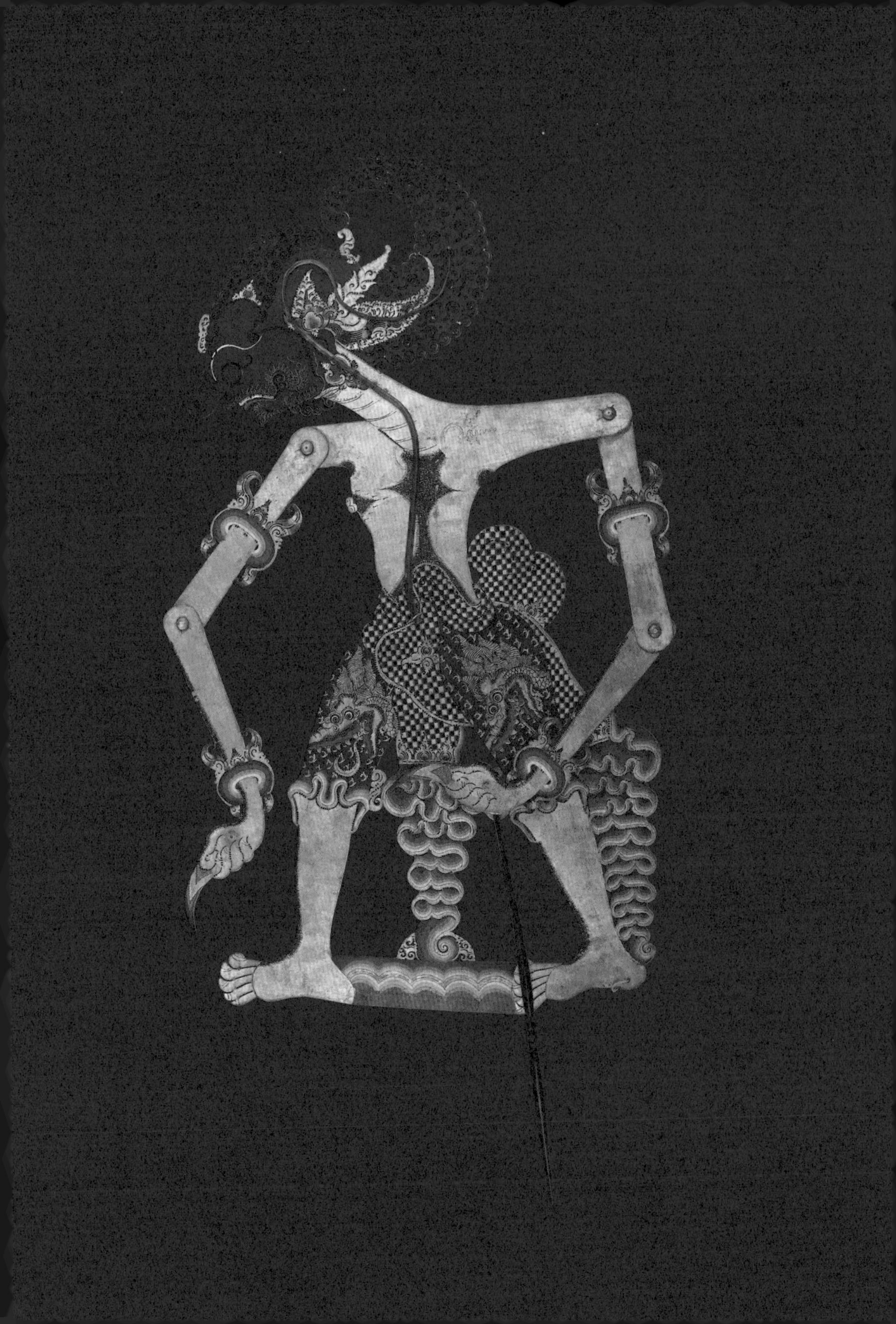

▼你信了伊斯蘭嗎?總之我是信了

83 印尼皮影戲偶「比瑪」

皮影戲偶,來自印尼爪哇;西元一六〇〇年—西元一八〇〇年;高七十四・五公分、寬四十三公分。

美國第一位黑人總統歐巴馬(Barack Obama)小時候被帶到爪哇與新的印尼籍繼父一同生活,當他在路上看到跨站著巨大的人身猴頭雕像時,覺得非常的驚訝。人家告訴他,那是哈奴曼(Hanuman),是印度教裡的神猴。說到穆斯林印尼的現代街頭為什麼會出現巨大的印度教神像,就得從一個引人入勝的故事談起,說的是宗教的寬容與同化;這種方式能讓不同宗教彼此寬鬆的互相妥協,不同於任何其他我們一路看下來、試圖解決多信仰社會問題的辦法。而這樣的一個故事,在某些方面,可以被歸結到來自印尼皮影戲劇院的一尊戲偶;這種知名的藝術形式源遠流長、而且至今猶在,完全來自傳統、但也充滿了當代政治的意味。透過這尊戲偶和它其他的同伴,我們就得以來探索一項大規模的宗教與政治變革;這個轉變開始於五百年前的東南亞,對於該地區的影響依然迴盪至今。

這裡看到的皮影戲偶來自印尼的爪哇島,是我們數百件收藏品中的一個,距今已有超過兩百年的歷史。它約有七十公分高,呈現出男性角色的鮮明戲劇性輪廓。他的名字叫比瑪(Bima)。

比瑪擁有非常與眾不同、近乎於漫畫人物的五官——比方說，超長的鼻子——細長的手臂、雙手各自長著一個大爪子。他的身上有許多精緻的花邊狀穿孔，讓表演時的影子能展現出更富戲劇性的效果。比瑪的臉是黑的，但身上穿戴著金色的衣服和色彩鮮豔的裝飾。儘管他現在了無生氣、而且相當脆弱，可他卻曾經在爪哇宮廷通宵達旦的演出裡深深的吸引了無數的觀眾。這樣的演出，在當時、還有現在，依然被稱為「皮影戲」（Theatre of Shadows）。

這尊戲偶實際的外形，是十五、六世紀最富戲劇性的宗教變革所帶來的一項產物。在西班牙人忙著讓新大陸的人改信天主教的時候，伊斯蘭教也傳播到了今天的馬來西亞、印尼和菲律賓南部一帶，而爪哇人到了西元一六〇〇年已經多半都是穆斯林了。然而早在伊斯蘭傳到爪哇之前，皮影戲就一直都是當地生活的一大特色。比瑪這個角色本身不但在爪哇相當出名，在全印度也家喻戶曉，因為他是偉大的印度教史詩《摩訶婆羅多》（*Mahabharata*）當中的人物。然而在爪哇，這個印度教的角色卻是由穆斯林戲偶師來操作，而且欣賞演出的觀眾也都是穆斯林。可似乎都沒人介意這一點，而且直到今天，印尼的皮影戲仍然持續將異教徒、印度教和穆斯林的元素融入到其中。

製作像我們這個比瑪一樣的戲偶，從過去到現在都一樣、都是一件對技術要求很高的工作，需動用到好幾個不同的工匠。用精挑細選的水牛皮，經過反覆的刮削和拉伸、直到它變成既薄又透亮的材料之後，再拿它來製作這樣的戲偶。爪哇人稱呼這種戲劇——皮影戲（Wayang Kulit）——就是源自於這種材料。然後工匠會在戲偶身上加上鍍金、彩繪和活動的手臂，還有水牛角做成、用來固定身體和控制動作的把手。

根據歷史記載，皮影戲劇院的演出會持續一整晚。從戲偶師頭部後方油燈發出來的光源，將戲偶的影子投射到一方白色的布幕上。有些觀眾——通常是婦女和兒童——會坐在幕後操作這邊，而男人們會坐在幕前觀眾席這邊。這些人稱「達人」（dalang）的戲偶師不僅要操控戲偶，同時還得要指揮甘美朗樂隊（Gamelan orchestra）的伴奏演出。

蘇瑪薩姆（Sumarsam）是當今皮影戲的首席戲偶師，他向我們說明了，要順利完成流暢的皮影戲偶表演，操作是多麼的複雜：

你必須控制好這些戲偶，有時一次就得操作兩尊、三尊、甚至多達六尊戲偶，而且戲偶師還必須清楚知道該在什麼時候告知樂師、讓他們開始演奏。當然，戲偶師也要在不同的對話場合裡幫戲偶配音，而且有的時候還得在不同的場景下唱一些調節氣氛的歌曲。他必須用到自己的雙臂和雙腿——但卻得盤著腿坐著，來完成這些事情。這份工作十分有趣，但也是一個相當具有挑戰性的任務。這些故事可以更新，但情節的結構總都是不變的。

在皮影戲劇院裡所講的這些故事，大多數都是取材於印度教兩部完成於兩千多年以前偉大的印度史詩——《摩訶婆羅多》和《羅摩衍那》（*Ramayana*）。它們的故事在爪哇一向都是眾所周知的，因為印度教、連同佛教，在伊斯蘭教成為主要信仰之前，一直都是當地的主要宗教信仰。

就如同在西元八百年左右啟發了婆羅浮屠（見第五十九章）的佛教、以及創作出《摩訶婆羅多》的印度教一樣，伊斯蘭教也是透過了連結印尼和印度與中東地區的海上貿易路線才傳播到爪

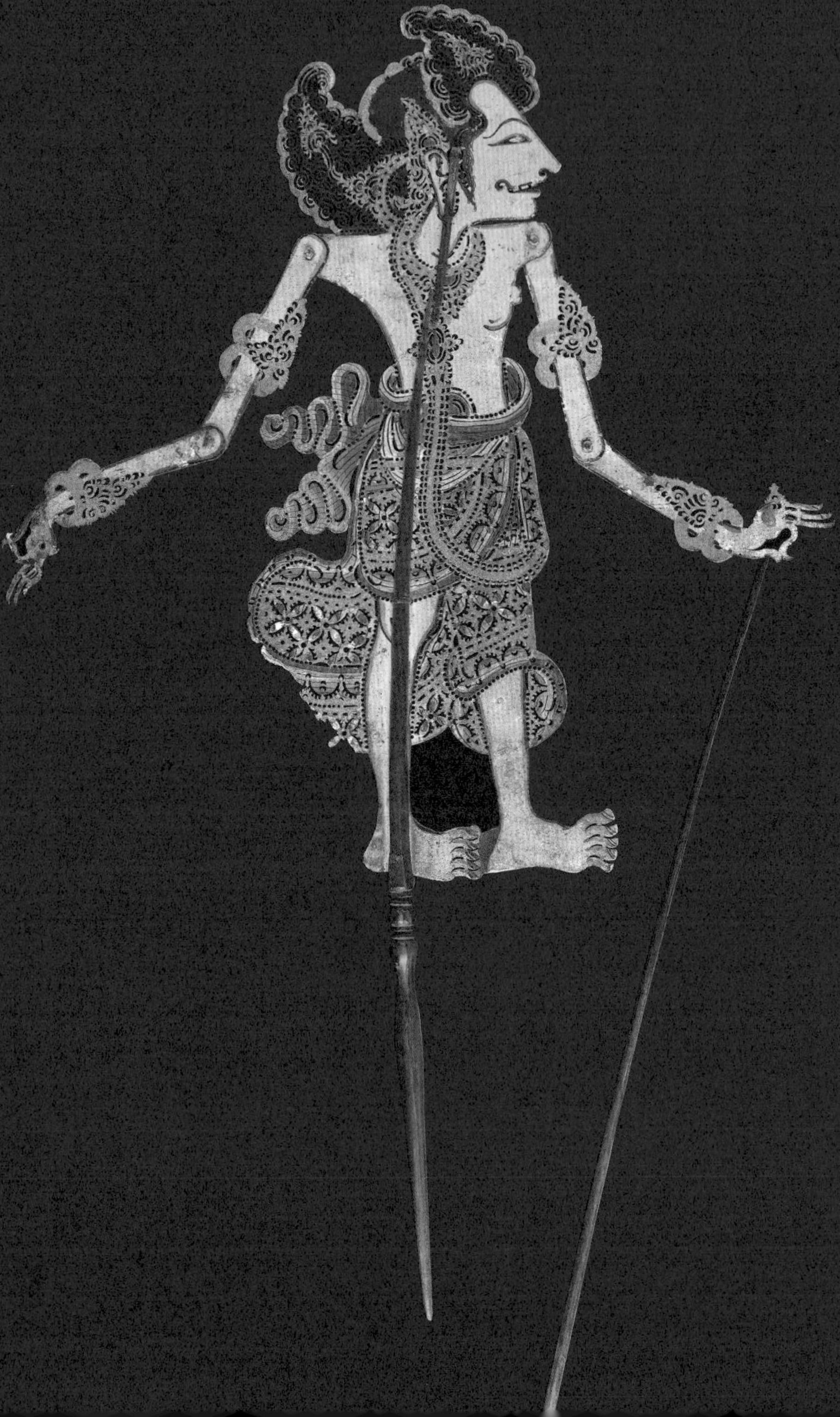

哇的。爪哇當地的統治者很快就看到了成為穆斯林的優勢：除了任何精神性靈的吸引力之外，它可以促進與現有穆斯林世界的雙邊貿易發展，同時也可以增進和強大的伊斯蘭國家、鄂圖曼土耳其和印度蒙兀兒帝國的外交關係。這種新的宗教在生活上的許多方面帶來了重大的變化，但就整體來看，是爪哇本地的文化和信仰吸納了伊斯蘭教、而不是完全被它所取代。

新的伊斯蘭統治者似乎一直都很支持這一點——他們主動資助皮影戲劇院、並支持上演的印度教故事，讓它們能夠一如往昔的大受歡迎。觀眾，無論是在過去或現在，都能馬上就認出哪一個戲偶是比瑪。在《摩訶婆羅多》的故事裡，比瑪是英雄五兄弟當中的一員（現在你可以在網路上的動畫片裡觀賞到他們的英勇事蹟）、是兄弟當中的英勇戰士——人格高尚、個性坦率，如同超人般的強壯、擁有十萬頭大象的巨力，而且他不但擅長搞笑、還是個型男大主廚。敵人要是讓他那爪子般的指甲碰一下，就死定了。

比瑪戲偶的黑臉代表他內心的平靜與安寧，不同於皮影戲裡其他彩繪成紅色、代表惡毒和殘酷的「壞人」。然而他的造型也告訴了我們，有某種伊斯蘭的影響已經滲透到這個傳統印度教的藝術當中。我們這個爪哇的比瑪戲偶，有著漫畫人物般的鼻子和帶爪子的手。如果把它拿來和另一個在附近峇里島所製作的純粹印度教比瑪戲偶相互比較，就能明顯看出兩者的差別。來自峇里島的戲偶人物造型比較圓潤、五官更加自然，胳膊和腿與身體的比例也比較正常。今天在爪哇有許多人認為，這些差異可以用宗教的角度來加以解釋；傳統印度教的戲偶被爪哇的穆斯林工匠刻意地改頭換面，迴避伊斯蘭教不准創造人類和神靈形象的禁令。有些故事告訴了我們，有些人在十六、七世紀嘗試要禁止皮影戲的演出；有些故事則提到了一位著名的穆斯林聖徒蘇南吉里

來自峇里島的「比瑪」皮影戲偶 ▶
呈現出更自然的特色。

（Sunan Giri），他巧妙的想出了把戲偶加以變形的點子來避開禁令——如此讓人愉快的妥協，或許就能說明我們這尊比瑪何以會有如此奇特的造型。

今天的印尼擁有兩億四千五百萬人口、是世界上人口最多的伊斯蘭國家，而皮影戲劇院在此仍然大受歡迎、充滿活力。華裔馬來西亞籍作家歐大旭（Tash Aw）就描述了皮影戲所持續扮演的角色：

即使在今天，在皮影戲的領域裡對於當下發生了什麼還是有很大的關注。這種藝術形式不斷的被翻新、不斷的被賦予嶄新而令人興奮的用途。而且，儘管這些作品的主體仍然大多取材自《羅摩衍那》和《摩訶婆羅多》，但年輕的戲偶師也都不斷的利用皮影戲來注入生命和幽默，以及一種對印尼政治作出淫穢下流的評論，而這是其他地方很難加以複製的。就在西元一九九七年的金融危機過後，我還記得在雅加達一位大師的獨白，意思大概是「舌頭還在昏睡狀態」或「舌頭依然緘默無聲」，當時的印尼總統哈比比（President Habibie）在戲裡搖身一變成了一個可笑的角色、名叫「嘎練」（Gareng）；他個頭矮小、有著珠子般的眼睛、個性認真到令人難以置信，但是辦事效率其差無比。因此，在很多方面，皮影戲已成為表達社會和政治諷刺作品的發源地，而這種方式很難透過電視、電台和報紙來加以實現，因為這些媒體更容易被人審查掌控；皮影戲就比較有可塑性、比較貼近草根基層，也因此比較難以控制。

但是會利用皮影戲的並不是只有反對黨而已。前總統蘇卡諾（Sukarno）這位印尼在第二次世界大戰後從荷蘭殖民中獨立後的首任總統，就喜歡把自己比做皮影戲裡的角色、尤其喜歡自喻為比瑪——一名正義而強大的戰士，說普通人的語言、不唱菁英份子的高調。蘇卡諾常被稱為是印尼人民的皮影戲大師、是個「達人」——是他賦予人民聲音、在新的國家裡指導他們、帶領他們寫下民族的史詩；而在西元一九六七年被推翻之前，他確實也如此引領了二十年的風騷。

然而，為什麼這尊比瑪戲偶現在會典藏在大英博物館呢？答案一如既往的，就在於歐洲的政治。在西元一八一一年到一八一六年這五年間，英國人占領了爪哇，以此地作為對抗拿破崙治下法國而進行全球鬥爭布局的一步棋。英國新任總督多馬斯・史丹佛・萊佛士稍後還發現了新加坡（見第五十九章）；他是個嚴肅的學者、也熱烈崇拜著爪哇每一個時期的文化，而且他也像所有爪哇的統治者一樣支持皮影戲劇院、還收藏皮影戲偶。我們的這尊比瑪就是來自於他的收藏。這段短暫的英國統治時期也說明了一些其他的事情——為什麼年幼的歐巴馬在穆斯林的雅加達看到印度教神像的街頭上，汽車是右駕靠左行駛的。

▼一張記載族群融合的土地謄本

84 墨西哥手抄本地圖

繪製在樹皮上的地圖，製作於墨西哥的特拉斯卡拉；西元一五五〇年—西元一六〇〇年；高五十公分、寬七十七公分。

什葉派的儀仗、蒙兀兒帝國的小畫像、還有爪哇的皮影戲偶，全都代表了在這些不同的文化當中，不同的信仰都設法想要找到合理而積極的方式來彼此共存——在十六、七世紀的印度、伊朗和印尼，宗教寬容是一種有效治國權術的保證。但在同時期以征服工具姿態君臨墨西哥的基督信仰，卻只能夠慢慢的、一點一點的滲透到土著人口的生活當中。如今，五百年過去了，墨西哥全國有八成以上的人口是天主教徒。實際的景觀樣貌在這個過程裡也產生了一些變化：入侵者在阿茲特克帝國境內大肆拆毀神廟、興建教堂。今天看起來，在人類想像力所及的範圍裡，最殘酷、最徹底的文化置換也不過如是。

在墨西哥城的憲法廣場（Zócalo），西班牙總督的宮殿就矗立在莫泰佐馬被拆毀的宮殿原址上。附近的遺跡都是昔日阿茲特克的神廟，神廟的院落如今大多被敬禮聖母瑪利亞的巨大西班牙巴洛克式大教堂所占據。從憲法廣場的情形來看，西班牙人在西元一五二一年征服了墨西哥，似乎給土著傳統帶來了全面性的災難，而這就是我們一般常聽到的故事版本。然而，現實的狀況卻顯得比較循序漸進一些、也許也還更有趣一些。當時當地的人民仍保有自己的語言——而且，他們大半也都還保有自己的土地，儘管西班牙人在無意間帶來了致命疾病，造成了大量土地釋出給新到的西班牙殖民者這樣的結果。這一章要介紹的文物，讓我們知道了這種複雜的信仰融合是如何發生的；透過這件文物，我們可以同時看到西班牙帝國所採取的方法、以及地方傳統具有彈性的適應能力。

這是一幅附有註解的地圖（見跨頁），約有七十五公分寬、五十公分高，描繪在非常粗糙的紙張、其實也就是一種用墨西哥樹皮槌打出來的薄片上。地圖上繪製著幾條幾何線條、估計是代表了土地所有權的畫分，上面還標明了業主的名字；圖上有條藍色的小河，上面畫了一些波浪狀的線條；還有條分岔的道路、上面畫了些腳印，顯示出這是一條主要幹道。然後在這幅地圖的上頭還畫了幾個圖像——正中間有一棵樹，樹下有三個穿著歐洲服飾的人；兩座帶著鐘塔的教堂，用明亮的藍色、粉紅色和黃色繪製而成，是這幅地圖上最吸引人的東西。其中一座是聖巴巴拉（Santa Barbara）教堂，另一座是聖安娜（Santa Ana）教堂。

這幅地圖呈現的是位於墨西哥城東邊、特拉斯卡拉省（Tlaxcala）的一個地區，這個地區的種族對阿茲特克人的統治懷有極大的怨念、曾經熱烈加入西班牙人的陣營來對抗他們（見第七十八章）。這也許就說明了，為什麼地圖上有那麼多土地持有人的名字顯示出西班牙殖民者和印第安人貴族通婚的情形；這同時也證明了這兩個種族之間發生了一種引人側目的融合，並且產生了一種全新的混種統治階級。更讓人吃驚的是，類似的融合也出現在教會當中。例如，許多特拉斯卡拉地區的社群，過去一向都受庇佑於本地固有的母神多悉（Toci）、也就是墨西哥諸神的祖母。

可是在西班牙人征服當地之後，她那在地守護神的角色就被聖安娜給取代掉，因為她在天主教傳統裡是耶穌的外婆。祖母的名字或許已經改變了，但對於在地的信徒來說，她還是不太可能用任何非世俗的方式來改變自己的本質。

除了疾病之外，宗教也給西班牙人統治下的墨西哥帶來了新的樣貌。天主教傳教士在一五二〇年代隨著征服者一同來到這片土地，改變了當地精神信仰的面貌。儘管在許多地方的征服過程裡充滿了暴力，但讓當地人民改信天主教的過程並非都訴諸於強迫：傳教士是真心想向他們逐漸灌輸真正的信仰，所以認為強迫人們改宗教的做法是毫無價值的。即使許多印第安人自願改變信仰，卻也很難讓人相信他們會欣然接受以前的禮拜場所遭到破壞，但這就是西班牙人政策的主要關鍵所在。有一名天主教方濟會士在征服十年後寫下了一段話，吹噓著這新的墨西哥教會所取得的成就：

> 接受洗禮的男子已經超過二十五萬名、拆毀的神廟有五百多座，另外還拆除並焚毀了兩萬六千多個印第安人膜拜的惡魔塑像。

聳立在地圖上這片土地的，是聖巴巴拉和聖安娜這兩座教堂；其中有一座教堂顯然還是建造在被拆毀的土著神廟原址上。藝術史學家塞繆爾・埃哲頓（Samuel Edgerton）說明了他們的做法：

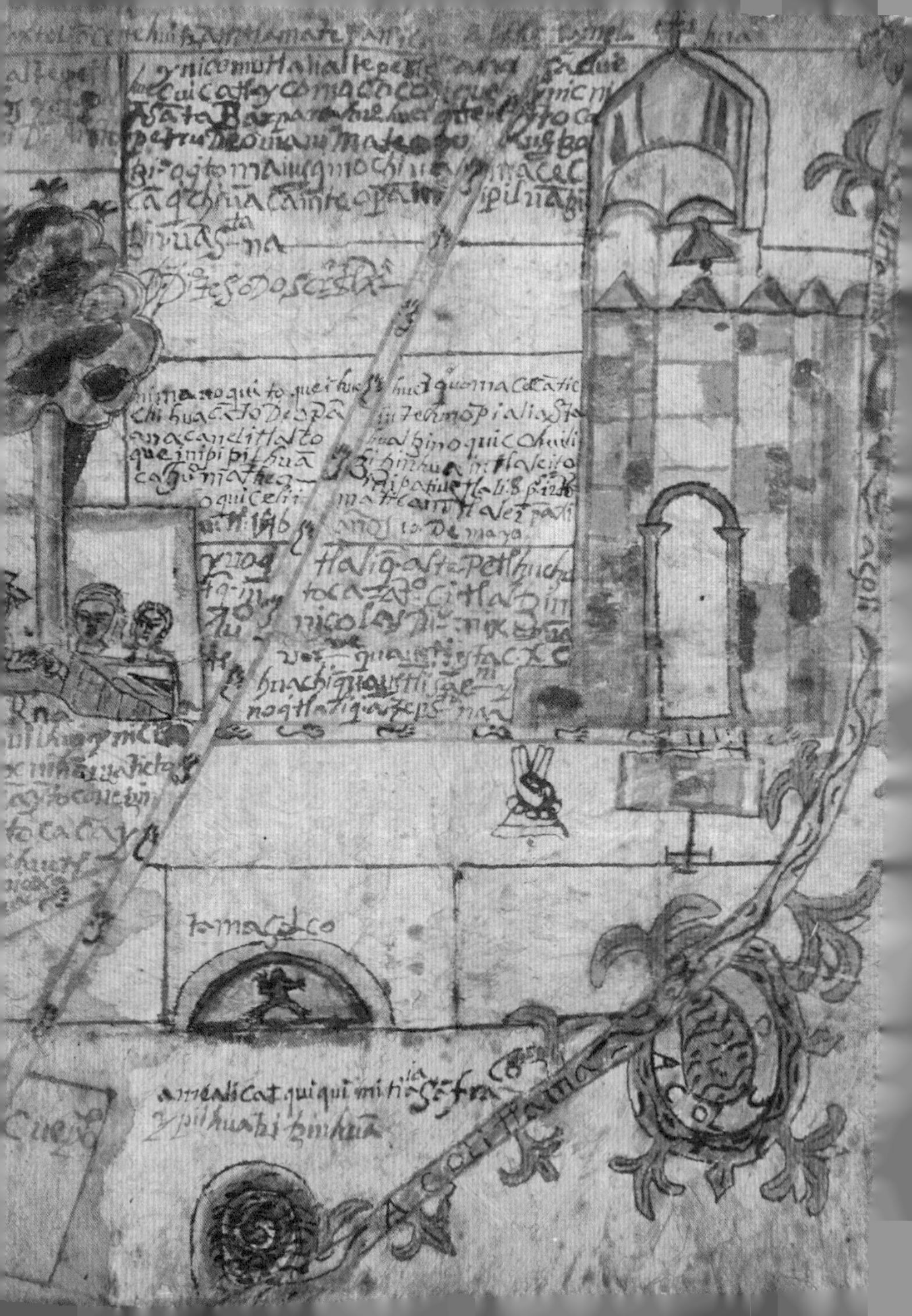
nicolas
10 de mayo

tlacaxip, maxixca pi...

Ytlax-tli

teclifechi

1.º paulista

nomochiua...

tlacopa

diego ... tololontzin mocoxo ... tzin

Sancho ...

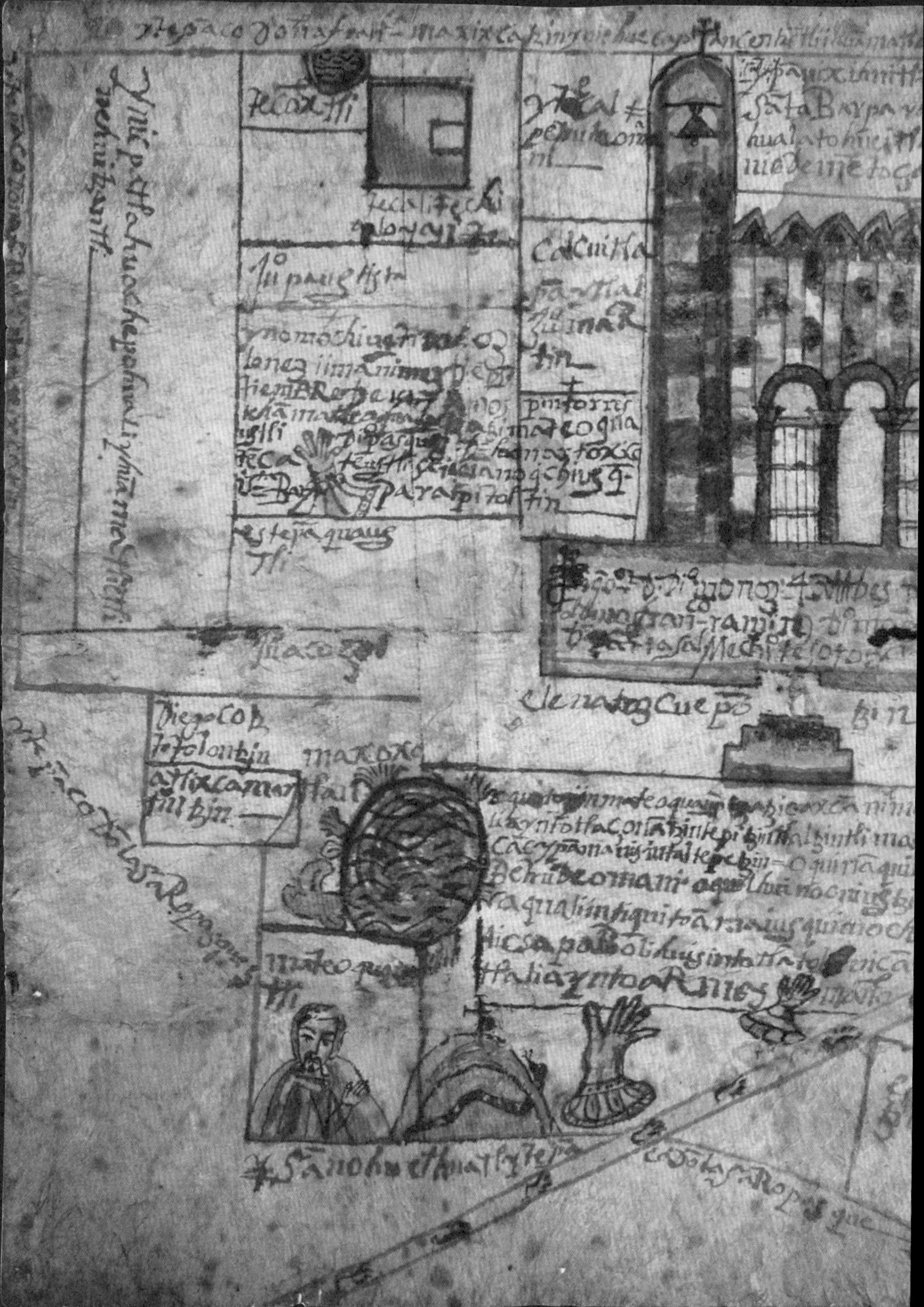

這些墨西哥的教堂都是建立在舊有異教徒神廟的平台上。這是個非常聰明的計謀，不會讓印第安人在新的教堂裡感到不自在，而這些教堂也還真的就蓋在舊的禮拜堂或神廟原址上頭。中央教堂的前方會有一個大的院落，也就是今天所說的房室（atrio）或天井（patio）。天主教傳教士把這種創新引進到墨西哥的教堂建築當中來，因為教堂在早先開始的時候往往都很狹小，無法容納被帶來這裡改宗皈依的所有印第安人。因此就只好讓他們站在這個大型的庭院裡，讓他們在這裡聆聽戶外禮拜堂的傳經講道——對於當時充當「改宗皈依場所」的教堂來說，這麼做要簡單容易得多。

地圖上的教堂——這些改宗皈依的場所——建築在現有的道路、河道和房屋的景觀當中。圖上書寫的姓名和地點，是用西班牙文混雜著當地的納瓦特爾語（Nahuatl）所寫成的：例如，聖巴巴拉教堂坐落在一個名為聖巴巴拉「達瑪索爾寇」（Tamasolco）的村莊裡。「達瑪索爾寇」的意思指的是「蟾蜍所在地」，幾乎可以確定是帶有基督教來臨之前的宗教意義，只不過現在亡佚掉了。藝術家還在地圖上畫了一隻蟾蜍，而這兩種宗教的傳統就共存在這麼個古怪的地名，「在蟾蜍所在地的聖巴巴拉」。

它們也清楚地持續存留在這些改宗皈依者的心裡面。我們從地圖上的一段題詞得知：「胡安・貝納伯（Juan Bernabe）對妻子說：『我的姐姐讓我們奉獻給後代子孫，讓我們種下成為我們回憶的柳樹。』」在這私人信仰如此情感流露的一瞥當中，即便胡安・貝納伯承襲了兩位基督宗教聖徒的名字，但顯然他仍然相信要獲得自己子女的救贖，並不是依靠在馬路那一頭的天主教教堂，或者，至少還得再加上透過本土傳統與自然界的親密交流才行。

這種「新西班牙」（New Spain）嬰兒，如侵略者這般稱之，和胡安・貝納伯一樣，在受洗的時候領洗基督徒的聖名，但卻又像胡安・貝納伯一樣，不必然就成為了虔敬的天主教徒。後來的改革者會鎮壓那些基督教來臨前的習俗和舊有的儀式——咒語、占卜以及配戴面具，都會被當成巫術或偶像崇拜而遭受處罰。然而還是有許多儀式，因土著種族十足頑強的特性而存留了下來。在現代最明顯的例子，也許就是基督宗教到來之前的敬拜祖先方式，已經和基督宗教的萬靈節（All Souls' Day）相互融合、變成了墨西哥獨有的亡靈節（Day of the Dead）慶典，至今仍然還十分盛大；每年的十一月二日，活著的人會用頭骨和穿上五顏六色服裝的骷髏、節慶歡鬧的音樂、特殊的供品和食物來紀念他們死去的親人——這樣的一個慶祝活動，起源於天主教徒的虔誠和本土印第安人的宗教習俗，而後者的影響甚至還來得更大一些。

在我們這張地圖裡出現的納瓦特爾語，勉強算是流傳了下來。根據一項西元二〇〇〇年所做的調查統計，只有百分之一・四九的人口還懂得這種語言。然而，墨西哥城的市長最近表示，他希望所有市府員工都來學習納瓦特爾語，一同努力來振興這種古老的語言。而事實上，有不少納瓦特爾語的詞彙早就流傳了下來——雖然也許只有少數人在講到「番茄／tomato」、「巧克力／chocolate」、或「鱷梨／avocado」的時候，知道自己使用的是納瓦特爾語的語彙。值得我們注意、但並不讓人奇怪的是，留存下來的納瓦特爾語裡找不到任何宗教方面的詞彙——傳教士的教誨已經把那些東西都處理掉了。

西班牙人的征服已經過去了五百個年頭，現在的墨西哥人愈來愈渴望恢復在西班牙人到來之

▲ 人群湧向瓜達盧佩聖母朝聖地。

前的過往，認為那才能代表自己民族的特性。但在信仰的領域裡，改宗皈依基督宗教的傳統仍然是勢不可擋、無法抗拒的。儘管在二十世紀曾經出現過盛大的共產主義反教權革命，但墨西哥出生的歷史學家費南多・塞萬提斯博士（Dr Fernando Cervantes）卻強調說，墨西哥和天主教信仰仍然有著千絲萬縷的關係：

在墨西哥有一種非常強烈的反宗教、反教權的民族主義意識型態，但這又讓人感到又愛又恨，因為，比方說，即使是最無神論的墨西哥人，也永遠不會否認他們有供奉瓜達盧佩聖母（Virgin of Guadalupe）。這就強烈而明顯表達出天主教底層基礎的影響力。你無法妄想著當個墨西哥人、但在某種意義上卻不是個天主教徒。因此我認為你所能看到的，就是早期福音傳道的威力有多麼的強大、以及到現在仍然威勢猶在的情況。

塞萬提斯博士所談論的一切，其實也就是這張小小的地圖呈現出墨西哥走向基督教化所發生的一切，完完全全都可以歸結到墨西哥城郊外的瓜達盧佩聖殿上。它現在僅次於梵蒂岡，是全世界第二多人造訪的天主教聖地。就在那裡、就在阿茲特克神廟的舊址之上，在西元一五三一年的十二月、西班牙征服後短短十幾年裡，聖母瑪利亞出現在一個年輕的阿茲特克人面前、西班牙人稱他為胡安・迭戈（Juan Diego）。她要這個年輕人相信她，並且奇蹟般地把自己的形象印在他的斗篷上。在胡安・迭戈見到聖母顯現的地方就蓋起了一座教堂，斗篷上的聖像創造了無數的奇蹟，於是就造成了許多人相信了天主。大量的人潮湧入瓜達盧佩。有很長一段時間，天主教的神職人員相當擔心，認為這其實是在阿茲特克神殿的舊址上持續崇拜著阿茲特克的女神；然而這兩種宗教傳統彼此結合的力量在幾個世紀以來，卻被證實是無法抗拒的。現在有這麼多遊客來到瓜達盧佩，以致於你得透過輸送帶才能移動到這個創造奇蹟的聖像面前。西元一七三七年，瓜達盧佩聖母被封為墨西哥的主保；西元二〇〇二年，教宗若望保祿二世（Pope John-Paul II）將胡安・迭戈這個莫泰佐馬治下出生的阿茲特克年輕人，封為天主教教會的聖徒。

▼沒有印刷術就沒有馬丁路德

85 宗教改革百年紀念大報

木版印刷，來自德國萊比錫；西元一六一七年；
高二十八・四公分、寬三十四・七公分。

這年頭打開收音機或翻開報紙，你很難不被一個又一個的周年紀念給狂轟濫炸——這個的一百周年、那個的兩百周年之類的。我們通俗歷史的書寫方式，似乎也愈來愈朝向百年紀念的方向靠攏，要有專書出版和展覽加持、T恤販售和特別紀念品的推出來狂熱的加以紀念。這種周年慶活動的習慣是打哪兒開始的呢？這個答案把我們帶到了十七世紀、為了宗教自由而進行著偉大抗爭的整個北歐地區。所有這些在現代所舉辦的百年紀念慶祝活動，最早似乎是出現在西元一六一七年、德意志的薩克森公國（Saxony）；它要紀念的是一件發生在離當時一百年之前的事件。據說在西元一五一七年，馬丁・路德（Martin Luther）抄起了一把錘子，把他的宗教宣言——〈九十五條論證〉（*Ninety-Five Theses*）——釘在一座教堂的門上；如此就引發了一場宗教風暴，後來就演變成為宗教改革。本章所要介紹的文物，是一幅一百周年的紀念海報、印刷在一張稱為「大報」的大型單張紙上，上面畫著路德先生的這個成名之舉。而且它並不單只是一項慶祝的活動，同時也代表了準備好要來奮力一戰的宣示。

ürdiger Traum / welchen der Hoch

aus sonderer Offenbarung Gottes / gleich jtzo für hundert Jahren /

gehabt / Als folgenden Tages D. Martin Luther seine Sprüche wider

jetzo jubilierenden Christen nützlich zu wissen / in dieser Figur eigentlich fürgebildet.

n LVther|Cchen IVbeLfest.

Göttlicher Schrifftmessiger / wolde

öbliche / Gottselige Churfürst Friederich zu Sachsen / 2c. der Weis

nemlich die Nacht für aller Heiligen Abend / 1517. zur Schweinitz dreymal n

Johann Tetzels Ablaßkrämerey / an der Schloßkirchenthür zu Wittenberg anges

GLeICh aM ersten reChten d

西元一六一七年、就在這份大報發行的時候，歐洲的基督新教徒正面臨著不確定和危險的未來。新的一年就在羅馬教宗的元旦公開祈禱儀式裡拉開了序幕，他呼籲基督徒要團結一致、共同消滅異端。而事實上，他其實是在召喚天主教教會武裝起來打擊宗教改革。在許多人來看，顯然一場可怕的宗教戰爭即將就要爆發。因應這樣的情勢，基督新教徒試圖找到一種凝聚支持者的方式來進行這場戰鬥，但他們又不像天主教教會、他們沒有一個中央管理機構來向信徒們發出指令。新教徒必須要能找到其他的方式來力挺他們的信念。他們堅信不移的是，宗教改革一向都是上帝對這世界規畫的一環、個人無需透過神職人員才能獲得上帝的悲憫、羅馬教會的腐敗已病入膏肓，而馬丁・路德的宗教改革基本上就是所有生靈的拯救之道。尤其重要的是，他們必須看清自身的過往，好讓所有的新教徒能從中獲得力量來面對可怕的未來。

在此之前，並沒有哪個特定的日期或時刻被明確訂定為宗教改革的開端。然而在薩克森的新教徒領導者卻很清楚知道，此時離西元一五一七年十月三十一日那個英雄史詩般的時刻恰好整整一百年；據傳當時馬丁・路德首度公開挑戰教宗的權威，在薩克森公國的威登堡教堂（Castle Church of Wittenberg）門口張貼了他的〈九十五條論證〉。所以，透過精湛的媒體操作手法，他們推出了現代意義上首次的一百周年紀念慶祝活動。於是所有令人熟悉、華麗炫耀的噱頭就這樣齊聚一堂：各種典禮儀式和遊行踩街、各式紀念商品、紀念章、繪畫、印刷的布道文章、以及「大報」——一個描繪了這個至關重要日子木雕版印刷，而新教徒就把它當成了踏上激進宗教之旅的第一步。

這張大報的版面構成相當的擁擠，但要傳達的訊息卻十分明確：在夢中，上帝向薩克森公國的選帝侯揭示了馬丁・路德的歷史性角色。我們看到了選帝侯正在睡夢當中。在他的下方，路德就著一道天上灑下的聖光來讀著《聖經》，而上帝也在天上遙遙地祝福著他。當路德抬起了頭，光線潑灑在他面前的頁面上：在這兒，經文就是上帝的話語，閱讀經文就是與上帝的交會——而且這一切都不是發生在教堂裡面。對新教徒來說，這是個再簡單也不過的聲明，說明了閱讀《聖經》是信仰的基礎；而這樣的基礎還得要歸功於印刷術這種新技術，讓這時的所有信徒都能夠在自己家中讀經。

這份大報生產於萊比錫，這裡在西元一六一七年是歐洲印刷業的中心。誠如宗教歷史學家凱倫・阿姆斯壯所描述的，當時在北歐的整個宗教模式，都已經被閱讀上帝話語這種新的重點給改變了：

> 在這幅圖片裡，顯然是非常偏重於書寫的文字。在此之前，宗教確實一向都關注於傾聽語言之外的事物。人們原本不會思索太多文字、概念或論證方面的東西，而是比較關注畫像、肖像、音樂和活動方面的事物。現在，由於印刷術的發明，幫助路德傳播他的思想，使得一切都將變得更加傾向於文字。那對西方宗教就無異於瘟疫一般，因為我們現在都永久深陷於文字的世界當中。印刷術讓人們第一次擁有自己的《聖經》，而這也就意味著他們會用完全不同於以往的方式來讀經。

倘若沒有了印刷術，那麼宗教改革很可能也就撐不下去了。在這份大報裡結合了文字和插圖的版面，顯示出除了文字、圖像還是相當重要的。十七世紀的歐洲仍是文盲居多——即使在城市裡，也只有不到三分之一的人識字——所以，附有圖像和一兩個關鍵字的印刷品，就成了最有效的大眾傳播工具。即使在今天，我們也都知道一幅畫得好的諷刺漫畫，在公開辯論的場合裡會有多麼的要命。

在這幅版畫的前方顯示了路德在教堂的門上題字、用的是世界上最大支的鵝毛筆、寫的文字是「關於贖罪券」（Vom Ablaß）——這是他對天主教會出售贖罪券的做法，所寫下充滿敵意攻擊的標題；教廷的這套做法，讓人們在有生之年支付金錢給教會、以換取縮短死後靈魂落入煉獄的時間。贖罪券的銷售助長了德意志反對教宗的情緒。路德的鵝毛筆延伸過版畫一半的版面——來到了一座有城牆的城市、挺用心地標記著羅馬的名稱，直接穿過了一頭蹲在城頭上、標記著教宗良十世名號的獅子腦袋。好像嫌這麼做還不夠，鵝毛筆接著還敲下了以人形之姿出現的教宗頭上所戴的冠冕。從來就沒有哪支筆能夠比這一支筆更具有威力。所傳遞的訊息儘管粗糙無禮，但卻十分的清楚——路德，受到讀經的啟發，用他筆的力量摧毀了羅馬教宗的權威。

像這樣子的木版印刷品，是最早的大眾傳播媒介——在發行數萬份的情況下，每一份的成本只有幾分錢——只需花上兩根香腸或幾品脫麥芽啤酒的代價就能取得。諷刺版畫會被張貼在旅店和市場這些地方，然後被人們廣泛的加以討論。從任何角度來看，這都是一種大眾藝術，相當於通俗八卦小報或時事諷刺雜誌，像是《私家偵探》（*Private Eye*）。我們請教了《私家偵探》的編輯，伊恩・希斯洛普（Ian Hislop），請他發表一些看法：

這份大報編輯所做的，正好是你所期望的那樣。他追捧他設定的英雄，把敵人給妖魔化、把他變成畜牲，然後再把他變成一個可笑的角色、表情茫然的蠢蛋、連帽子都讓人給打掉了。在那支筆的四周有許多筆尖分離出來，所以也讓每個人都能擁有一支筆——這和書寫有關、和文字有關、而且更和印刷術息息相關，因為此時《聖經》已經可以印刷出版，而且我們也看到了自己和天國更接近了，而上帝的話語就從天上直接降臨到書上。

所以，不會有礙事兒的神職人員、教宗以及任何東西，阻礙你和上帝話語的直接交流。我喜歡它的原因是，這就像是在讀一本雜誌，上面有很大張的照片、有明顯卡通式的笑話，然後到處都有照片說明，讓你絕對不會錯過任何東西。我的德文能力並沒有好到讓我看懂很多笑話，但是看著它，我就是能夠讓自己投入其中。我想像著這裡有人會說：「所有來到這裡的人都放棄了教宗」，或者路德用他的筆寫到「這是上帝的鵝毛筆」，還是許多嚴謹的天主教徒會說：「是啊，可是你的詮釋角度太傾向於路德的觀點了」。其實我希望笑話的表現要能比那個更好，但這張圖片要說明些什麼，顯然表達的相當清楚，而且我認為它做得相當的棒。

這份大報的發行對象明顯是針對廣泛的大眾，但它卻預設了一個特定的讀者：薩克森公國的選帝侯。如果宗教上的歧見將導致戰爭的爆發，那麼新教唯有在諸侯擁護者為捍衛它而戰的情況下才有一線生機。西元一六一七年的薩克森公國選帝侯，必須要能像他西元一五一七年的前輩同樣的果敢堅決，而所有其他日耳曼的新教統治者也應當如此才行。

戰爭在隔年、西元一六一八年就爆發了，讓中歐在接下來三十年的時間裡飽受摧殘蹂躪。到了西元一六四八年，筋疲力竭的雙方都體認到，這是一場沒有贏家的競賽。三十年戰爭的流血虐殺迫使勉強參戰的人認清了一個事實：長遠和平的唯一基礎，就是信奉天主教和新教的國家之間要能存有務實的寬容與法律的平等。

我在這本書的這個部分裡一直在探尋，想找出在整個十七世紀裡，這些迥然不同的社群是如何來處理宗教多樣性所產生的政治後果——新教和天主教、遜尼派和什葉派、印度教和穆斯林。薩非王朝的伊朗和蒙兀兒帝國的印度都多少設法做到了和平共容。基督宗教的歐洲卻在戰爭中向下沈淪。然而在一六八〇年代，英國哲學家約翰・洛克（John Locke）在他寫給友人的信〈論宗教寬容〉（*Letter Concerning Toleration*）裡主張，即使在歐洲也可能會有最終的快樂結局：

> 寬容那些在宗教事物上持有不同意見的人，是相當合乎〈福音書〉和理性思維的做法，所以若人們無視於這麼清晰的一盞明燈，似乎是相當駭人聽聞的。

這一個信念是人們在付出了高昂而血腥的代價之後才換來的，說明了殊途也可以同歸的真理，也改變了歐洲的知識和政治生活方式。所以在西元一七一七年，適逢路德在教堂門口張貼他的論證二百周年紀念到來、新的大報又被人印行問世的時候，整個歐洲大陸已經穩穩的走在和宗教改革一樣深刻的改革道路上；從許多方面來說，這就是宗教改革所帶來的結果——啟蒙運動（Enlightenment）。

第18篇

探索、剝削與啟蒙

西元一六八〇年～一八二〇年

歐洲啟蒙運動（西元一六八〇年—西元一八二〇年）是一個科學知識與哲學思想蓬勃發展的時代。雖然經常——也理所當然地——讓人把它與理性、自由和進步聯想在一起，但是啟蒙運動時期也是歐洲帝國的擴張時期，當時跨越大西洋的奴隸貿易正處在高峰。航海學方面的重大進展，讓歐洲的水手得以對太平洋進行更深入的探索，而且夏威夷和澳洲的土著文化也首次和世界其他的地區產生了連結。對話和交流、問題叢生的交易和誤解、直接了當的衝突……這些歐洲人和其他洲的人在世界各地彼此遭遇所發生的狀況，往往寫下令人憂心忡忡的歷史，因為這樣的故事，到頭來多半都以種族的鎮壓和社會的分裂來收場。然而，歐洲並非世界上唯一成功獲得經濟發展的地區：在清朝治下的中國，被許多歐洲人認為是歷史上治理帝國的最佳典範，並且也正享用著自家啟蒙運動所帶來的豐碩成果。

▼不只是樂器，更是武器

86 阿坎族的鼓

鼓，製作於西非；發現於美國維吉尼亞州；西元一七〇〇年—西元一七五〇年；高四十一公分、寬二十八公分。

爵士樂的真正精神是一種歡欣愉悅的反叛，反對一切常規、習俗、權威、無聊，乃至於悲傷——反對限制人類靈魂、反對阻礙靈魂自在翱翔的一切。

這段話是美國黑人歷史學家，J. A. 羅傑斯（J. A. Rogers）在一九二〇年代寫下他對爵士樂本質的看法——這是種自由與反叛的音樂，其根源可以回溯到非洲和美洲之間在十八世紀進行著奴隸貿易的可怕年代，當時的鼓就和奴隸一起被人從非洲帶到了美洲，而音樂使得那些遭受奴役和流離失所的人們還能夠發聲、還可以串連不同的社群、並且提供了一種最終將能跨越洲際藩籬的共同語言。像我們手邊這種鼓，在主宰了整個二十世紀的非裔美洲音樂傳統裡，絕對是獨占鰲頭的地位。從這裡發軔的偉大音樂風格，藍調和爵士樂只不過是其中的兩種而已——這是一種展現淒美遺憾、活躍歡愉、或逆命而行的音樂——一種自由奔放的音樂。

這是大英博物館最早典藏的非裔美洲文物。從這個鼓本身——製作於非洲、被帶到美洲、再被送到英國——和其他與它一樣的文物身上，我們可以找回這歷史上最大規模強迫移民的一些故事。這些無依無靠的人們被嚴禁攜帶任何隨身的物品——但他們還是帶著銘記在腦海裡的固有音樂，而且還有一兩件樂器也一起被裝到了船上。隨著他們一起登場的，就是非裔美洲音樂的出現。任教於普林斯頓大學的夸彌・安東尼・艾皮亞（Kwame Anthony Appiah）就評論道：

> 這些鼓對於生活來說是很重要的，如果你能帶著一面鼓一同前往新大陸，這會是一種能讓你帶在身邊的回憶來源，而這會是身受奴役的人們想要緊緊握住不放的。

大英博物館第一次敞開大門是在西元一七五三年，當時歐洲與世界其他地區的交往——啟蒙運動下的企業集結了世界上所有的知識——正方興未艾、如火如荼的進行著。大英開館時的收藏主要來自漢斯・史隆爵士（Sir Hans Sloane）的遺產贈予；他是一位興趣十分廣泛的愛爾蘭裔醫生，收藏品涵蓋了來自世界各地的科學儀器、植物標本和材料、動物標本和各式各樣饒富趣味的人造物品。這一面鼓就是他的收藏品，大約在西元一七三〇年收購於維吉尼亞州，在十八世紀的時候被認為是一面美洲印第安人的鼓。這樣鑑定出來的身分一直維持到了西元一九〇六年，當時大英館方有一位管理人員認為它不可能會是這麼一個身分：它看起來更像是一面西非的鼓。過了很久以後，邱園（Kew Gardens；英國皇家植物園）和大英博物館的同仁藉由科學的檢證手段，證實了他的直覺。我們現在知道，這一面鼓的主體是用常見於西非的非洲破布木（Cordia africana），其他的部分——弦軸和索腱——也是用當地的木材和植物所做成的。這無疑就是一面西非的鼓，到了西元一七三〇年已經從西非遠渡重洋來到了維吉尼亞州。

西元一六一九年，最早一批非洲奴隸抵達了英國殖民的北美洲，他們乘著歐洲人擁有的船舶被帶到了美洲的各個殖民地，為不斷擴張的大農場提供所需的勞動力。他們一開始的工作是種植製糖的甘蔗和稻米，後來也栽種菸草，最後、也最廣為人知的就是種棉花。到一七〇〇年代初期，奴隸販賣的交易已經成為歐洲海上強國和西非統治者之間最有利可圖的行當。總的來說，大約有一千兩百萬名非洲人被從非洲運往美洲，雙方——歐洲和非洲——參與這個買賣的都是利益均霑。夸彌・安東尼・艾皮亞本人就繼承了這兩方的血緣。

我總愛告訴別人，我的父母都擁有奴隸販子的血緣：我有些英國和迦納的祖先都參與了奴隸貿易。你必須明白的是，這是一種交易的關係——隨著這種生意的發展，到了十八世紀，像我生長的迦納阿散蒂（Asante）地區、還有這一面鼓發源的地方，都已經非常依賴奴隸貿易。他們外出四處開戰、俘虜大批的人口、把他們運往海邊、拿他們來交換歐洲的商品，其中也包括了槍支，好讓他們可以進行更多的戰爭。

這一面鼓來自阿坎族（Akan）這個建立了阿散蒂和芳蒂（Fante）王國的族群，可能使用於宮廷之上、也許是鼓樂隊當中的一件樂器——音樂和舞蹈是他們典禮儀式和社會生活的基本要素。

我們假設這面鼓被人帶到了一艘奴隸船上——但這個人並不是個奴隸，奴隸不可能帶什麼自己的東西。它也許是個送給船長的禮物、也許是酋長的兒子帶上船的——我們知道，他們有時也會和奴隸販子一起搭船前往美洲，那是他們養成教育的一環。在船上，這一面鼓和演奏音樂同樂的歡愉幾乎完全沾不上邊。像這樣子的鼓，是被用在人稱「舞動奴隸」的荒誕場合裡：

> 只要一載滿（奴隸），船隻就會立即啟航；這些可憐的苦命人，在土地仍然遙遙無望之際，就陷入了疾病和死亡的境地……唯一能夠確保他們撐得下去的手段就是找些樂器來演奏給他們聽，儘管這手段是這麼的低劣、動機是如此的卑鄙。

奴隸們被帶到甲板、被強迫隨著鼓聲的節奏起舞，好讓他們能保持健康、對抗憂鬱症狀，因為運奴船的船長深知，那是會導致自殺、或大規模暴動的元兇。一旦抵達了美洲的殖民拓墾園地，奴隸們被允許使用這種鼓樂器、並可以演奏音樂自娛。但沒多久之後，奴隸主對這種鼓樂就感到相當焦慮，因為它再度被用來進行共同的交流，非但無法制止暴動、反倒還助長了暴亂的氣燄。西元一七三九年，這些非洲鼓甚至還在南卡羅來納州爆發的奴隸武裝動亂當中被當成戰鬥的號令。這使得殖民地立法禁止了這些非洲鼓，把它們歸類到武器一類的物品當中。

把這面鼓帶到倫敦的漢斯・史隆，本人就是牙買加當地的一位奴隸主，並且還是首批出版奴隸音樂抄本的人。史隆同時也介紹了奴隸的樂器，並且解釋了牙買加當局為何最後要來禁止這些樂器：

> 奴隸以往在節慶時被允許任意演奏小喇叭、使用以空心樹幹做成的鼓……但這些樂器在他

們非洲的家鄉是用在戰爭的場合，被認為太容易煽動他們引起暴亂，所以就被島上的海關給禁止了。

這一面阿坎族的鼓是史隆在一七〇〇年代初期收藏，有可能是殖民拓墾地幾次禁令實施的過程裡給沒收的。它稍高於四十公分，木製的鼓身雕刻了許多的圖案，下方是一個窄窄的腳座。饒富趣味的是，鼓身上的蒙皮用的是鹿皮、幾乎可以確定就是來自北美洲產的鹿，極有可能是與當地印第安人交易時所收購而來的。非裔美洲人和本土美洲人在十八世紀的複雜關係經常被人忽

然而他們彼此的交流卻十分頻繁，甚至還包括通婚。有些印第安人也擁有自己的奴隸——本和非洲裔的都有。這是個並不常被提到的歷史事實，但卻讓這件文物本身在十八世紀被當成第安人鼓」這種揣測有所本。

這一面鼓的故事，就是一個全球位移置換的故事：被奴役的非洲人被運到了美洲；印第安人被殖民拓墾地逼迫而向西遷移；這面鼓本身被人從非洲帶到了維吉尼亞，最後輾轉來到了倫敦。而且這個過程裡還發生了一件最為非比尋常的事情——就像這一面鼓一樣，奴隸的孩子們現在也來到英國。許多曾經參與過這一切奴隸貿易的人——英國人、西非人和非裔加勒比海人——他們的後裔現在都共同生活在同一個國際大都會裡。這一面阿坎族的鼓，已經成為二十一世紀倫敦人的一種典型。波妮・葛里爾（Bonnie Greer）是現居倫敦的非裔美籍劇作家、同時也是大英博物館理事會成員與副主席，她解釋：

這面鼓對我來說，本身就像是一段航程。我渡過了大西洋來到了此地，而那一面鼓同樣也是。因此對我而言，它就代表了我祖先的旅程。同時它也代表了許許多多黑人英國公民的祖先。

身為非洲人後裔、同時也擁有美國原住民的血統……這兩條脈絡代表了我自己、許多的非裔美國人、許多來自加勒比海地區的人……而且我一直告訴別人，對我們這些被迫離開自己熟悉環境的人來說，這些文物值得注意的地方就在於，它們總是伴隨著我們一同闖蕩。而且我們成為了什麼、它們其實也就變成了什麼，它們陪伴著我們在此生活、在此茁壯成長。因為我們屬於這件文物的一部分、而這件文物也是我們的一部分，所以它能出現這裡真是件再好也不過的事了。

這一面鼓記錄了許多對話。我們的下一件文物所記錄的不是對話，恰恰是一場誤會。它來自世界的彼端、是詹姆斯・庫克船長（Captain James Cook）的收藏品。它不能發出任何的聲音，但卻能極具說服力地見證不同文化之間的衝突。

用意不明的貴重禮物

87 夏威夷羽飾頭盔

羽飾頭盔，來自美國夏威夷；西元一七〇〇年—西元一八〇〇年；
高三十七公分、寬十五公分、長三十公分。

西元一七七八年，太平洋上「果決號」（HMS Resolution）上的探險家庫克船長尋找著西北航道（North-West Passage），希望能在加拿大北方找到一條連接大西洋和太平洋的海路。儘管沒能找到西北航道，他卻重新繪製了太平洋的海圖。他繪製了各個海岸線和諸多的島嶼，並且採集了許多植物和動物的標本。

那年年底，他和船員在夏威夷登岸，西元一七七九年初又再次返回此地。我們根本無法想像這些島民如何看待這些歐洲水手，因為這是五百多年來第一次有外來者來到了夏威夷。且不管夏威夷人以為庫克是誰、或擁有什麼身分，他們的國王都為他獻上了華麗的禮物，其中就包含了這種酋長的頭盔——用黃色和紅色羽毛製作而成的稀有貴重物品。庫克認為這是一位統治者向另一位統治者致敬的表示、顯然是一種榮耀的象徵。然而就在幾個星期之後，庫克卻被送給他頭盔的同一批人給殺死了，肯定是發生了很嚴重的事情。

這是一頂當時送給庫克和他船員的羽飾頭盔，在如今來看卻是個生動的象徵，呈現出當時

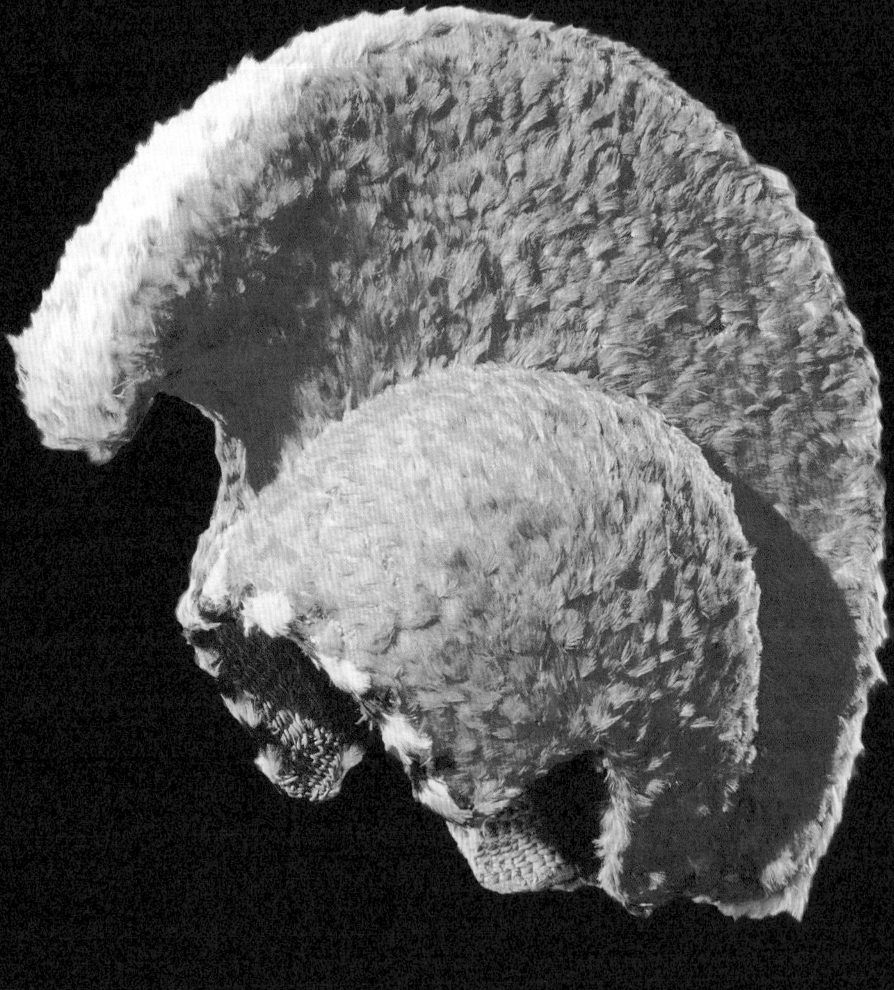

歐洲人在與世界各地的人們接觸時所帶來的那種致命的誤解。我在開始講述這套世界歷史的時候曾經講過，在我們共同人性的基礎上，有些物品往往能夠讓我們彼此結合、而不是讓我們產生隔閡，但有時看到一些文物時，我不是那麼確定這件事情。我們是否真的能夠理解，一個完全不同的社會對這個世界有著何種的想像、對自己本身有著什麼樣的布置與安排呢？我們能否找出詞彙來描述自己從來都不知道的概念呢？

在十八世紀，歐洲的探險家、尤其是庫克，都開始著手對海洋進行精確的測繪與製圖——特別是巨大而未知的太平洋。在偉大的埃及收藏品抵達大英博物館之前（見第一章），這件來自庫克從南海航行中所取回的頭盔一直都是大家爭相目睹的文物——彷如從它身上就能夠瞥見一個嶄新的不同世界。它是如此的精緻，那覆蓋在上面的紅色、黃色和黑色的羽毛，彷若稍有動作就會脫落下來似的；這頂夏威夷羽飾頭盔，絕對是件一流的展覽品。它像古希臘的頭盔一樣相當貼合頭型，但在中央還有一個從前方延伸到後面、又厚又高的羽冠——像是個北美原住民摩希根人（Mohican）的雞冠頭髮型。在羽冠的頂部有著黃紅交替的行列，頭盔的兩側和本體呈猩紅色，而且前緣還滾上了一條細細的黑黃鑲邊。整個頭盔的色彩顯得十分生動而耀眼，帶上頭盔馬上就能讓人有鶴立雞群的感覺。紅色羽毛取自夏威夷蜜旋木雀種的鐮嘴管舌雀，黃色羽毛來自全身黑羽、但也有些黃色羽毛的吸蜜鳥。人們捉住了這些小鳥，拔下牠們的羽毛，再把牠們放掉或殺掉。然後這些羽毛再被煞費苦心的沾黏到一個纖維網塑造成的枝條編結框架上。夏威夷人能夠動用的最珍貴原料就是羽毛；這相當於墨西哥人的綠松石、中國人的玉石，或歐洲人的黃金。

這個頭盔在各方面來看都能配得上國王的身分，而且它可能就屬於夏威夷島的總酋長所有；

這座島嶼顯然是夏威夷群島最大的一座，距離美洲大陸約有三千六百公里。玻里尼西亞人在西元八百年左右就已經在群島上定居，而這偉大的遠洋擴張也使得一部分的人就落戶在復活節島和紐西蘭。從西元一二〇〇年到西元一七〇〇年左右的這段時間裡，他們似乎過著與世隔絕的生活，庫克是五百多年來第一位到訪的陌生人。然而他所感受到的訝異，恐怕還沒有島民來得大。在遺世獨立的過程裡，夏威夷人也發展出自己的社會結構、風俗習慣、農業和工藝技能；儘管從表面看來極其陌生、充滿異國情調，但在歐洲人看來卻自有其道理。人類學家、同時也是玻里尼西亞文化專家的尼可拉斯・多瑪斯（Nicholas Thomas）就解釋說：

當庫克來到玻里尼西亞群島的時候，他遇到了這些讓歐洲人大為震驚的社群，因為他們本身擁有複雜的社會結構……特別是在夏威夷已經出現了一些令人驚奇的王國，不僅涵蓋了所有的島嶼、同時在不同島嶼之間也交織出複雜的貿易關係。他們所邂逅的這些社會，複雜而充滿動態、擁有在各方面令歐洲人留下深刻印象的美學與文化形式……這樣的文化習俗，怎麼會存在於距離偉大的古典文明中心如此遙遠的地方呢？

從許多方面來看，它似乎和十八世紀的歐洲並沒有什麼兩樣。為數眾多的人口接受酋長家族和祭司這種菁英階層的統治。在這些家族之下是各種專業人士——工匠師傅和建築工人、歌手和舞者、系譜學者和治療師——供養他們的則是從事養殖和捕撈的一般人民。製作這頂羽飾頭盔的人應該是個專業的工匠。來自夏威夷茂宜島（Maui）的凱爾・納卡那魯瓦（Kyle Nakanelua）曾仔細檢查過這頂頭盔：

如果你算一下，一次從一隻鳥的身上可以採下四支羽毛，而頭盔看起來大約需要一萬支羽毛，你就知道自己需要抓多少隻鳥。在一段特定的時間裡，這個酋長會找一批擁有採集、分類和照顧這些羽毛的專職家僕來做這些事情，然後再把它們製作成這些類型的產品。所以你在談論的就是某個地方的某個行業，有一百五十人到兩百人專門來負責採集、儲存和製造；很有可能他們世世代代都在採集這些羽毛，然後再把它們組裝成這樣的物品。

酋長在與神靈進行接觸交流時會戴上羽飾頭盔、披上斗篷——例如，在獻祭供品以祈求作物豐收、祈求避免飢荒或疾病之類的災害、或在開戰之前祈求神靈的寬慰。這種裝飾著羽毛的服裝，作用就等同於中世紀騎士的巨大頭盔和盾徽——酋長穿著十分顯眼的祭典儀式服裝，帶領子民殺向戰場。最重要的是，這些服裝讓人能夠得到接近神靈的機會。用鳥類的羽毛製作而成，這些服裝本身就代表了心靈上的信使、象徵了行走於天地之間的神明顯靈，讓穿戴這些服裝的人擁有超自然力量的庇護和神聖的力量。對此，尼可拉斯·多瑪斯再次解釋說：

羽毛之所以特別神聖，並不僅因為它們很漂亮、或很能吸引力人，而是因為它們和神性有所關連。各種傳說經常提到，神靈在出生時，渾身是血的包裹在羽毛當中、全身溼淋淋的；從某種意義上來說，祂們還挾帶著神力、以及與另一個世界的聯繫，尤其是祂們降世時還有黃、紅神聖色彩的環抱。

庫克對於這些想法並不陌生。當然，英國國王出生時並沒有全身覆蓋著羽毛，但他們就是受膏者、是身上塗過聖油的君王；他們穿著精心製作的儀式長袍，在以鳥類象徵聖靈（Holy Spirit）的膜拜儀式裡擔負起祭司的角色。庫克似乎已經在心裡就把這個社會「解讀」成與自己的社會一樣，兩者沒有什麼差別。但是他並沒有掌握到夏威夷人對於神靈存有一種相當特別的概念，到處充斥著可怕的忌諱。「禁忌／taboo」這個詞彙就是源自玻里尼西亞的語言，與神聖和致命的意思相互輝映。

庫克在西元一七七九年回到夏威夷時，正好趕上祭拜和平與豐收之神拉農（Lono）的節慶時節。他獲得了大酋長的熱烈款待——他們為他披上大紅色的羽毛披風、在他頭上戴上了頭盔。換句話說，他受到的待遇就如同擁有神格的偉大酋長一般。他在島上平靜的過了一個月，整修船隻、並且精確測量了島上的經度和緯度。然後他離開繼續向北航行，但在一個月之後，一場突如其來的風暴迫使他回到夏威夷。但這一次的情況卻是大大的不同。此時是祭拜戰爭之神酷（Ku）的季節；當地群眾對他們的熱情大幅下滑，而且和庫克的船員之間爆發了一些衝突事件，包括從庫克的船隊竊取了一艘小船。庫克打算利用自己以前用過的策略——他決定邀請酋長上船、扣住他作為人質，直到遺失的物品歸還回來才放人。但當他和酋長走在基亞拉凱庫亞灣（Kealakekua Bay）的沙灘上時，酋長的人馬有所警覺、發出警報，而庫克就在隨後的混戰中被亂棍打死。

為什麼會發生這樣的事情？有些人揣測，難道是夏威夷人先是把庫克奉若神明，但後來發現他只是人類而已？我們永遠找不到答案，而庫克死亡的情節也已經成為人類學上對於誤解的研究教材了。

這些島嶼也因為庫克的到訪而永遠地改變了。歐洲和美洲的商人帶來致命的疾病，傳教士也改變了島上的文化。夏威夷始終沒有被歐洲人殖民過，反倒是當地的酋長利用了從庫克到訪以後所展開的接觸，建立起一個國祚延續了一個多世紀的獨立夏威夷王國，直到西元一八九八年遭到美國吞併才告終止。

我在開始講述這一章的時候心裡就想著，要想了解一個完全不同的社會到底可以做到什麼程度？而這就是令十八世紀這些過往行旅的人費盡心力的難題。大衛・山威爾（David Samwell）是庫克船隊當中的「發現號」（HMS Discovery）隨船外科醫師，在深沉思索了這些與其他世界溝通交流而產生的問題之後，以令人稱道的謙遜態度寫下了他的觀察：

> 即便我們置入符號與文字，好讓我們能明白其中含意的這些句法關係，其實並找不到多少關連，而且只有極少部分、充其量能帶給我們他們可能想表達意義的臆測。

這是個不大篤定但有益的提醒，現在我們無法確切地知道，像羽飾頭盔這樣的物品對一七七〇年代的夏威夷人究竟代表了何種意義，但可以清楚知道，如同尼可拉斯・多瑪斯所解釋的，它們對二十一世紀的夏威夷人來說，正逐漸展現出新的時代意義：

這是大洋洲藝術傳統的一種表現形式，但它同時也表達了一種彼此交流的特定時刻，點出了一段充滿創傷的歷史，在某些方面仍然還未能揭露出來。夏威夷人仍然堅定申明自己的主權，並試圖要在世界上建立起一個不一樣的生活空間。

而對於像來自歐胡島（Oahu）的卡侯羅庫拉（Kaholokula）這樣的夏威夷人來說，在非常特別的政治辯論當中，這些羽毛裝飾的物品自然有著它們的地位：

對當代夏威夷人來說，這代表了我們所失去的，也象徵著我們可以重新贏回的一切。它代表我們的酋長，也象徵我們失去的領導地位、我們失去的民族、以及夏威夷人的損失。但它同時也在我們尋求自美國獨立出來建國的時候，鼓勵我們迎向未來、重建我們的國家。

88 北美鹿皮地圖

獸皮上繪製的地圖，來自美國中西部；西元一七七四年—西元一七七五年；高一百二十六公分、寬一百公分。

十八世紀中葉，有一名頗有哲思的中國遊客來到倫敦，對英國與法國這個隔著英吉利海峽遙望的鄰國之間的激烈對抗——如此歡鬧、尖刻、又充滿了血腥的競爭態勢——做了一番評論：

英國人和法國人似乎都把自己當成是歐洲一流國家裡最重要的。儘管僅僅隔著一片狹窄的海域，他們卻擁有完全相反的性格；而且他們從彼此的周圍地區學會了相互畏懼和惺惺相惜。目前兩造正陷入一場毀滅性的戰爭，早已血流成河；而這一切，全都是因為其中一方想要比另一方穿戴更多的皮草。

這場戰爭的託辭講的是關於一些在一千里格（league，長度單位，約等於四・八二公里）以外的土地；這是個寒冷、荒無人煙、令人生畏的國度：這個國度屬於一個自亙古以來就擁有它的種族。

這名中國遊客其實是一個虛構的小說角色，是諷刺作家奧利佛·高德史密斯（Oliver Goldsmith）在出版於西元一七六二年的《世界公民》（*The Citizen of the World*）一書裡，所創造出來的後期版「格列佛」（出版於西元一七三五年的《格列佛遊記》主人翁）；這本小說主要是想讓英國人明白他們自己的行為，在世上其他地區人們眼裡看來，是多麼的荒謬可笑。這場戰爭就是英國和法國之間的七年戰爭（Seven Years War）；引起這場曠日廢時持久戰的原因源自貿易和領地的爭奪，戰事波及了歐洲與亞洲、非洲和美洲。而那一片「令人生畏的國度」，指的就是加拿大。高德史密斯清楚地指出，英國和法國掠奪了合法居民的土地，先以探索勘測為名、再行利用剝削之實。

戰火從加拿大向南延燒，而這張畫在鹿皮上的地圖所顯示的是英國人奪下了法國人的堡壘防線後所進駐的地區；這個區域從五大湖區延伸到密西西比河，最南抵達了聖路易（St Louis）。這張地圖是西元一七七四年左右由一名美洲原住民繪製而成——用高德史密斯的話來講，也就是自「亙古以來」就擁有這片土地的種族——並且對於從西元一七六三年、英國人將法國人的勢力驅離了北美洲，到西元一七七六年爆發了美國獨立戰爭（American War of Independence）的這十三年的時間，提供了一種深刻的洞察與理解。

七年戰爭讓英國政府控制了既有英國殖民地以西的大片土地，從五大湖區一直到密西西比河一帶。這就是地圖上所顯示的區域。但是即便法國人已經離開了，此時的英國殖民官員還是得苦苦應付著自己的同胞。英國的殖民開墾者熱切地想往西方遷移、已經與美洲原住民領袖達成了一些令人不安的協議，同時他們也與當地的部落進行非法的土地交易談判——為日後的衝突埋下了伏筆。這張地圖就是為了這些交易而製作的。它不僅讓我們看到了不同世界彼此的相逢，也讓我們了解對世界的不同想像方式。這些討論中的已開發區邊緣地帶的土地，代表了這兩種文化在觀念上、精神上和社會上對於生存方式的邊界畫分，也有所不同。對歐洲人來說，地圖的測繪是一種重要的控制手段——一部分是知識的控制、限制了對於世界知識的追求，一部分則是軍事武力的控制。但是對於美洲原住民來說，地圖測繪卻完全不是那麼一回事兒。

這張地圖差不多有一百公分乘上一百二十六公分見方，而且形狀就是畫著圖的鹿皮那個樣子。這頭鹿本身似乎就很有存在感，因為我們可以清楚看出牠的死因：鹿皮上有從右肩貫穿到後方的左側腹部的毛瑟槍彈孔，幾乎肯定是射穿了心臟。這頭鹿是被一位頂尖的槍手所擊殺，這個人無疑是個狩獵好手。現在畫在鹿皮上的這幅地圖只剩下依稀可見的痕跡，但如果拿它來和現代地圖相互比較的話，那我們就可以看到自己正鳥瞰著俄亥俄河與密西西比河交匯處所形成的廣大流域面積，這是個面積超過四萬平方英里、在河流之間所形成的V字形區域。我們正好位在密西根湖的下方，就是在即將成為伊利諾伊州、印第安納州和密蘇里州的這片地方。

這一帶也正好就是在西元一七六三年之後，英國的拓墾公司想要開發利用的地區，而這份地圖就是入侵殖民者和美洲原住民之間，彼此眾多對話當中的一份記錄。在地圖靠中央的地方寫著一句「皮安吉許瓦人售出」（Piankishwa sold）。

皮安吉許瓦人（Piankishwa／Pinkashaw）是一個美洲原住民的部落，居住的地區涵蓋了現在的印第安納州和俄亥俄州。這份地圖可能是替沃巴什地產公司（Wabash Land Company）製作的，成立這家公司的目的，就是打算在西元一七七四至七五年間從皮安吉許瓦人手中買下沃巴什河（River Wabash）沿岸的大片土地。身兼地圖與北美原住民文化專家的麥爾坎·路易斯（G. Malcolm Lewis）就詳細的說明了這個情形：

幾乎可以確定的是，它的製作和一家費城公司的客商試圖購買沃巴什河谷的土地有關，這片土地就在現在的印第安納州和伊利諾伊州邊界之間。這樣一來就牽涉到了這份地圖的用途，它描繪的顯然是人家打算要購買的範圍。事實上，這整個計畫卻因為適逢美國獨立戰爭爆發的前夕而宣告結束。因此我們幾乎就能確定，這份地圖的製作和使用是在西元一七七四—五年間，與試圖購買沃巴什的土地有關。它所呈現的無疑就是印第安人的風格：上面顯現了所有印第安人地圖的特色。例如，他們畫的河流幾乎從來就不是蜿蜒曲折、而是筆直的……這份地圖應該就是被用在和皮安吉許瓦印第安人談判、嘗試購買土地的過程當中。

「皮安吉許瓦人售出」的字眼說明了這份地圖是一個已經達成土地交易協商的記錄，但英國殖民當局實際上卻從來沒有批准過這項協議。買賣是非法的，違反了官方正式的協定。但不管怎麼說，我們並不清楚它對皮安吉許瓦印第安人的意義到底是什麼。沃巴什公司雇用了通譯人員，但許多意思卻在翻譯的過程裡遺漏掉了。

他們宣誓自己會做好通譯的工作……與皮安吉許瓦人這個野蠻民族不同部落的酋長、即前面提到的土地購買相關人等，詳細說明並且載入上述的行為……上述的證人，以他們身為通譯者的素質，已憑著自己的靈魂和良心盡力做到最好，對上述的酋長們做出了翔實和明白的解釋……也

紅字　鹿皮地圖上的河流名
○　現代城市
◗　鹿皮地圖上沒有標出名字的原住民居地

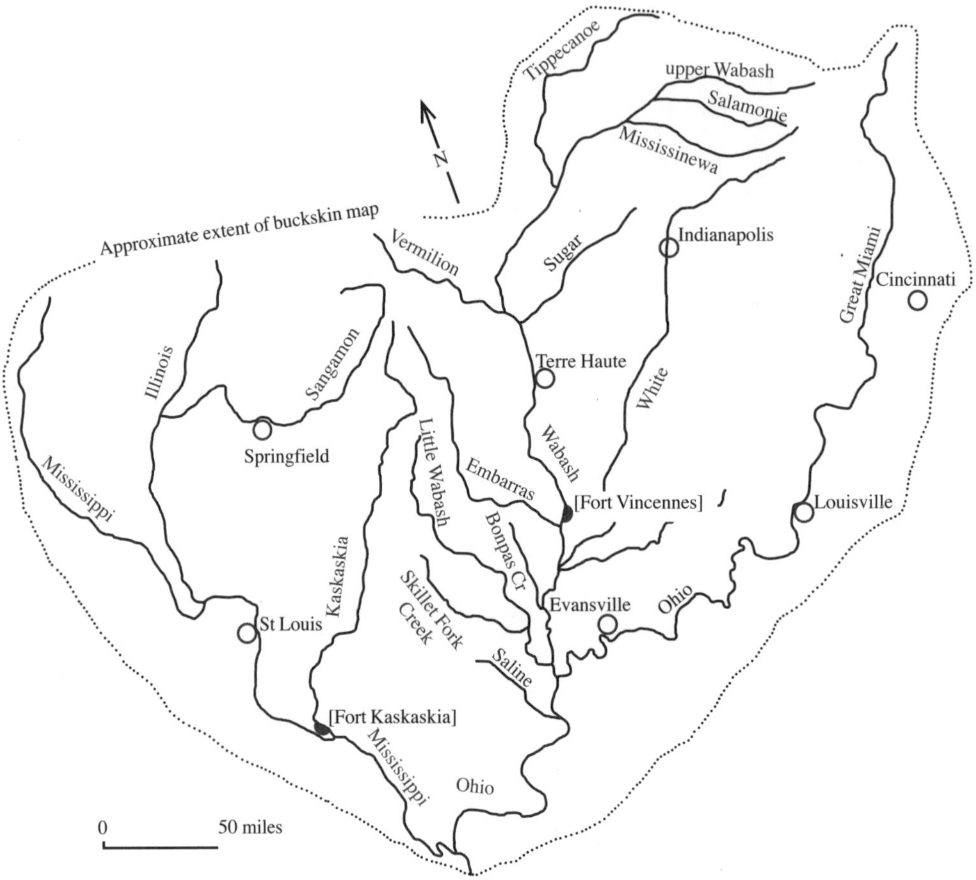

左邊的地圖是針對鹿皮地圖上的痕跡所做的謄寫和解釋。它主要是在標識並指出河流的名稱，但也顯示了在卡斯卡斯基亞（Kaskaskia）和文森尼斯（Vincennes）堡壘之間所修建的道路和兩個界樁點；地圖也指出其他一些原住民定居的地點，但沒有標出名字，同時還顯示出皮安吉許瓦人、威族人（Wea）和卡斯卡斯基亞人所占領的區域。上方的地圖是以現代地形學的手法，描繪出鹿皮地圖所呈現出來的區域。

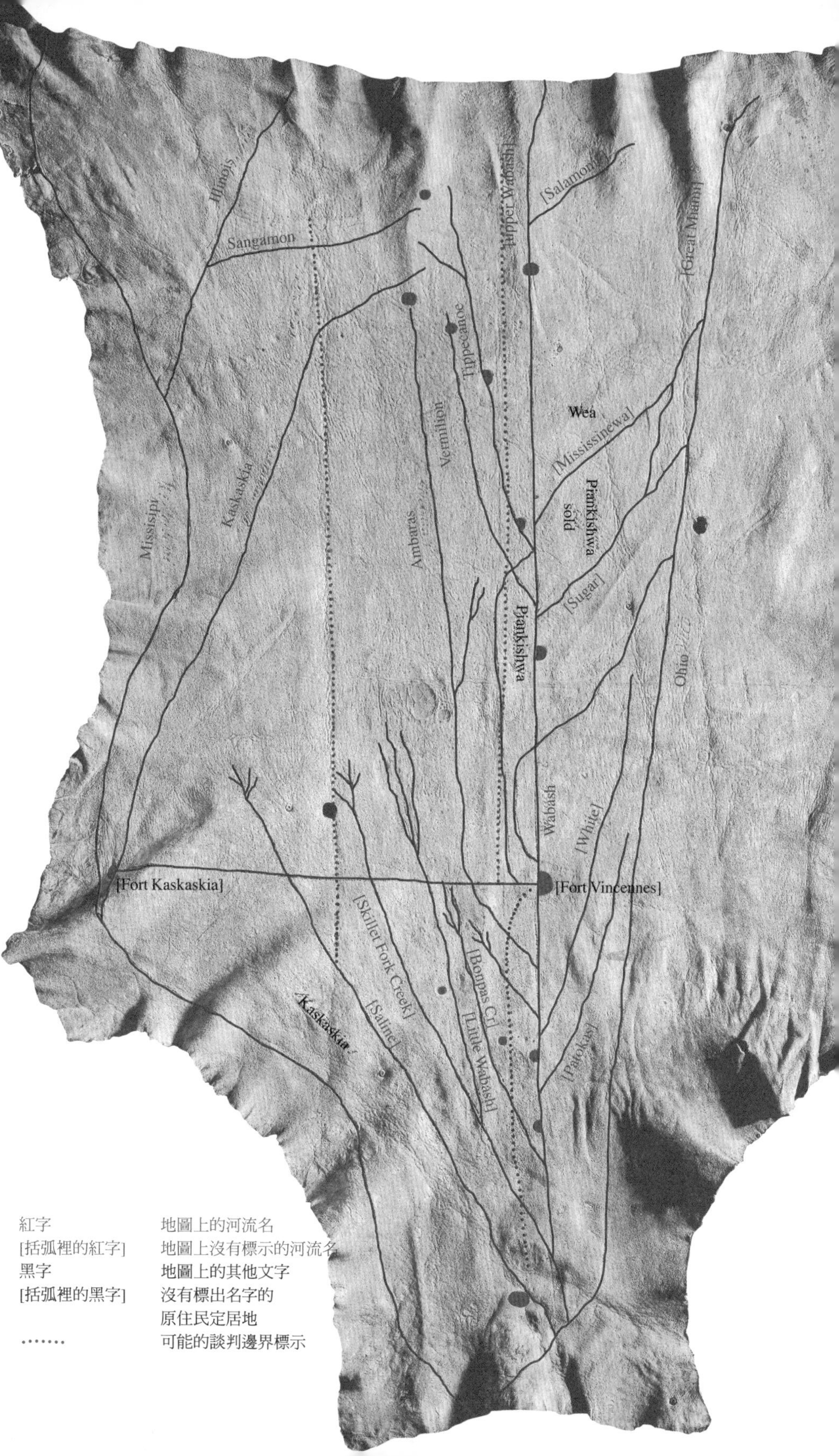

紅字	地圖上的河流名
[括弧裡的紅字]	地圖上沒有標示的河流名
黑字	地圖上的其他文字
[括弧裡的黑字]	沒有標出名字的原住民定居地
…….	可能的談判邊界標示

對自己所做的一切親手畫押、以示負責。

儘管這份報告說，一切都被「翔實和明白地解釋」給酋長們知曉，但皮安吉許瓦人卻可能對歐洲式的土地買賣還沒有任何的概念。北美洲原住民對殖民者對待土地的方式完全陌生，他們認為土地就是他們的出生地、也是精神的發祥地——沒有什麼土地是可以被拿來送人或出售的。

這地圖所呈現的，最重要的就是河流。在地圖中央、順著鹿的脊椎而下的就是沃巴什河——所以叫沃巴什地產公司——其他的河流都呈直線、像脊椎骨一般以某種角度匯流進來，但是密西西比河除外，它從地圖左側直行而下、到了底部就彎到了右邊。這份地圖呈現出人們群聚生活的許多河流，而不是他們漫遊和狩獵的土地。這幅地圖攸關的是人群聚落、而不是地形地勢，它關乎的是使用習慣、而不是所有權的格局。所以，它完全不像是倫敦地鐵的地圖，它也不會呈現出地面上準確的實際距離。相反地，它所呈現的是在兩地之間往來所花費的時間。美洲原住民，就和其他人一樣，會在地圖上描繪出對他們至關重要的東西。引人關注的是，雖然地圖涵蓋了所有的河流，但卻幾乎只呈現出所有印第安人居住的地方。上面幾乎沒有畫出半個歐洲人殖民的地點。例如，聖路易當時已經是一個規模龐大的貿易和交流中心，但地圖上卻沒有顯示出來。同一地區的歐洲人地圖所標示的卻剛好相反，只畫出了歐洲人的殖民地、而不是印第安人的居住地，還把那些地方標示為未經使用的空間。相同的實體經驗卻產生了兩種截然不同的看法：你很難找到比這個情況更棒的實際證明來說明啟蒙運動所面臨的大問題，也就是任何一個社會在試圖了解其他社會時所遭遇到的難題。

如果說，印第安人不明白獨家土地所有權的概念，那麼歐洲人也無法掌握印第安人與自己土地強烈的精神依存關係、認為土地的喪失在某種程度上就是失去上天堂的機會。大衛・愛德蒙茲（David Edmunds）是德州大學的美國史教授，他就做了一番詳細的說明：

我認為美洲原住民與土地的關係是非常重要的。你得弄清楚，土地對於部落的人們來說並不是商品。土地從來就不是商品，而是一個居住、與人共享以及使用的地方。但它不是你可以具體擁有的東西，沒有任何人能擁有土地，就如同人無法擁有土地上方的空氣、落到地裡的雨水、或者在土地上生活的動物一樣。對部落的人來說，土地是那麼的重要、安置是那麼的重要，以至於他們會認為歷史的位置功能遠大於時間的功能。人們與特定的地區有所連結，而這個區域就是全世界的中心……因此，土地就如此錯綜複雜的和大多數部落人民的靈魂結合在一起，而不是能被拿來反覆買賣的東西。當他們在十九世紀初期被迫進行土地交易、放棄土地來換取生存時，這對他們是一種痛苦難忘的經歷。另外我們還得記住，多數部落人民的宗教信仰都得在特定的地點舉行，我這麼說的意思是，他們的宇宙觀、他們宇宙裡的力量，也都和他們居住的特定區域息息相關。

拓墾殖民者沒能夠促成這筆特殊的土地交易，它讓英國殖民地政府給橫加破壞掉了。幾年之後，這種殖民者想要土地、而英國王室渴望與美洲原住民酋長們保持良好關係，所造成的緊張態勢就成了觸發獨立戰爭的一項原因。然而獨立並沒有使得問題迎刃而解。美國各州的州長面臨了和英國前輩同樣的兩難困境，而且他們也同樣必須打擊沃巴什公司和皮安吉許瓦人之間，更多違反現有法令的土地買賣交易。這張地圖和這些與地圖相關的流產協商談判，見證了看待世界的三種完全不同的思維方式——那些自亙古以來就擁有這片土地的美洲原住民、想要占用這片土地的拓墾殖民者、以及在倫敦的當局這三方的世界觀。這不禁讓我們想起高德史密斯提出的責難，當局試圖居間斡旋出一個解決的辦法，但無力去加以執行。

▼澳洲怎麼成了罪犯流放地

89 澳洲樹皮盾牌

木製盾牌，來自澳洲、新南威爾斯州的植物灣；西元一七七〇年前後；高九十七公分、寬二十九公分。

這是本書堪稱最有影響力的文物之一，目前已經成為承載著層層疊疊的歷史、傳說、全球政治與種族關係的一大象徵。這是一面澳洲土著居民的盾牌，也是第一件從澳洲被帶到英國的文物。它是被詹姆斯・庫克船長帶回英國的，時間就在第八十七章裡介紹過、那奪走他性命的衝突發生之前八年。我們知道它來到庫克手上的確切日期——西元一七七〇年四月二十九日——因為我們擁有來自庫克本人、以及和他同行的人所寫下有關當天的書面記錄。然而擁有這面盾牌的澳洲土著並沒有文字，這也就是為什麼從文物來解讀歷史如此重要的理由：對於在將近兩百五十年前、在植物灣（Botany Bay）第一次面對歐洲人的那一個無名男子來說，這面盾牌就是他的陳述與說明。

庫克的航海日誌裡記錄著他抵達了澳洲的東海岸、就在現代雪梨的南邊沒多遠，「二十九日、星期日，吹著南風、天氣晴朗的下午，我們乘著風駛進了海灣，在南岸的地方下錨停泊」。船隻下錨的地方在日後被稱為植物灣，這是因隨同庫克一起旅行的植物學家約瑟夫・班克斯

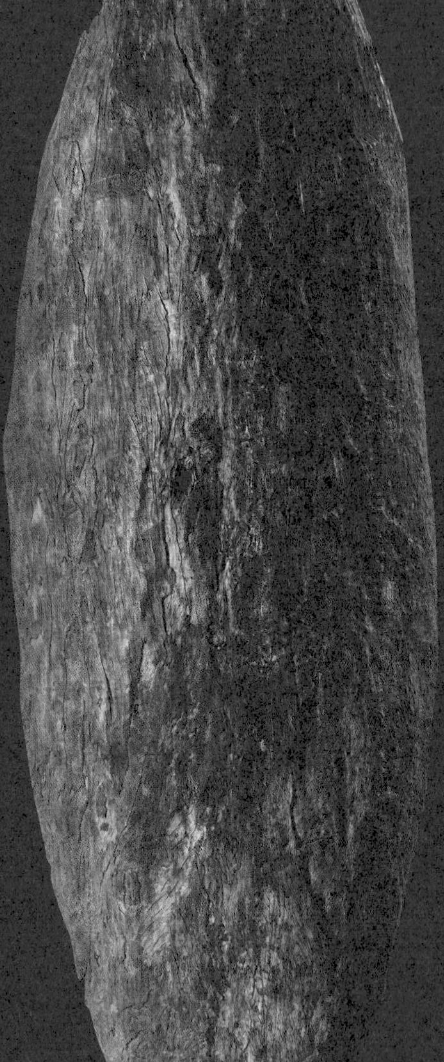

（Joseph Banks）的採集工作而得名。航海日誌繼續寫道：

當我們進來時，在海灣的兩個位置上看到了幾個當地人和幾間小屋……在我們靠岸時，他們都匆匆地逃掉，只留下兩個似乎決心要阻止我們登岸的男子——我一看到這個情形，立刻下令小艇停止划槳、以便和他們交談，但這麼做幾乎徒勞無功，因為不管是我們、還是圖皮亞（Tupia）都無法了解他們說的話……我以為他們是在招手要我們上岸，但我們誤解了對方的意思，因為當我們一把小艇往港灣划過去，他們又跑過來阻止我們。這時我就往他們兩人中間開了一槍，但是一點都不管用，反而讓他們退回擺滿了鏢槍的地方，其中有一個人還拿起石頭丟向我們。於是我裝填了少量的鉛沙彈、開了第二槍，而儘管有些鉛沙彈打中了那個人，但是也沒有什麼作用，只不過讓他拿著的盾牌或小圓盾給擋了下來。

此時，約瑟夫・班克斯的日記接續談到了這個故事

……一個試圖阻止我們登岸的人跑到了海灘、手裡拿著一面盾牌……用樹皮製作而成的；他跑掉的時候把它給留了下來，而我們拿來一看，發現它在靠近中央的位置明顯有一個被長矛穿刺過的痕跡。

這一定就是那一面盾牌。它在靠近中央的位置上有班克斯提到的孔洞，還有白色的痕跡，和

探險隊插畫家畫的記錄一模一樣。它的製作十分粗糙、呈濃烈的紅褐色，約有一公尺高、三十公分寬——以防護人身來說，稍嫌窄了些——還帶著些許的弧度，你都可以察覺到它從主幹被切下來的樣子。它的製作材料是紅色的紅樹林木材，是澳洲人製作盾牌時選用的木料之一，因為它夠硬，可承受長矛的攻擊、讓棍棒或迴力鏢轉向、而且還具有極強的抗蟲害能力，即使浸泡在海水中也不容易腐爛。盾牌的背面是一個把手，用有彈性的綠色紅樹林木料、經乾燥處理而成，牢固的形狀讓人能穩穩的掌控住。製作這面盾牌的人確實清楚知道，什麼樣的材質最適用於想達到的目的。

這面盾牌原屬於祖先已在這片土地居住了六千多年的某一個人。菲爾・戈登（Phil Gordon）是澳洲雪梨的澳洲博物館（Australian Museum）原住民傳統文物官，他就為我們描述了這個地區的生活方式：

有關於澳洲原住民的巨大迷思，其中一個當然是他們的生活僅夠勉強餬口，因為實在找不出更貼切的字眼來形容。但在雪梨周邊、雪梨地區、以及澳洲絕大多數的沿海地區，人們的日子其實好過得很；在各個港口的魚群其實相當多……雪梨港必然是一個很好討生活的地方。當地的氣候良好；經濟生活的情況也相當不錯。這使得當時的人們能夠投入生活的精神層面、以及文化發展的其他面向。

庫克和班克斯稍後就會談到，這些人似乎過得十分愜意，儘管我們知道不同部落之間還是會有衝突發生。除了盾牌，男人還擁有長矛，而且在這面盾牌中央的孔洞，也確實就是木製的魚叉或長矛造成的，想必是戰鬥所帶來的結果。這個穿刺的痕跡、連同表面上其他的痕跡和擦傷，清楚說明了它被拿來抵擋庫克的矛瑟槍鉛沙彈之前，已經是身經百戰了。這面盾牌似乎也象徵著個人的身分或對部落的效忠：白色塗料的痕跡被發現是白色的高嶺土，而且很可能是在盾牌中央漆成白色的標誌或記號。菲爾・戈登對此作了仔細的說明：

在澳洲原住民之間當然會有戰爭；其中有血淋淋的世仇、族群和族群的對抗、所有這樣那樣的狀況。但是這些也是你對文化理解的一個標記，所以你的盾牌形狀就不會和別的地區一樣，而且盾牌上面的設計也會有所不同，而這就等同於你在族群裡的地位、也是你們在周圍其他族群當中所獲得的名望。因此，從新南威爾斯到澳洲西部的金伯利（Kimberley）海岸地區，盾牌的樣式明顯是截然不同的。

庫克當然對於土著的習俗一無所知——沒有哪個歐洲人可能會有所了解——而他們的第一次相逢會產生誤會的潛力也就充滿了無限的可能。現在回想起來，似乎沒有哪一方真的想讓對方死掉或重傷。土著男子投擲了石塊和魚叉，但每一發都沒有打中。考慮到他們身為獵人和採集者的身分、靠的就是精確使用魚叉來討生活，這極有可能像是他們的鳴槍警告——讓這群白種陌生人離開、別來騷擾他們。庫克用他自己的立場來看，聲稱自己以為魚叉的尖頭或許抹了毒藥，來替自己辯駁、為開槍射擊那些人腿部的舉動賦予正當性。當他們跑掉以後，庫克和他的船員下船登岸，走進了附近的樹林裡：

我們在這裡發現了幾間用樹皮搭建起來的小茅屋，其中一間裡面有四、五個小孩子，我們留給他們幾串珠子之類的東西……

庫克在太平洋的各個島嶼當中發現，貿易和以物易物的方式能夠很快建立起和平的友好關係，也能多少得知當地社會的運作方式。但是在這個地方，大家對他提供的謝罪陪禮並不感興趣。當他在隔天回來的時候：

「我們今天早晨發現，昨晚留給孩子們串珠之類的東西被擺在小茅屋裡面；大概是當地人不敢把它們拿走的緣故。」

或許他們不是害怕、而是不感興趣——或者更準確的來說，他們根本就不想介入，因為這樣做會讓他們捲入自己並不想承擔的義務當中。而這並不意味著他們不懂得怎麼交易——他們進行著遠距離的商品交易和交換，我們從這面盾牌所透露出來的訊息就能知道這一點。製作這面盾牌所使用的紅色紅樹林木料來自雪梨北邊兩百英里遠的地方，所以要獲得這種木料，在植物灣的這些人必定得和其他澳洲土著進行交易才行。

由於無法進行直接的接觸或彼此交換禮物，於是庫克就放棄了。在經過一個星期的植物標本採集之後，他繼續沿著海岸往北航行。在抵達澳洲的最北端的時候，庫克正式宣布整個東部海岸都歸於英國所有。

「我現在再次懸掛英國國旗，並且以喬治三世國王陛下的名義占有整個東部海岸，把它命名為新南威爾斯……之後，我們展開了三輪小型武器的齊射，而從船上也做出了同樣數量的回應。」

這不是庫克在已經有人定居的土地上慣常所做的例行程序。一般正常的做法是，承認現居人口對於已占有土地的主權，如同他在夏威夷所做的一樣。這次或許是他無法掌握澳洲土著對於這片大陸占用和控制的程度到底有多密切的緣故。我們不知道在跨出這重大的第一步，將此地徵收沒入這舉措的背後到底是什麼。在探險隊回到英國不久後，班克斯和一些其他人就向英國國會提出建言，建議把植物灣作為罪犯流放地（Penal Colony），如此就開啟了一段漫長而悲慘的故事，讓一些澳洲土著生存的社群聚落走向了終結的盡頭。

歷史學家瑪麗亞・努傑特（Maria Nugent）審視了自從與澳洲土著第一次接觸以來，人們是如何看待庫克的：

在澳洲的歷史裡，庫克向來被人當成殖民化的先驅……所以他被視為澳洲的開創者。而這在某方面就抵消掉了曾有其他歐洲國家「發現」過、或繪製了部分澳洲海圖的事實。由於他是英國人，使得他能獲得卓越不凡的地位，因為我們畢竟是英國的殖民地。而他占據這個地位有好長一段時間；也許一直到了一九六〇年代和一九七〇年代的政治轉向，澳洲原住民開始大力批評庫克作為開創者的角色時才告終。自此之後，他們把他當成是殖民主義、死亡和毀滅的象徵……我認為我們現在正經歷著一個嶄新的階段，有種重新恢復庫克名譽的呼聲傳出，而他在人們眼中所扮演的角色更傾向於：我們可以透過他來更加了解澳洲的歷史、一段關於澳洲原住民和外來者彼此互動的過往。有些人提到這一段過去，會把它當成是相遇的歷史過往。但我認為，庫克在澳洲、尤其是在澳洲原住民的眼中，仍然是一個極具挑釁意味的人物。

這面樹皮盾牌，在幾個世紀以來一直站在誤解、剝奪和種族滅絕的風口浪尖上。今天在澳洲還存在的一個大問題就是，該如何、或更確切地說，是否能夠做出任何有意義的賠償呢？這個過程，讓像這樹皮盾牌一樣的文物，典藏在歐洲和澳洲的博物館裡，能夠發揮它們小小、但卻十分重要的作用。各式的研究計畫，由原住民聚落社群共同加以執行，正持續的探究著存留下來的人工製品、記錄著神話與傳說、各種技能和習俗，以期能夠恢復目前泰半已然遺落、但仍能搶救的部分。這一面樹皮盾牌，出現在雙方相逢之初，現在容或可以在它兩百五十年前未能發揮作用的這種對話裡，發揮它應有的作用。

▼美麗事物遇上乾隆的低級趣味

90 玉璧

玉璧，來自中國北京；西元前一二〇〇年左右，西元一七九〇年題詩；
寬十五公分、厚一公分。

前四章所談論的，都是歐洲啟蒙運動對於未知新大陸所進行的發現、測繪、以及尋求理解的課題。我們現在要談的這個文物來自中國，當時中國在清朝治理下也如火如荼地進行著自己的啟蒙運動；西元一六四四年，大明江山易主、大清入關，統治整個中國到二十世紀初期才告終止。當時大清的統治者是乾隆皇帝、約和英王喬治三世同處一個時期，他花了很大的氣力來探索中國以外的世界。例如在西元一七五六年，他決定要對自己在亞洲所開拓出來的疆土進行地圖測繪，於是派遣了一支多元文化的工作團隊，由兩個受過地圖製繪製訓練的天主教耶穌會神父、一名中國天文學家以及兩位藏族喇嘛所組成，製作出極為有用的地理資料、讓這樣的知識隨著皇帝的名聲散播到世界各地。

我們這個文物是一個名為「璧」的環形玉器、是另一個滿足皇帝求知欲的產物，只不過這回他要滿足的是有關於中國的過去。這個玉璧——一個質地精緻的素面碟盤、中央帶有圓孔，這類器物常能在中國古代墓葬中找到——在乾隆皇決定好好研究它的時候，已經有三千多年的歷史。

皇帝拿到了這塊古老而樸素的玉璧，在它裡裡外外刻上了自己所寫的銘文。這麼一來，他就把這塊古老的玉璧變成了十八世紀中國啟蒙運動的一件文物。

對啟蒙運動時期的歐洲來說，中國不啻是他們的典範，由滿腹經綸、英明睿智的帝王帶領統治著。身為作家、同時也是哲學家的伏爾泰（Voltaire）就在西元一七六四年寫道：「任何人都毋須痴迷於中國人的優點，就能認清……他們的帝國是有史以來最優秀的。」各地方的統治者都想在自己的宮廷裡擺上一點中國的東西。在柏林，腓特烈大帝（Frederick the Great）就在自己宮殿裡的無憂宮（Sanssouci）中設計建造了一座中國式的涼亭。在英國，喬治三世在邱園裡矗立起一座十層樓高的中國式寶塔。

在乾隆皇帝在位的五十九年、也就是西元一七三六到一七九五年間，中國人口增加了一倍、經濟蓬勃發展，帝國的領土也拓展到五個世紀以來最大的範圍，大致上和現今中國的疆域相當——涵蓋了超過四百五十萬平方英里的面積。乾隆皇帝是一個剛強不屈的領導者，津津樂道著在開疆闢土方面，自己的功績遠勝歷代帝王，並且聲稱大清是上天鍾愛的王朝——換句話說，他本人就是天命所歸：

> 維我大清，武功鼎盛……漢唐宋明，窮國資力，未拓寸土，莫若大清……當者披靡，四夷賓服……是所以成，寔仰天貺。

這位皇帝也是個精明的知識分子，一個幹練的大眾宣傳專家和文人——他是個享有盛名的書

▲ 書房裡的乾隆皇帝。

法家和詩人，也是個滿腔熱忱的繪畫、陶瓷和古董收藏家。今日中國及台灣兩岸故宮博物院驚人的巨大館藏當中，就典藏有許多他的珍貴文物。

這也就不難理解為什麼這個玉璧能徹底吸引了乾隆的注意力，因為這玩意兒奇怪而有趣；它是個淺米色的薄玉盤，約莫有小餐盤大小，但在中央有個圓孔、孔的邊緣有一圈凸起。現在我們從類似的墓葬文物得知，這種玉璧出現的年代大約是在西元前一千兩百年。我們並不清楚它的用途，但卻能清楚看出它的製作相當的精美。

當乾隆皇帝在研究這個玉璧的時候也認為它很漂亮，心有觸動之餘還寫了一首詩來記錄他的研究心得。在他詩集裡歌詠這塊玉璧的詩，題名為〈古玉椀托子配以定瓷椀適然成詠〉：

謂椀古所無，托子何從來。謂托後世器，古玉非今材。又謂椀即盂，大小異等儕。

雖然現代的學者知道玉璧來自古代的墓葬、但無法確定它們的確切用途或代表的意義，可乾隆皇帝對這點卻沒有任何的猶豫或懷疑。他認為這玉璧看起來就像是一個碗座，一種自古以來就在中國被人使用的器物。他透過對於古碗晦澀難解的史料探討，來炫耀自己的歷史知識，從而認定自己得給它配上一只碗，即便人們找不出這麼只古董碗來：

茲托子古玉，玉椀別久乖。不可無椀置，定窰選一枚。

藉著把這個玉璧和一個更晚期的器物兩相結合，乾隆皇帝就此確定，起碼在他看來，此時這個玉璧才算是滿足了審美上的天數。這就是乾隆、典型十八世紀中國處理過往的方式。欣賞美好的事物、研究它的歷史背景、然後用詩作來表達得到的結論，如此就創造了一件新的藝術作品。

在這種情況下，玉璧本身就變成一件新的藝術作品。皇帝的沉思用漂亮的楷書、陰刻在碟盤寬闊的環圈上，融入了整件器物、提供了說明解釋，而就如同他所認為的一樣，充滿了賞心悅目的美感。這些中文字之間所留的間距讓文字如同車輪的輪輻一樣，從中央的圓孔輻輳向外，而

▲ 乾隆皇帝用來搭配玉璧的碗，現在典藏於北京故宮博物院。

這些文字就是我剛剛所引述的。我們多數人也許會把乾隆的作為當成損毀、甚至是褻瀆——但乾隆皇帝可不這麼認為。他認為書法題辭能夠更增強玉璧的美感。但是他的題辭其實還有一個更世俗、更政治性的目的。研究中國歷史的學者史景遷（Jonathan Spence）就解釋說：

人們有種很強烈的感覺，認為中國的歷史有其一貫的道統，所以這個新來乍到的清朝，姑且這麼說，也想加入這過往的記錄，才能夠在這些過往光榮的基礎上承先啟後，讓中國更加絢麗多彩、輝煌燦爛。毫無疑問，乾隆是個了不起的收藏家；而在十八世紀，當乾隆正忙著蒐羅古玩時，中國也正忙著開疆闢土。我認為，他的收藏帶有一點民族主義的色彩；他想表明，北京是這個亞洲文化圈的中心……而中國，根據伏爾泰和其他法國啟蒙運動思想家的看法，也確實對十七、八世紀的歐洲人有所啟發，這些重要的啟發關乎人生、道德、行為、學習、文化教養、細膩的藝術、家居生活的藝術……

這還包括政治方面的考量。清朝有一個重大的內在政治障礙，他們並不是漢人，而是來自現代中國東北的滿洲人。他們當時還是少數民族，與本土漢族相較之下，只占了大約兩百五十分之一的人口，並且還以擁有不少大不同於中國的事物而聞名——其中包括了食用大量的乳品和乳製品。他們能夠維護中國的文化嗎？在這種情況下，乾隆皇帝撥款編修中國古代的歷史就是一種政治整合的巧妙舉措，而且這只不過是他眾多作為當中的一項而已。他在文化上最大的成就是完成了《四庫全書》的編纂，這是人類歷史上最宏偉浩瀚的文集，蒐羅了先秦到十八世紀的所有典籍。在經過現代的數位化製作之後，這套叢書還是得用上一百六十七張資料光碟才能完整收錄。

現代中國詩人楊煉在看待乾隆皇帝情感流露的題辭時，他看到的是宣傳的元素，而且對於這些詩詞的看法也抱持著相當悲觀懷疑的態度：

我瞅見這件玉璧的時候，心裡真是五味雜陳。我一方面還挺欣賞這個的：我喜歡這種把古中國文化傳統連結起來的感覺，因為這是一個非常獨特的現象、源遠流長，從未斷絕，不斷發展到今天，即便經過了很多困難的時期……在這種情況下，玉始終代表著偉大的過去。但從比較陰暗的一面來看，美麗的事物經常被擁有低級趣味的統治者和當權者給掌握，所以他們也不介意用糟糕的書法文字來破壞這些古老的東西。因此，他們就能夠把皇帝的詩作雕刻在美麗的物件上、順便還做了一點宣傳，我對這做法是再熟悉也不過的了！

乾隆皇帝跟他同時代的腓特烈大帝一樣，都不擅長吟詩作對——他似乎在詩裡呈現了文白夾雜的形式，但效果其差。然而這並沒有讓他就此畏首畏尾——他一生創作了四萬多件詩文作品，其中一部分是他精心構畫的宣傳、以確保他在歷史上的地位。

他基本上還算是個成功的好皇帝。儘管乾隆皇帝的聲譽在共產統治時期曾經急遽下降，但是後來在中國的聲勢又再次看漲。而且最近才又傳出一項令人非常滿意的發現。正如我們先前所看到的，皇帝寫道：「不可無椀置，定窰選一枚。」就在最近，有學者在北京故宮博物院的收藏品裡找到了一只碗，上面的題辭就和這個玉碟一模一樣。無疑地，這就是皇帝找來放在玉璧上的那一只碗。

在他把玩和思索這件玉璧的時候，乾隆皇帝所做的事對於以文物為基礎的歷史書寫來說還挺重要的。透過一些物品來探索遙遠的世界，所關乎的並不僅是知識、同時還要有想像力，而且必然還會牽涉到運用富有詩意的想像來重建還原的成分；例如，皇帝知道這物品古老而珍貴，而且他也希望它能展現出最佳的樣貌。他認為這是個托座，所以就去找一只似乎可以完美搭配的碗——這種高度自信所做出的選擇，讓他認為自己做了正確的事。他認為這個玉璧是個托座的假設，似乎不太可能是正確的，可是我個人還蠻喜歡、也挺讚賞他這樣的處理方式。

第19篇

大量生產、大眾宣傳

西元一七八〇年～西元一九一四年

在法國大革命和第一次世界大戰當中的這段時期，歐洲各國和美國逐漸從農業生產的經濟轉型成工業導向的經濟型態。與此同時，他們在世界各地的龐大帝國也逐漸成長，以供應這些蓬勃發展產業所需的原物料和產品的市場。

到頭來，所有亞洲和非洲的國家終究被迫加入了這個新經濟和政治的秩序當中。技術創新導致了各式商品的大量生產和國際貿易的日益增長：以往算得上是奢侈品的消費性產品如茶葉，如今已是一般大眾負擔得起的日用品。在許多國家裡正如火如荼的進行著政治與社會改革的群眾運動，其中也包含了所有男女都能擁有投票權的訴求。這當中只有一個非西方國家、也就是日本，成功地、容或身不由己地擁抱了這一波的現代化，憑藉著自己的力量而蛻變成一個帝國強權。

▼標準時間和進化論都從它開始

91 小獵犬號的航海天文鐘

黃銅航海天文鐘，來自英國；西元一八〇〇—西元一八五〇年；
高十七・六公分、寬二十・八公分、深二十・八公分。

為什麼全世界在測量當地時間和確定本身位置時，都會以格林威治子午線（Greenwich Meridian）為基準、用穿過倫敦東南方泰晤士河河岸某一個點的這條線來計算呢？這整個故事得從在倫敦發明了能讓水手找出本身經度的航海鐘談起。照片裡的物品是一個鐘——一具製作於西元一千八百年左右的航海天文鐘——在波濤洶湧的海上依然能夠精確的計時。

在有時被人稱為「漫長的」十九世紀、也就是從法國大革命到第一次世界大戰當中的這段時期裡，西歐各國和美國正逐漸從農業社會轉變為工業強國。這場工業革命也帶來了許多其他的東西。各種新的技術讓奢侈商品首次得以大量生產：在國內，不同社會進行著政治勢力的重組；在海外，各大帝國不斷擴張以確保原物料來源和新興的市場。技術的進步也導致了思想的變革：這麼說一點兒都不誇張，比方說，十九世紀對整體的時間概念都完全改變了，因此也就改變了我們對自己的看法、以及我們對人類在歷史上適當定位的理解。

在十七和十八世紀，鐘錶製造是歐洲一項重要的技術，而倫敦則是整個行業發展最為先進的地方。身為海洋國家，英國人特別關注這麼個問題：他們有能力製作出精準的鐘錶，但得把它們擺在完全靜止不動的地方、不能左右搖晃、尤其是不能拿到顛簸不已的船上使用。若你想要航海，就不可能做到精確的時間計時。而且在海上，倘若無法弄清楚時間，你就搞不清楚自己往東、或往西走了多遠。相對來說，計算緯度就比較容易得多——要弄清楚自己在赤道的北邊或南邊有多遠的距離——只要在正午時量測太陽距離地平線的高度就能得知；但這不能讓你計算出自己所在的經度——無法讓你知道自己在東邊或西邊的位置究竟為何。

在海上準確計時的問題，到了十八世紀中葉終於被約翰・哈里森（John Harrison）解決了；他發明了一款時鐘——一種航海天文鐘——即便是在船上溫、溼度劇烈波動和不斷移動的情況下，也能持續準確地計時，從而第一次讓處在任何地方的船舶都可以來確認自身的經度。在船舶啟航之前，船上的航海天文鐘會設定成港口當地的時間——對英國人來說，往往就是格林威治時間。一旦到了海上，你就可以拿格林威治時間和在船上用太陽位置進行確認的正午時間來相互比較；從兩個不同的時間數據就能算出經度。一天有二十四小時，所以當地球自轉時，每小時太陽「移動」過天空的距離就是一整圈地球的二十四分之一——也就是十五度。如果你在比格林威治時間晚三個小時的地方，那麼你就位在西經四十五度——也就是在大西洋當中。假使你在比格林威治時間早三個小時的地方，那麼你的位置就在東經四十五度——若與格林威治同一緯度的話，你應該會在莫斯科西南邊的某一個地方。

哈里森的航海天文鐘是一種劃時代、高精密的儀器，製作的數量十分稀少，而且也只有英國的海軍部才負擔得起。一直到西元一八〇〇年左右，才有兩名倫敦的鐘錶工匠設法簡化了這種計時器的機械裝置，使得幾乎任何的船舶——當然也包括了皇家海軍較大型的船隻——都可以將它們當成常規的配備。

我們的這件物品就是那種成本較低的計時器，由湯瑪士・恩蕭（Thomas Earnshaw）在西元一千八百年所製成的。它以黃銅打造、大小約莫和大型的懷錶相當，有著顯示羅馬數字的正常錶盤、以及在下方顯示秒針的小型刻度盤。這座鐘被懸掛在一個木盒裡的旋轉式銅環座上——而這就是讓計時器即便在晃動不穩的船上也還能夠保持水平的關鍵。地理學教授奈傑爾・斯里夫特（Nigel Thrift）就評估了當時的背景：

這種航海天文鐘是歷史悠久的鐘錶製造業當中的巔峰之作，而重要的是要了解到，英格蘭在西元一二八三年左右就已經有了時鐘。大家都在談論哈里森、說他是個多麼了不起的天才。他的確是個天才，但你也得明白，有成千上萬的鐘錶工匠和一般技師在創新方面所付出的努力，才能夠在最後生產出這麼個物品。漸漸地，所有這些東西都被整合成這種功能非凡的機械。這類航海天文鐘的準確性異常驚人；例如，庫克船長在進行太平洋探險的第二次航行時，就使用了一個這種計時器的第一批產品，而且在完成環繞地球一周的壯舉、最後於西元一七七五年在普利茅斯（Plymouth）登岸時，這個計時器在計算經度上的誤差還不到八英里。

這種特殊的航海天文鐘被發放到許多的船舶上——而和其他船隻一樣，總是在格林威治進行發放和設定；但它之所以能聲名遠播，還是因為西元一八三一年被發放給「小獵犬號」（HMS

Beagle）的緣故；這艘船載著達爾文（Charles Darwin）去進行他前往南美洲加拉帕戈斯群島（Galapagos Islands）、以及接續著環繞世界的偉大航程，最終導致了他的進化論和鉅著《物種起源》的誕生。

「小獵犬號」的任務是測繪南美洲的海岸線，而這件工作必須依靠著對經度和緯度進行非常精確的測量。這款航海天文鐘讓人們第一次能夠絕對準確地繪製海洋，包括一切建立安全而快速航道所必要的資訊。這是啟蒙運動時代裡，地圖繪製課題中又一個偉大的進步，也因而更能掌控這個世界。因為誤差容錯或避免失效的緣故，「小獵犬號」攜帶了二十二個航海天文鐘：其中有十八個、包含我們手上這一個，是由英國海軍部提供，另外有四個則是船長羅伯特•費茲羅伊（Robert FitzRoy）所自備，因為他覺得十八個實在不足以應付這麼漫長而重要的任務。在海上航行了五年後，航程結束時仍然有十一具航海天文鐘能夠正常運行，而且和格林威治時間的誤差只有三十三秒。這是有史以來第一次，詳盡而精密計時的工具被人類用在環繞地球的航行當中。

到了十九世紀中葉，所有英國的航運都已確定了把格林威治作為時間參照點的做法、而經度也因此比照辦理，於是全世界所有的海洋就在這個基礎上由英國的船隻給繪製出來。因此，格林威治子午線和格林威治標準時間（Greenwich Mean Time）就愈來愈受到國際社會廣泛的使用，而到了西元一八八四年，《華盛頓公約》正式認可了這項做法。而在這當中還有一個明顯的例外：法國人仍然堅持了幾十年的時間，用自己的巴黎子午線來進行大膽的對抗，但是到頭來他們還是改變了初衷、採取了一致的立場，而且現在所有國家在制定自己的時區時，都會參照格林威治標準時間。這是有史以來第一次，全世界都依據著同一個時間表來行事。全球時間，這個在更早一百年以前幾乎無法想像的概念，如今已然到來。

然而在「小獵犬號」上，我們這個航海天文鐘也見證了另一個、十九世紀在時間的認知上，相當不同的轉變。達爾文在「小獵犬號」上的航程和他後續在演化方面的工作，將人類的起源——乃至於生命本身的起源——推向了一個無法想像的遙遠過去。地質學家已經證明了，地球遠比以往所認為的還要來得古老，推翻了烏舍爾大主教所做的推算（見第二章）。這種「深邃時間」（deep time）的新概念——追溯到幾千萬年以前的做法——破壞了既定的歷史和《聖經》的思維框架。時間參數的改變與變化，讓人們在十九世紀被迫從頭開始重新思考人類存在的本質和意義。遺傳學家、也是達爾文和演化專家史蒂夫・瓊斯（Steve Jones）教授認為，發現了深邃時間有其重大的意義：

> 我認為深邃時間的作用，就是讓人們認識到地球並不是一成不變的。從啟蒙運動以來最大的改變就是，我們看待時間的態度已經有所不同，認為時間其實是無止無盡的，無論是已經消逝的、還是即將到來的。值得我們記住不忘的是，珠穆朗瑪峰的峰頂，用深邃時間的背景來看，在不久前還在海洋的底部；有些最棒的鯨魚化石，其實就是在喜馬拉雅山脈的高峰上發現的。

對於十九世紀的許多人來說，這些都是巨大、而且令人信念動搖的概念，但是時間也用一種日復一日、乃至於每時每刻的方式在改變著。多虧了有恩蕭這些鐘錶工匠，讓準確而可靠的鐘錶變得更加經濟實惠。不久之後，整個英國就漸漸地按著時鐘來過日子，而時間的測量也就和日子與季節這種大自然的周期脫鉤了。時鐘支配了生活的各個層面——商店買賣和學校作息、娛樂休閒和辛苦工作，莫不如此。正如當時代的小說家查爾斯．狄更斯（Charles Dickens）寫道：「連火車都得照時鐘發車，彷彿太陽本身都已經讓步屈服了似的。」奈傑爾．斯里夫特解釋說：

這種航海天文鐘是一種非常精確的時鐘，這也就意味著人們漸漸能夠更精確地測量時間，而那當然得透過十九世紀的其他事物才能產生更加標準化的時間。鐵路運輸就是一個很好的例子：大西部鐵路公司（Great Western Railway）在西元一八四〇年首次應用了以子午線為基準的標準時間，而這種做法就漸漸的普及開來。到了西元一八五五年，百分之九十五的城鎮都已經改用格林威治標準時間（GMT；Greenwich Mean Time）；到了西元一八八〇年，英國議會通過法案，把格林威治標準時間明訂為全英國的時間參考點。但值得我們記住的是，直到那個時候、當然也就是鐵道列車時間開始盛行以前，各地都使用自己的當地時間。倘若你要通勤旅行，比方說到里茲（Leeds）去，當地的時間要比倫敦慢六分鐘；布里斯托（Bristol）要比倫敦慢上十分鐘。這在當時其實並無關緊要。但若旅行的速度變快時，關係可就大了。於是，逐漸地、但卻十分肯定地，大家就都採用了同一套標準時間。

就如人們採用了一種共同的標準時間一樣，在工作與日常生活的各方面也漸漸變得會嚴格按規定的時間來進行，從工作打卡到學校上課，還有……飲茶時間——而這將會是我們下一章所要探討的主題。

▼我們需要清醒的勞工

92 維多利亞時代初期的茶具

炻粗陶器鑲銀茶具，來自英國斯塔福德郡；西元一八四〇年—西元一八四五年；最高高十四・四公分、寬十七・五公分或十・七公分。

還有什麼能比一杯好茶，更讓人享受居家生活、更恬適、更讓人帶有「英國」風味呢？當然你也可以把問題倒過來，問一問還有什麼能比一杯茶更不帶有英國味兒，假若考慮到茶葉是用生長在印度或中國的植物製作而成、而經常加在茶裡面的糖來自加勒比海地區的話。

英國人在國家認同上的一大諷刺——或者說，能一語道盡英國人國家認同的——就是這種飲料，儘管茶葉已在世界各地以諷刺畫的手法來代表英國味、但本身卻和英國一點兒土生土長的關係都沒有，而是幾百年來全球貿易演變和複雜帝國歷史發展的結果。存在於這杯現代英國茶背後的是，英國維多利亞時代的高層政治、十九世紀帝國主義的諸般故事、大量生產與大量消費、工業時代裡工人階級的馴服、各洲農業的重塑、動輒以百萬人計的運動、以及遍及全球的航運業發展。

英國到了十九世紀中葉，有些奢侈品漸漸不再只能令人嚮往，而是生活裡不可或缺的必需品。其中最尋常可見的，就是茶葉這種對所有各階層英國人來說，相當重要的生活配料。我們在這裡看到的物品，就是突顯了這種變化的一套三件式紅棕色粗陶茶具：一只壺嘴短直、約有十四公分高的小巧茶壺，一只盛放砂糖的碗，以及一個盛裝牛奶的壺。它們的生產者——如同我們在茶具底部所看到的——是瑋緻活（Wedgwood）位在斯塔福德郡（Staffordshire）特倫特河畔斯托克（Stoke-on-Trent）的伊特魯里亞（Etruria）工廠，該郡是個陶瓷製造業的重鎮。在十八世紀的時候，約書亞・瑋緻活已經製作了一些英國最昂貴的陶瓷器具——有浮雕玉石系列和黑色玄武岩系列，但我們看到的這組茶具卻說明了，在瑋緻活將它們生產出來的一八四〇年代，公司所著眼的是更廣大的市場。這組茶具顯然是中價位的陶器，是許多當時小康之家的英國家庭所負擔得起的。然而能夠擁有我們這種茶具的人，必然有自己認真想要達成的社會願望，因為這三件茶具都鑲著標示純度印記的白銀所裝飾的褶皺花邊。歷史學家，賽琳娜・福克斯（Celina Fox）就解釋說，下午茶時間已經成了一種非常時髦的活動：

在一八四〇年代，貝德福公爵夫人（Duchess of Bedford）引進了下午茶的習慣，因為這時的晚餐時間已經變得相當晚、在七點半到八點左右，這讓英國人在午餐和晚餐之間肚子會覺得有點空。有一陣子他們又流行起喝茶、吃吃三明治之類的東西來當成一餐，時間大約就在下午四點左右。

在上流社會階級裡頭，飲茶早在西元一七〇〇年以前就已大受歡迎。它同時還獲得了查理二世（Charles II）的王后凱瑟琳（Catherine of Braganza）和安妮女王（Queen Anne）這些名人的背書加持。茶葉來自中國、十分昂貴、帶有醒神的苦味兒，用小杯子飲用、不加牛奶或砂糖。人們把茶葉鎖在茶葉罐裡，彷彿它是一種藥物；對那些買得起茶葉的人來說，它往往就是。在一七五〇年代，當時的文壇祭酒薩穆爾．約翰生（Samuel Johnson）就供認自己是個幸福的成癮者：

死性不改亦不知羞為何物的飲茶者，二十年來只用這種迷人植物的浸泡湯汁來稀釋飯菜，茶壺很少有涼著的時候，與茶為伴逸樂了夜晚、與茶為伴撫慰了午夜、與茶為伴迎接了晨光。

對這種飲料的渴望在十八世紀還在不斷的提高，但政府的課稅卻讓價格居高不下。為了逃避國內的貨物稅，走私貿易因此大為猖獗。到了一七七〇年代，大部分進到英國的茶葉都循走私管道──據估計，有三百萬公斤的茶被非法販賣到英國、而只有兩百萬公斤是合法進口的。西元一七八五年，在守法茶葉商人的施壓下，政府大幅削減了對茶葉的徵稅，幾乎在一夜之間就徹底摧毀了非法的走私貿易，茶葉價格大幅下跌，這時它才真正變成了廣為流行的大眾飲品。但是價格便宜只不過是英國人愈來愈愛喝茶的原因之一而已，從十八世紀初期的某個時候開始，人們已經在茶水裡入牛奶和砂糖，把細緻的苦味轉變成持久的甜味。這讓茶葉的消費量一發不可收拾。與咖啡不同的是，茶飲明確定位為適合男女飲用的高雅飲品──尤其鎖定了女性的市場。茶館和庭園飲茶樓在倫敦大為盛行，瓷器茶具組也成了家居時尚不可或缺的道具，而成本更低的變體、即陶器──如同我們這章所介紹的物品──也就在社會上流傳開來。

隨著價格走低，茶飲也就迅速普及到工人階級。到了西元一八〇〇年，在外國人的觀察裡顯示了，它已經成為新的國飲。到了西元一九〇〇年，英國平均每人每年消費的茶葉量高達驚人的三公斤之多。西元一八〇九年，瑞典人艾瑞克・古斯塔夫・蓋爾（Erik Gustav Geijer）就評論道：

> 除了水，茶可以說是構成英國人的特有元素。所有階層的人都喝茶……一大早在很多地方就可以看到戶外有人架起了小桌子，而運煤馬車的車夫和工人們就圍繞在那兒暢飲這種可口的飲料。

將茶飲推廣到這日益增長的城市人口當中，統治階級可以獲得真正的實惠，因為這些城市人口多半相當貧窮、容易生病、而且被認為易有酗酒的傾向。啤酒、波特酒和琴酒已經成為男女子、甚至孩童飲食當中相當重要的一環，部分是因為酒精這種溫和的消毒劑，要比飲用未經淨化的都市用水更加安全。但是到了十九世紀，飲酒成了一個日益嚴重的社會問題。各個宗教領袖和諸般禁酒運動成了共同主張，向大家公開表明喝茶的好處。一杯加了糖的奶茶花不了多少錢，能補充能量、提神醒腦、味道又非常的好。賽琳娜・福克斯解釋說，這也是一種社會控制的好方法：

> 禁酒的呼聲非常高。維多利亞時代的酗酒情形是一個非常大的問題。他們強烈渴望擁有清醒而勤奮的勞工大眾，而且動用了許多宣傳工具想要達成這個目的。節制飲酒的主張和非英國國教的教派、衛理公會（Methodism）等想法一致，而茶真的是飲料的首選。因此，整件事要從

兩個層面來看：這滿足了非英國國教的主張，解決了讓工人準時上班、不要醉得迷迷糊糊這英國人似乎永遠都得面對的問題；於是乎下午茶的儀式應運而生。因此，飲茶在十九世紀就真的大規模流行起來了。

由於茶飲取代啤酒變成了國飲，它也就成了重新塑造過的英國人性格的象徵——有禮而體面，而不再是過去那種粗魯、飲宴做樂的個性。十九世紀有一首出自無名氏之手的禁酒詩，就道出了箇中三昧：

與你一起目睹，多年來仍未誕生，
英倫諸島所妝點的你的信徒，
直到愉快的酒神竟辭卻了他的花環，
而愛與茶就壓倒了葡萄藤

然而，一杯充滿愛戀、使人凝神的茶飲，卻建構在滿是暴力的內地貿易之上。當所有的茶葉都從中國輸往歐洲的時候，英國東印度公司卻賣起鴉片來賺取銀子，再用銀子來購買茶葉。這項貿易是這麼的重要，使得中英兩國到頭來終須一戰。我們仍然把這兩國的衝突稱為鴉片戰爭——而實際上這場戰爭和茶葉的干係也不遜鴉片；第一次鴉片戰爭，差不多就是瑋緻活工廠開始量產茶壺的時候。部分由於和中國交惡的緣故，所以在一八三〇年代，英國就在印度的加爾各答附近設置了大面積的種植園，而印度生產的茶葉也用免徵進口稅的方式來鼓勵需求。於是，風味濃郁、色澤暗沉的阿薩姆茶就成了愛國者眼中的英國茶——而且也承擔起整個帝國對茶葉的需求。隨著時間的推移，茶葉的種植也發展到了如今稱為斯里蘭卡的錫蘭，而且大量的坦米爾人也被人從印度南部遷移到錫蘭來從事茶園的工作。邱園的莫妮克・賽孟茲（Monique Simmonds）就描述了這個情況所帶來的影響：

你不得不把幾百英畝的土地拿來轉作茶園，特別是在印度北部的地區。他們也把茶拿到像錫蘭這樣的地方試種，而且取得了成果。這對當地的人口必然會造成影響，但這也給當地帶來了就業的機會、儘管報酬微薄得可憐——一開始雇用的人都是男性，但是主要負責採茶的多半都是女性。在印度和中國，有部分的在地聚落因種茶而獲利，而且還能夠自產自銷。但是茶葉交易和包裝的附加加值，其實還是掌握在帝國手裡，尤其是英國。

能賺大錢靠的其實是運輸。茶葉貿易需要大量的快速帆船從遠東地區進行長途運輸，而這些船隻到了英國的港口，就停泊在來自加勒比海地區的運糖船艦旁邊。直到晚近，為了把糖給弄到英國人的茶几上所牽扯到的暴力，向來也未見得比灌滿茶壺所需的暴力還要來得少。第一批被運往美洲的非洲奴隸就在甘蔗種植園裡工作，從而展開了漫長而可怕的三角貿易：將歐洲的貨物運往非洲、非洲的奴隸運到美洲（正如我們在第八十六章所看到的）、再把奴隸生產的砂糖運到歐洲。經過了長期社會運動的努力、加上許多支持禁酒運動人士的投入，英屬西印度群島在西元一八三〇年廢除了奴隸制度。然而在一八四〇年代，到處還是充斥著奴隸生產的砂糖——古巴的產量尤為可觀——而原因當然就是它的價格要比自由人生產的砂糖還要來得低的緣故。砂糖在道德規範上的問題仍然相當複雜、充滿著濃濃的政治味兒。

這套茶具最和平的部分，毫不讓人訝異就是牛奶壺，儘管它還是涉及了部分巨大的社會與經濟轉型的過程。一直到一八三〇年代，都市的居民若想喝牛奶，就得在都市裡飼養乳牛——十九世紀生活的這個層面是我們現在幾乎無法明白的。郊區的鐵路運輸改變了這一切。多虧有了鐵路，讓乳牛可以離開都市回歸鄉下，就如同有一篇刊載在西元一八五三年的《英格蘭皇家農業協會期刊》裡的文章所說明的：

> 自從西南鐵路（South-Western Railway）完成以後，薩里郡（Surrey）就展開了一種新型態的交易。他們保留了幾家擁有二十到三十頭乳牛的養殖場，所生產的牛奶被運送到西南鐵路的各個車站，並且轉運到滑鐵盧終點站（Waterloo Terminus）來供應倫敦市場所需。

因此，我們這個茶具組，其實就是個三件式的十九世紀英國社會史。它也是一面透鏡，讓諸如琳達．科麗（Linda Colley）這樣的歷史學家能透過它，看到了世界歷史更為廣大開闊的部分：

> 無論有感還是無感，它確實突出了君權統治對這國家每一個人最終的巨大影響。如果你身處在十九世紀、坐在一張紅木桌前喝著加糖的茶，你差不多就和地球上每一塊大陸產生了連

結。你和皇家海軍產生連結，他們守護著大陸之間的航路安全；你和這個布滿了觸手的龐大資本機器產生了關連，透過它讓英國人控制了全世界這麼多的地方、洗劫了他們的各種商品，當然也包括能讓普通平民百姓在家裡使用的各種商品。

我們下一件要討論的文物來自另一個飲茶的島國——日本。但是，與英國不同的是，日本盡了一切努力要把整個世界阻擋在海灣之上，而之所以加入全球經濟的體系就只因為受迫於美國——確實是在他們槍口的威脅下而不得不然。

▼日本最有名的浮世繪，有歐風

93 葛飾北齋的〈神奈川沖浪裏〉

木版印刷，來自日本；西元一八三〇年—西元一八八三年；
高二十五・八公分、寬三十七・九公分。

在十九世紀初期，日本實施鎖國已經有兩百多個年頭，就這樣簡單，自己選擇了退出國際社會。

國王在某地心憂如焚，
車輪往某地轟轟滾滾，
列車正在行進，
戰事正在打贏，
事情正在搞定
在某個遙遠的外地、不在這裡。
在這裡，我們就畫屏風。
是啊……布置好的屏風。

這是史蒂芬・桑岱姆（Stephen Sondheim）以音樂劇裡的戲劇性場面，呈現出這個與世隔絕、卻又沉穩自足的國家在西元一八五三年的樣貌，而在不久之後，美國人就會用炮艇敲開他們的港口，逼迫他們向全世界敞開大門。這齣戲詼諧地諷刺了這些既夢幻迷離、又充滿美感的日本人，他們寧靜地描繪著屏風，與此同時歐美隔著大海，正經歷工業革命和政治動盪。

這是個日本人自己有時也想要展現的形象，而且這也是在解讀〈神奈川沖浪裏〉這幅日本最著名的浮世繪時，人們經常抱持的態度。這幅暢銷熱賣的木刻版畫，是偉大的藝術家葛飾北齋在西元一八三〇年左右完成的作品，也是他《富嶽三十六景》系列當中的一幅。大英博物館藏有三幅〈神奈川沖浪裏〉的版畫壓印。我們這裡看到的這一幅，是在早期木雕版還很新的時候所壓印的作品，畫面上的線條還很銳利、色彩相當清晰和完整。乍看之下，它呈現出一幅美麗的景色：一個深藍色的大浪盤繞在海面上，在遙遠的遠方隱約可見到那寧靜、白雪皚皚的富士山山峰。你或許會認為，這是按照固定傳統風格所妝點出來的一種形象、代表了永恆的日本。然而，葛飾北齋的〈神奈川沖浪裏〉也還有許多不同的解讀方式。再仔細點來看，你會看到這美麗的浪頭就快要吞沒的三艘小船和船上驚恐的漁民，而富士山看起來顯得那麼渺小，以至於讓身為觀眾的你也分享了船上水手的感受，遙望著海岸——那是如此難以企及，而你已迷失了方向。我認為，這是一幅描繪不穩定性和不確定感的圖像。〈神奈川沖浪裏〉讓我們了解到了日本的心態，當時它就站在現代世界的門檻，而美國很快就會強迫它加入到其中來。

在十九世紀中葉，隨著工業革命開始後，這些工業大國，尤其是英國和美國，都積極地為自己的產品尋找新的原物料來源和新的市場。這些自由貿易主義者認為，全世界都是他們的地盤，而日本是他們打算強行敲開的世界。他們似乎無法理解——其實是無法忍受——日本居然拒絕在全球經濟中好好扮演自己的角色。但是在另一方面，日本卻認為沒有必要與這些愛出風頭、自稱是夥伴的人貿易，它自己眼下的安排布置就已經非常合宜得體了。

在一六三〇年代末期，日本幾乎已經關閉了所有的港埠，驅逐了商人、傳教士和外國人。日本國民不得離開本國，外國人也不可以進入——抗命者會被處以死刑。唯一例外的只有荷蘭和中國商人，而他們的航運和貿易則被限制在長崎這個港口城市。貨物在此頻繁的進口和出口（正如我們在第七十九章裡看到的，日本人迅速填補了中國在十七世紀中葉，因政治問題而在歐洲瓷器市場所留下的缺口），但在貿易條件的規定則完全由日本人發號施令。在處理與世界其他地區的交往上，他們說什麼就是什麼。與其說與國際社會完全隔絕，還不如說他們是有選擇性地參與。

假使外籍人士不能進入日本，那麼外國的東西卻鐵定可以。假若仔細審視〈神奈川沖浪裏〉的排版構圖、物質成分和圖像畫面，我們就能很清楚的看到這一點。我們看到了一個看起來相當傳統的日本式場景——盤繞的大浪鋪蓋在狹長、無遮頂的漁船上，讓人們、甚至遠方的富士山看起來顯得相當矮小。這幅畫印在日本傳統的桑皮紙上，大小剛好比A3的紙張小一點，有著隱約黃、灰色和粉紅色的濃淡暗影色調，但整個畫面卻是由深邃、豐富的藍色主導了一切——而且也讓人大吃一驚。因為這種藍色並不是日本藍——而是普魯士藍或柏林藍，一種德國人在十八世紀初期發明的合成染料，比傳統的藍色更不容易褪色。普魯士藍也許是由荷蘭商人直接引進、或者更可能是通過中國而取得的，因為中國從一八二〇年代就開始生產這種顏料。〈神奈川沖浪裏〉的藍色大浪讓我們得知，日本從歐洲得到自己想要的東西，而且還滿懷著信心。《富嶽三十六

冨嶽三十六景
神奈川沖
浪裏

景》系列能在一般大眾之間廣受好評，部分原因就在於用在印刷上、充滿異國情調的美麗藍色——它之所以珍貴，是因為它的外來性。葛飾北齋從西方借鏡的還不只有顏色而已——他還借鑑了歐洲慣例當中的透視法，將富士山擺到了遙遠的遠方。葛飾北齋肯定研究過歐洲的版畫，那些作品是荷蘭人進口了到日本，而在藝術家和收藏家之間流傳。因此〈神奈川沖浪裏〉這幅版畫，非但不代表日本的完美典範、還是個混種雜交的作品，融合了歐洲人的材料和慣例、以及日本人的感受力。難怪這幅圖畫在歐洲會一直如此受人喜愛：這是個相對奇特的畫面、而不是個完全陌生的場景。

我認為，它也顯示出日本人獨有的矛盾心理。身為觀眾，你沒有站的地方、找不到落腳的地點。你必須也到船上去，在「大浪」威脅之下、暴露在危險之中。危險的大海讓歐洲的物品和想法踏浪而來，然而呈現在畫面上卻是種深遠而曖昧不明的特性。克里斯汀・古斯（Christine Guth）一直在研究葛飾北齋的作品，尤其對〈神奈川沖浪裏〉的研究更是深入：

它的完成年代，剛好是日本開始擔心外國人入侵諸島的時候。所以這幅〈神奈川沖浪裏〉似乎一方面象徵著保護日本的屏障，但同時它也讓人聯想到日本人遊歷海外、發展各種想法、諸般事物雙向交流的潛在可能。因此，我認為它和日本開放的開端是有密切關係的。

日本在相對遺世獨立的漫長歲月裡，在軍事寡頭的統治之下，一直享有著和平與穩定的生活。各階層的人民都必須遵守嚴格的公共行為規範；對於統治菁英，個人行為、婚姻、自衛手段、以及許多其他事務，也都有法律的規範。在這種高度控制的氣氛之下，藝術的發展也非常的活躍。然而，這一切都有賴於世界其他地區未曾伸手染指的緣故。到了一八五〇年代，出現了許多外來者想要分享中國和荷蘭獨享的利潤和特權，想要與這個繁榮富裕而人口眾多的國家進行貿易。日本的統治者不願有所改變，因而美國人得出結論，認為自由貿易必須訴諸於武力才能達成。在史蒂芬・桑岱姆《太平洋序曲》（*Pacific Overtures*）、這部劇名頗帶諷刺意味的音樂劇當中，所講述的故事實際上發生在西元一八五三年，當時日本自我強加於身的孤立狀態被打開了缺口、遭到了馬修・培理（Matthew Perry）這位美國海軍准將的破壞，他不請自來地把船駛入東京灣，並要求日本應該開始與美國進行貿易。我們在這裡看到的，是美國總統讓培理遞交給日本天皇的書信當中的片段：

> 許多預計要前往日本的大型戰艦還在前往那片海域的路上，而末尾署名者（譯按，即第十三位美國總統米勒德・菲爾莫爾）為顯示他友好的意圖，只派遣了四艘較小船艦，用意就是，在必要的時候，在來年春天派遣一支更強大的武力回到江戶。
>
> 但我們希望陛下您的政府會令回到江戶再度叩關的舉動多此一舉，只要馬上同意總統信裡這些非常合理、又愛好和平的提議……

這是最典型的砲艦外交，而且還真的管用。日本人的抗拒很快就消融瓦解，而且也就欣然接受了新的經濟模式，成為這被迫加入的國際市場當中活躍積極的一員。他們開始對於圍繞著他們的海洋有了不同的看法，對於海洋之外的世界存有潛在機會的體認也快速地萌芽茁壯起來。

哥倫比亞大學的日本學學者，多納德・金（Donald Keene）把「大浪」視為一種日本社會變遷的暗喻：

日本人有一個描述思想偏狹封閉的詞彙，從字面上來看就是島民心態的寫照：島國根性。島國所指的當然是「海島國家」，根性所說的就是「秉性和性情」。這個概念是說，他們四面環海，而且有別於英倫三島還能隔海與大陸遙望，離大陸的距離相當的遙遠。日本的獨特性經常被當作是個了不起的美德。由於全世界利之所趨而打破了傳統的障礙，全新的改變也就浮出了檯面。我認為來自這些浪潮當中的利益，除了暗指著讓人往他處去的誘惑，還有在日本之外的地方找到新寶藏的可能性。而且此時有一些日本人還偷偷寫下了諸多的理由，說明何以日本應該在世界上的其他地方建立自己的殖民地，好能擴大他們自身的財富。

〈神奈川沖浪裏〉就如同整個系列裡其他的圖像一樣，至少刊印了五千多份、甚至可能還高達八千份之多。我們還知道，它在西元一八四二年的公定售價是一份十六文錢、也就是相當於兩碗麵的價錢。這是一種價格低廉、廣受歡迎的藝術形式；不但有了這麼大的發行量、還符合了製作精良的技術標準，真可說是個相當有利可圖的產品。

培理准將在西元一八五三年和一八五四年相繼以武力叩關、敲開日本港埠的門戶之後，日本恢復了與外界世界持續接觸的狀態。它已經明白了，沒有哪一個國家能自外於全球的經濟體系。

日本的版畫被大量出口到歐洲，在那兒很快就受到了矚目、並獲得了惠斯勒（Whistler）、梵谷（Van Gogh）與莫內（Monet）這些藝術家的讚揚；曾經深受歐洲版畫影響的日本藝術家，現在回過頭來對歐洲人發揮了他的影響力。日本風（Japonisme）掀起了一股熱潮，而且還滲入了歐美藝術的傳統當中，一直到二十世紀還影響著美術和工藝美術的領域。過了一段時間之後，日本也追隨著工業化與商業化的西方世界，在這個過程裡把自己轉型成為帝國主義的經濟強權。然而，誠如康斯塔伯（Constable）的〈乾草車〉（*Haywain*），完成於大致同個年代，呈現出工業革命以前的典型英國農村景致，葛飾北齋的〈神奈川沖浪裏〉在當時——而且在現代的想像裡還依然如此——同樣也成為一種象徵、代表著永恆的日本，一再重現於從紡織品到茶杯的一切事物上。

▼召喚國人為獨立而戰

94 蘇丹的裂縫鼓

鼓，來自非洲中部；西元一八五〇—西元一九〇〇年；
高八十公分、寬二百七十一公分、厚六十公分。

第一代基欽納伯爵霍雷肖・赫伯特・基欽納（Horatio Herbert Kitchener）是第一次世界大戰時期的媒體明星。在那張著名的徵兵海報上，只見他全副戎裝直指前方的我們、手指戳向前方、翹挺的八字鬍就在不遠之後，海報上寫著「你的國家需要你」。那時候，他已經十分的出名、人稱「喀土穆的基欽納」。這個來自非洲中部的木製大鼓，就是他所虜獲的戰利品，在西元一八九八年獻給維多利亞女王，而在這不久之前，他才在奧圖曼戰役（Battle of Omdurman）率領部眾屠殺了大約一萬一千名蘇丹的士兵，這個鼓便是他贏得這個封號的由來之一。

這個人稱「裂縫鼓」的身世，道盡了蘇丹在十九世紀所歷經的滄桑，當時鄂圖曼帝國治下的埃及、英國和法國勢力都匯聚在這個幅員廣大的尼羅河國家，而這裡長久以來就一直被切割成信奉當地傳統信仰的南部、崇信伊斯蘭教的北部。這個鼓還是另一個憑證，標示了在尼羅河各大瀑布周邊、長期持續的地緣政治斷層線，而這樣的情形我們先前也已經遇到了兩次：在塔哈爾卡法老獅身人面像（見第二十二章）、以及奧古斯都的頭像（見第三十五章）。這個鼓說明了部分非

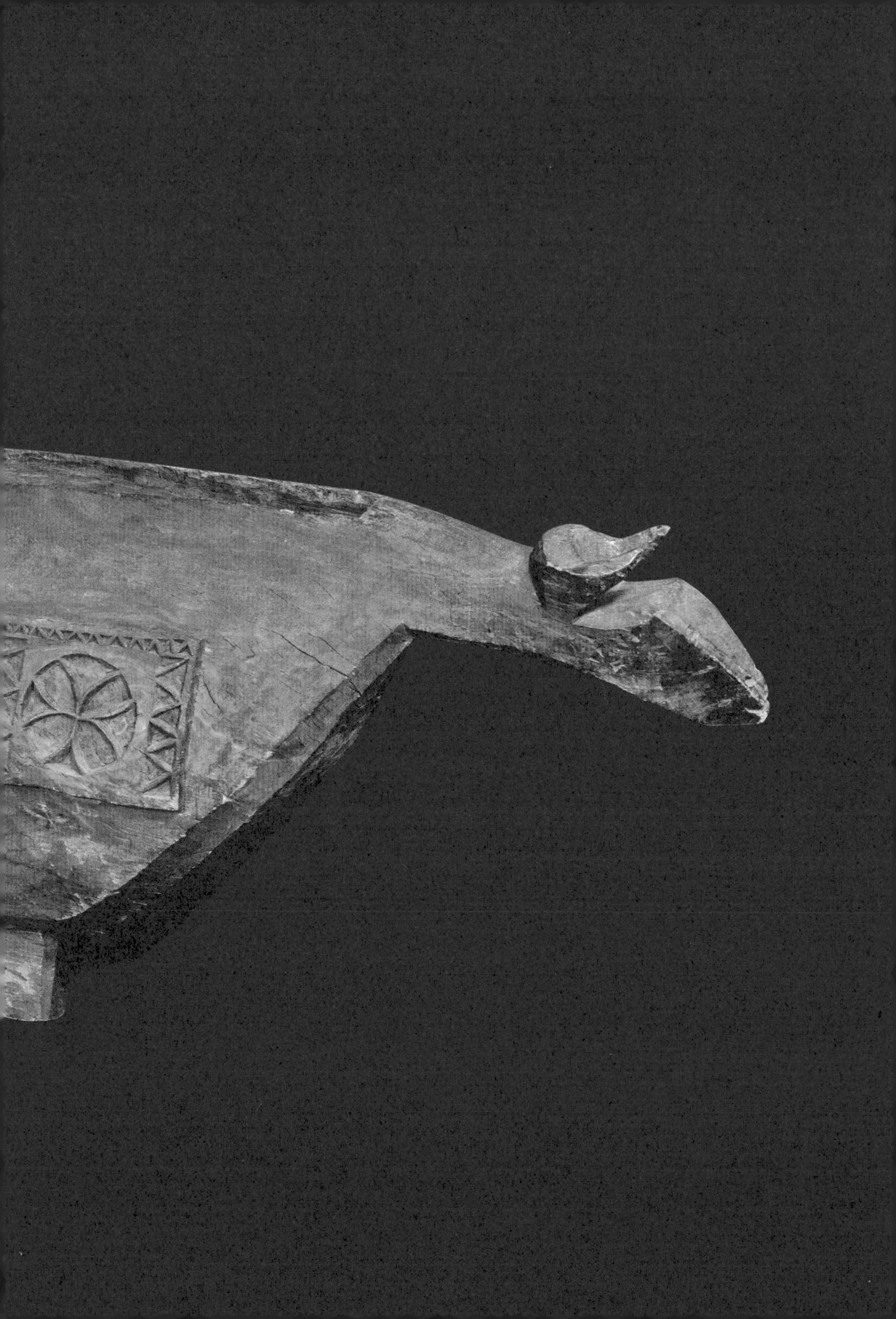

洲土著文化的歷史、呈現了部分以喀土穆為中心的東非奴隸貿易狀況、還見證了歐洲人在十九世紀末期的非洲爭奪混戰的景況。

這個裂縫鼓誕生於非洲中部、就在蘇丹和剛果交界的地區，而且應該曾經是某個強大酋長宮廷樂隊裡的一件樂器。它的外形像是一頭短角水牛或叢林水牛，從頭到尾的長度約有兩百七十公分、高約有八十公分，大小就像一頭長著短腿的大牛犢子。它的頭部很小、尾巴很短——整體看來幾乎就只有個肥大的身軀，中間被人給挖空、整著背上有一條狹窄的縫隙。鼓身的兩側被雕刻成厚薄不一的狀態，使得熟練的鼓手可以用傳統的鼓棒敲出至少兩種不同的音調、最多高達四種不同的音階。它的製作材質是一整塊的非洲珊瑚木；這是一種產自中非森林地區的耐久硬質木材、非常適合用來製鼓，因為這種材質可以耐得住反覆的敲擊、能夠維持恆定的音調、而且還不怕白蟻的啃蝕。

這種鼓的主要功能就是演奏音樂，紀念聚落裡諸如出生、死亡和節慶的各種事件。歐洲人把這種裂縫鼓戲稱為「說話鼓」，因為它們被用在典禮儀式裡向人們「說話」，並且還被用來作為遠距離傳輸訊息的工具——它們的聲音可以傳遞數英里之遠——召喚男人們一起狩獵或集結開戰。

在十九世紀末，蘇丹是一個飽受威脅的社會。歐洲和中東的各大勢力早已進駐到非洲中部，吸引他們蜂擁而至的就是豐富的象牙和大量的奴隸。幾個世紀以來，人們向來都從蘇丹南部和非洲中部來捕捉奴隸、往北運送到埃及、然後再販賣到鄂圖曼帝國各地；許多中非的酋長會和奴隸販子合作，向敵對的部落發動襲擊、再把俘虜賣掉，瓜分所獲得的利益。這種情形在埃及人控制了蘇丹的一八二〇年代更是雪上加霜，而奴隸的掠奪和交易也成為這個地區最賺錢和最強勢的產業。整個行業都集中在埃及人所統治的喀土穆，當地到了十九世紀末期已成為全世界最大的奴隸市場，服務範圍遍及了整個中東地區。作家多明尼克·葛林（Dominic Green）就對當時的狀況作了一番評估：

埃及人已經建立了相當可觀的奴隸貿易帝國，從尼羅河第四座瀑布一路下來直達維多利亞湖（Lake Victoria）的北岸。他們這麼做也獲得歐洲國家政府的一些支持；這些政府處心積慮想插手的，顯然是象牙、而不是奴隸，而且他們也擔心人道主義的問題。當時埃及的統治者玩起了兩面手法，一方面和歐洲人簽署了強加於他們身上的反奴隸公約，但是之後仍然持續從奴隸貿易當中賺取大把的利潤。

這個鼓可能是某些奴隸掠奪者扣下來當成戰利品、或當地的酋長贈予他們的物品，但我們幾乎可以肯定的是，它被當成是買賣的一部分給送到了喀土穆。而它的命運在被運到喀土穆之後又有了變化，被人改頭換面以後、在伊斯蘭社會裡站穩了陣腳。從它的兩側就能讓我們了解到這一點：它在兩側各被雕刻出一個幾乎占滿整個鼓身長度的長方形、當中還有一些圓圈之類的幾何圖案——可以看得出是新主人在上面添加的伊斯蘭花紋，目的是用來防止邪惡之眼。有一邊的花紋是直接雕刻在木材本體上，但是另一邊卻把木材削掉、讓花紋變得十分醒目。這樣打薄的做法會明顯改變鼓的聲音，而有證據顯示，儘管它可能仍然持續被用於初衷、用在演奏音樂或召喚人們武裝起來，但這時發出的聲音鐵定不一樣了。一件樂器已然成了戰利品、新刻上的雕刻其實是恥辱的烙印，說明了支配中非北部政治的統治歸屬、也擺明了當地對伊斯蘭教的擁護與支持。

這個鼓來到喀土穆的時間，恰好碰上了蘇丹歷史上的關鍵時刻。埃及人的占領在許多方面都帶來了歐洲的技術和現代化的建設，而在此時正興起一股新興的極端伊斯蘭反抗勢力來反對這種狀況。就技術上的層面來說，埃及當時還隸屬於信奉伊斯蘭教的鄂圖曼帝國，但許多蘇丹的穆斯林對自己所經歷的一切卻相當的反感，因為平易近人的伊斯蘭教卻給他們帶來了政治上的鎮壓。西元一八八一年，當地出現了一位宗教與軍事的領導人——穆罕默德・艾哈邁德（Muhammad Ahmad）自稱「馬赫迪」（mahdi，意思是受真主指引的導師），他召集了一支軍隊進行聖戰，意圖從戒律廢弛、歐化日深的埃及人手中收回蘇丹。這個事件被稱為「馬赫迪派起義」（Mahdist Revolt），它同時也是現代歷史上第一次伊斯蘭軍隊開始展現出帝國主義軍事武力的樣貌。一時間，它橫掃了阻攔在眼前的一切。

穩定的埃及政府是英國根本的戰略利益。由法國和埃及共同興建於西元一八六九年的蘇伊士運河（Suez Canal），是條經濟的命脈、也是聯絡地中海和英屬印度的重要紐帶。但因為建造這條運河、連同其他大型的工程建設、再加上埃及統治者長期財政的不當處置，讓國家的舉債急遽飆升。蘇丹的馬赫迪派起義讓這緊繃的態勢更形嚴峻，而埃及看來似乎就要因為破產和內戰而完蛋。西元一八八二年，考慮到運河的安全問題，英國於是採取行動來保護自己的國家利益。他們發動了侵略戰爭，讓埃及政府在英國顧問的諮議下繼續統治。過沒多久，當馬赫迪派包圍了喀土穆時，英國就把注意力轉向了蘇丹。由於馬赫迪派的勢力大漲，埃及政府就派出戈登將軍

（General Gordon）帶領埃及軍隊前往蘇丹。然而他的部隊遭到了攔截，而戈登也被砍死在喀土穆、成為英國人眼中的烈士。馬赫迪派接管了蘇丹，就如同多明尼克・葛林所描述的：

戈登遭到了一種可怕的維多利亞時代死刑處置、慘遭凌遲致死，後來人們在英國各地用大理石雕像和油畫來重新恢復他的形貌。喀土穆在西元一八八五年一月淪陷，而一旦那強烈的抗議平息了下來，蘇丹也幾乎被英國人徹底的遺忘，直到一八九〇年代中期。此時是「非洲爭奪戰」的時期；英國人的戰略，根據他們的說法，基本上是要建立一個從好望角到開羅的南北連結。法國人當時試圖要建立起由東向西、或由西向東的通路，因此就派遣了一支由馬爾尚隊長（Captain Marchand）所率領的探險隊進行探勘。這隻探險隊在西非登岸，開始蹣跚地穿越無數的沼澤前往尼羅河。英國人注意到了這一點，也派遣了一支規模相對較小的部隊、在霍雷肖・赫伯特・基欽納的率領之下，終於在西元一八九八年、喀土穆圍城的十三年後，基欽納的軍隊和馬赫迪派的軍隊再次對壘。

在西元一八九八年九月二日，基欽納的英國─埃及聯軍在奧圖曼摧毀了馬赫迪的部眾──在這場戰役當中，英國軍隊的騎兵隊進行了最後的幾次衝鋒，而其中的一位參與者就是年輕的邱吉爾（Winston Churchill）。戰況在蘇丹方面有一萬一千人死亡、一萬三千人受傷，而在英埃聯軍方面則損失了五十人。這是一個殘酷的結果──英國人給自己找的正當理由是，捍衛自身的區域利益以免受到法國的侵害，同時也報復了戈登在喀土穆遇害身亡、以及制止他們認為是可恥的奴隸貿易現象。

在英埃聯軍奪回喀土穆之後，基欽納的軍隊在這個城市附近發現了這一個鼓。再一次，它又被重新雕刻——或重新烙上印記——以表達一項政治聲明：在這叢林水牛靠尾巴的位置上，基欽納加上了一個英國王室的徽章。然後它就被獻給了維多利亞女王。

蘇丹從西元一八九九年一直到一九六五年獨立之前，一直都是英國—埃及聯合統治的領地。在這段期間裡的大半時候，英國的政策是要把這個國家分割成兩個實質獨立的地區——信奉伊斯蘭教的阿拉伯北部、以及日益傾向基督教的南部。蘇丹裔的資深新聞主播，札娜布・巴達維（Zeinab Badawi）的祖父就曾經在奧圖曼戰役當中效力於蘇丹的部隊，而她的父親也曾經在這個分裂國家的現代政壇上引領風騷；她認為：

這是一面有趣的鼓，因為它上面蝕刻了阿拉伯文字、也因為它落入了馬赫迪派的手中，而且顯然阿拉伯語是蘇丹的通用語、是北方部落所使用的語言。這個鼓其實相當貼切，因為蘇丹是黑人非洲與阿拉伯世界融合而成、是真正的交匯點，就如同位於喀土穆的尼羅河匯流處，有白尼羅河和藍尼羅河在此匯合一樣。我拿了一張這個鼓的照片給我父親看，他告訴我說，早在一九四〇年代和一九五〇年代，當他還在擔任蘇丹社會黨的副黨魁、還在蘇丹南部的時候，南蘇丹人和南下的北方人爆發了一場喧鬧的爭執。吵到一個程度，他以為自己看到有人拿了一個鼓過來，和這照片裡的很像、但明顯要新得多，然後就開始打起鼓來，鼓動其他南蘇丹人集合過來展現自己的力量，好制止北部人和南部人之間這場即將失控的爭執。

自從獨立之後，蘇丹這幾十年來一直在內戰和種族交戰暴力下苦苦掙扎，承受著巨大的生命損失。最近，南方已經要求以和平的方式與北部分離，並且在西元二〇一一年將會舉行全民公投來決定這樣的分離會進行到什麼樣的程度。（譯者按，西元二〇一一年七月九日，南蘇丹共和國正式獨立。）這些事情所交織出來的故事也有這裂縫鼓的一份，而且絕對還沒被人給說完。

EDWARDVS VII DEI GRA: BRITT: OMN: REX FID: DEF: IND: IMP:
VOTES
FOR
WOMEN

▼抗爭行動的典範

95 爭取婦女參政者所毀損的一便士硬幣

愛德華七世頭像一便士，來自英國；西元一九〇三年—西元一九一八年；直徑三．一公分。

我們所談論的歷史已經來到了二十世紀的開端。在此之前，我們看到的多半都是男人所製作、委託製作或擁有的物品。這件物品上面有一位國王的肖像，但我們看到這件特別的樣本卻被女性給擅自利用——用一句標語損毀了它的外觀，來表達女性對於國家法律的抗議。這是個印有英王愛德華七世（Edward VII）優雅側面像的一便士硬幣，但頭像遭到毀損，而這在當時可是一項罪行。粗糙的大寫字母蓋滿了國王的腦袋，上面寫著「VOTES FOR WOMEN／婦女要有選舉權」。這一枚爭取婦女參政權的銅板，代表了所有那些爭取選舉與被選舉權的人。我們最近幾章所談的都是有關十九世紀大量生產與大量消費的物品——而這一件物品，所談的就是大眾政治參與的崛起。

權力的釋出往往都不會是心甘情願、而是得靠強硬的手段才能達成；在歐洲和美國，十九世紀的發展時不時就被政治抗爭給打斷、在大陸上就時而發生一些革命，在美國有南北戰爭、在英國則是一項要求擴大參政權的穩定抗爭。

重新定義英國政治民主的過程顯得十分的緩慢。事情從一八二〇年代開始，而到了一八八〇年代，大約有六成的男性擁有投票權——但女性完全排除在外。主張婦女參政的戰爭在《一八三二年改革法案》（*Great Reform Act of 1832*）頒訂不久後就已經展開，但這場戰役到了二十世紀之初才真正有所行動，當時已出現了爭取婦女參政的運動、以及隨之而來女性自信的高漲，而與之同時一起上升的還有暴力的情節。女爵士艾瑟・史密斯（Dame Ethel Smyth），譜寫了爭取婦女參政者的戰歌〈女性進行曲〉（*The March of the Women*），下面引述她的話：

> 在西元一九一二年那個值得紀念的晚上五點三十分整，一波又一波的婦女從她們的袖套和手提袋裡拿出鎯頭，並且有條不紊地在大倫敦地區的交通要道上砸毀商店的櫥窗；這是受到知識的啟發所導致的行動，而且就在同一個時間，潘克斯特女士（Mrs. Pankhurst）也率先以石頭砸向唐寧街十號首相官邸的窗子。

史密斯被判入獄、連同一起的還有許多其他的婦女。有一天，有一個探監的訪客發現她探出一扇窗外，用牙刷來指揮其他因爭取婦女參政而入獄的人，一起練唱〈女性進行曲〉。

看到這些備受尊崇的女性居然故意犯下罪行，讓英國當局大為震驚。比起向來常規做法的張貼海報、發送小冊子、進行集會和歌唱活動，這種做法算是相當超前的一大步。損毀國幣算是比較輕微的犯行——因為它沒有明顯的受害者——但或許對於一個把婦女排除在政治生活之外的國家當局來說是相當有力的攻擊。以運動抗爭的角度來看，這簡直就是神來之筆。藝術家菲莉絲緹・鮑威爾（Felicity Powell）對於這些具顛覆性的硬幣有著特殊的關注：

這點子實在是太聰明了，因為它善用了硬幣的潛力、有點像是今天的網際網路，讓人能夠廣為流傳。便士也許是最常用到的硬幣，所以能將訊息傳遞出去，以顛覆的手法進入公共的領域，傳到那些需要獲得慰藉以及那些會大為震驚的人手上，真是絕妙的好點子。

這種特殊的硬幣充分利用了硬幣擁有兩面、無法讓人一眼就同時看得到的實際情況，而在另一面是不列顛女神的肖像、沒有被毀損。這是個站著的女子肖像，十分強大、象徵著國家的地位。於是當你看到的另一邊的時候，就真的會產生一種價值衝突、真正顛覆的潛在可能。

硬幣的另一邊是愛德華七世的側身像——微禿的腦袋、蓄著鬍髭、眼睛凝視著右方。此時的他大概六十出頭歲——這枚硬幣的鑄造年代是西元一九〇三年。圍繞著他的肖像、在硬幣周圍的是拉丁文銘刻，意思是「蒙上帝恩典的愛德華七世、英國國王、國教捍衛者、印度皇帝」。如此強大的一個稱號，同時散發著古老權力和嶄新王權的強烈氣息——全然是一種在幾個世紀以來，君權神授的政治秩序設計。然而，在國王耳朵上方和右側臉頰上有排顫抖的大寫字母寫著「VOTES／選舉權」、耳朵下方的「FOR／給」、還有脖子上的「WOMEN／婦女」。某位抗爭運動的參與者把這些字母一個個錘打到這一便士硬幣的表面上，每一個字母都得打印一次。那麼做必然得耗費相當大的氣力，而結果儘管粗糙、但卻是威力十足，如同菲莉絲緹・鮑威爾所描述的：

這簡直就是毀容、狠狠搧了國王一巴掌的感覺。我覺得有趣的是，這樣一來，耳朵就變成了畫面的焦點。由於這些字母敲打得很深、但卻讓耳朵或多或少完好無損，這就有點像是在問：「你有在聽嗎？」它在達成目的方面，確實有發揮出真正的力量。

在我們這枚愛德華七世的青銅一便士硬幣發行之際，也正好是婦女社會暨政治聯盟（Women's Social and Political Union；WSPU）成立的那一年；這個組織的創始人包括艾米琳・潘克斯特（Emmeline Pankhurst）和她的女兒克麗絲貝爾（Christabel）。在那之前也曾經出現過其他性質和平的女性壓力團體，但都沒有達成她們的目標。而再往前推個三十三年，當時艾米琳的丈夫就已經起草了第一份婦女參政的法案遞交給國會、在下議院的反應也還相當不錯，但是卻遭到首相威廉，格萊斯頓（William Gladstone）跳出來反對：

我並不擔心女人會侵害男人的權力。我擔心的是，這麼做會在無意間妨害了女性纖弱、純潔、精緻與高貴的本性，而這些都是女性目前力量的泉源。

藉由喚起女性纖細和精緻的本性，格萊斯頓故意訴諸於傳統而壓抑的概念，要求女性該懂得檢點。因此，儘管爭取婦女投票權的運動仍然持續進行著、而且法案也一再回到國會進行討論，但在將近有一個世代的時間裡，大多數婦女對於採取直接的行動始終猶豫不決，而且認為侵害到男人既定的權力不是淑女的表現。

然而到了西元一九〇三年，潘克斯特她們和其他人覺得受夠了。此時她們仍自稱「主張婦女參政者」（suffragists），但在經過幾年激進的行動之後，《每日郵報》（*Daily Mail*）給這些新類型、爭強好勝的示威者起了個「爭取婦女參政者」（suffragettes）的綽號——加上代表不值一哂、微不足道的「te」字尾，來把她們和堅持以和平方式達成目標的人加以區隔。在潘克斯特女士的領導下，爭取婦女參政者迅速採取了直接的行動。毀損硬幣只不過是諸多戰術當中的一種手段，但選擇了一便士硬幣卻是匠心獨運的巧思：這種在推行十進制之前的青銅便士，直徑大約和現在兩英鎊的硬幣相當，大到足以刻下容易閱讀的文字，而且發行量大、面額又低，讓銀行實際上無法將它們完全回收，因此在硬幣上的訊息就能保證廣泛而無止無盡的流傳下去。爭取婦女參政者還親自抓住了訴訟的機會：她們在法庭裡以要求投票的手段來擾亂訴訟的程序，就如同艾米琳・潘克斯特本人所做的一樣：

> 對於所有公正的人來說，婦女應該擁有投票權的原因是顯而易見的。英國憲法規定，納稅和代表權是不可分割的，所以女性的納稅人應該擁有投票權。

潘克斯特女士話語當中的溫和節制，掩蓋了整個運動不斷升高的暴力成分。最著名的事件就是，典藏在倫敦國家藝廊（National Gallery）的一幅維拉斯奎茲（Velázquez）的畫作，〈鏡前的維納斯〉（*Rokeby Venus*）被瑪麗・理查森（Mary Richardson）給割破，而她還振振有辭的為自己的行為開脫：

我試圖破壞神話史裡最美麗女子的圖畫，為的是要抗議政府毀掉潘克斯特女士的作為，她是現代史當中最美麗的人物。

爭取婦女參政者採用了許多至今仍讓我們震驚不已的其他戰術：她們用鏈子把自己拴在唐寧街十號首相官邸的欄杆上；在信箱裡放置炸彈郵包；要是被捕入獄、就在監獄裡絕食抗議。而這當中最暴力、最自殘的行為，當數艾米麗・戴維森（Emily Davison）的死亡事件；她在西元一九一三年的英國賽馬盛會當中，撲向國王的座騎而慘死於馬蹄之下。這些爭取婦女參政的人變成了系統性的法律破壞者，為的就是改變法律，而毀損一便士硬幣的做法只不過是整個運動抗爭當中的一項元素，遠遠超過了公民不服從的不合作主義。這種暴力能夠被容許到什麼程度呢？人權律師、同時也是個改革者的女爵士

▼ 西元二〇〇三年新發行的五十分錢硬幣，用以紀念婦女社會暨政治聯盟創立一百周年。

海倫娜・甘迺迪（Dame Helena Kennedy）認為，可被接受的極限是：

毀損國幣是違法的，所以問題就在於，在某些情況下違反法律是否合乎道德的要求。我的論點是，有時在追求人權時，這是民眾唯一可以做的事情。身為律師的我其實不應該這麼說，但我認為在某些情況下一般市民都會同意，不知怎麼的，總要有人站出來表達支持。從公民不服從的角度來看，我們認為能夠接受的程度顯然是有它的極限。有些政治上的舉措是人們永遠都不會輕饒寬恕的，而努力找出什麼程度才算恰當、什麼東西才是合宜的道德標準，這才是困難的所在。這些女性非常的有勇氣，因為她們做好了為它犧牲性命的準備。當然，現在我們還是有人做好了不惜一命的準備，但是這得考慮到什麼才是合適的時間和場合。而且我認為我們多數人都會同意，任何涉及傷害他人的事情都是讓人無法接受的。

爭取婦女參政權的活動在第一次世界大戰爆發時暫時偃旗息鼓，但是戰爭本身卻為賦予女性選舉權帶來了強大、一錘定音的論證。突如其來的，婦女有機會能夠在傳統男性和顯然「不淑女的」環境下證明自己的能力——戰地醫護、軍需後勤、農業生產、以及工業製造——而一旦戰爭結束，她們就再也無法被人塞回到纖細而精緻的刻板印象當中了。

西元一九一八年，英國三十歲以上的女性獲得了投票權；而在西元一九二八年，《男女選舉平等法》（*Equal Franchise Act*）更將投票權擴及到所有二十一歲以上的女性，條件和男性相同。在我們這個一便士硬幣被加蓋了「婦女選舉權」的一百年之後，當局發行了一枚新的五十分錢硬幣，來慶祝婦女社會暨政治聯盟創立一百周年紀念。銅板的正面是英國女王、是一位女性，銅板的背面也是一位女性——一名拴在欄杆上的爭取婦女參政者、身旁擺著一面布告牌，上面寫著、而且這一次絕對是合法出現在硬幣上的：GIVE WOMEN THE VOTE／給予婦女投票權。

第20篇

我們所製造的世界

西元一九一四年～西元二〇一〇年

整個二十世紀連同二十一世紀初期，就是個充滿著空前衝突、社會變革、以及科學發展的年代。技術的創新，使得人類能夠生產與使用的物品比諸歷史上過去任何一個時代都還要來得多，不僅改變了我們彼此之間的關係、也改變了我們與物質世界的關係。然而這些物品（尤其是自從塑膠發明以來）有許多都是暫時性或者拋棄式的，給環境和全球資源帶來了各種迫切的問題。如同這兩百萬年來不曾改變的真理一樣，我們在上個世紀所製造的物品還是傳達出我們感興趣的事物、我們創造力的發揮、還有我們亟熱切的渴望，而且也將繼續向後代子孫來展現這一切。

▼蘇維埃式的商業手段

96 俄羅斯革命紀念瓷盤

瓷盤，來自俄羅斯聖彼得堡；繪製於西元一九二一年；寬二十四．八公分、深二．八七公分。

起來，饑寒交迫的奴隸！
起來，全世界受苦的人！
滿腔的熱血已經沸騰，
要為真理而鬥爭！
舊世界打個落花流水，
奴隸們起來，起來！
不要說我們一無所有，
我們要做天下的主人！

這是《國際歌》（*The Internationale*）的歌詞，是首偉大的社會主義讚歌，西元一八七一年完成於法國。俄羅斯在一九二〇年代由布爾什維克黨（Bolsheviks，俄語「多數派」的意思）將它訂為俄國革命的聖歌。原本歌詞所描述的是期盼未來革命時代的到來，但顯然布爾什維克黨在俄語翻譯上把時態做了改動，把時間從未來挪移到了現在——「革命」就在今朝。工人們，至少在理論上，已經掌握了控制權。

在這整本書裡，我們已經看到了不少個別統治者的肖像——從拉美西斯二世和亞歷山大大帝、到貝南的歐巴和英王愛德華七世——但我們在這裡看到的是一種新類型統治者的形象，不是某一個「我」、而是「我們」，不是某個個人、而是一整個階級，因為我們在蘇俄（Soviet Russia）看到了人民展現出來的力量，或者說，我們看到了無產階級專政。這一章要探討的物品是一個紀念俄國革命和新統治階級誕生的彩繪瓷盤。在鮮豔的橘、紅、黑、白各種色彩的外表下，它讓我們看到了一座洋溢著能量和生產力的革命工廠，而在畫面靠前的地方，還有一名象徵著無產階級的成員、邁著大步迎向未來。七十年的共產主義統治，即將揭開序幕。

在整個二十世紀裡，意識形態和戰爭一直居於主導地位：兩次世界大戰、從殖民勢力當中爭取獨立的戰鬥、後殖民時期的內戰；歐洲的法西斯主義、遍及世界的軍事獨裁政權；還有就是俄羅斯的革命。一場大規模的政治較量、歷時將近有一整個世紀之久，就在兩方人馬之間展開：一方是自由開放的民主國家，另一方則是中央政府管理的集權國家。到了西元一九二一年、也就是這個瓷盤彩繪完成的那一年，布爾什維克黨已經在俄羅斯強行實施一種以馬克思主義經濟與階級理論為基礎的新政治體制，並且準備著手要來打造一個新的世界。這是一項十分艱鉅的任務——俄國當時才在第一次世界大戰遭逢悲慘的敗局，而且新上台的政權也正飽受外國侵略和內戰的威脅。布爾什維克需要用盡一切可用的手段來激勵、帶領蘇維埃的工人階級。其中的一個手段，就是藝術。

設計者利用了盤子圓形的形狀來加強圖像的象徵力。在盤子中間遠遠的地方有一座塗成紅色的工廠——這顯然是一座屬於工人的工廠——噴著白煙、明白顯示著良好的生產能力，鮮豔黃、橘色輻奏四射的光芒趕走了抑鬱過去的黑暗勢力。前方的一座小山丘上，有一個人從畫面的左方邁著大步。他煥發著光芒、就像工廠一樣，周身散發著金色的光環，塗成紅色的剪影沒有任何細節，但我們知道他很年輕、他熱切期待未來。他顯然代表的並不是單一個人、而是整個無產階級，正走向他們親手打造的、更加光明的未來。在他的腳邊的是一個工業齒輪、在他手上拿的是產業工人用的榔頭。他的下一步將踩過字母散落在岩石間、破滅的「KAPITAL／資本主義」這個詞彙所在的荒蕪之地。這個瓷盤的製作年代要比當時早了二十年，是在西元一九〇一年出廠的一件白瓷盤。設計這件作品的藝術家是阿達莫維奇（Mikhail Mikhailovich Adamovich），他把帝俄時期的一件瓷器轉變成一個清晰而有效的蘇維埃宣傳工具。就是這種再利用的做法，讓馬克思主義歷史學家艾瑞克・霍布斯邦（Eric Hobsbawm）為之著迷不已：

這件物品最有趣的地方就在於，你可以從它身上同時看到新舊兩種政治體制、看到它們新舊交替的情形。我們很少看到這樣的物品，能讓歷史的交替更迭這麼清楚地呈現在我們眼前。對這些藝術家來說，意識型態是至關重要的。在這些覺得自己完成了革命事業的人群當中瀰漫著一種強烈的感覺，認為自己做到了從來都沒有人做得到的事。我們正在創造一個全新的世界，它將在俄羅斯和全世界轉型完成後大功告成，而且我們還有責任來引導、推動這個世界

▲ 皇家瓷器廠沙皇尼古拉二世的戳記和蘇維埃國家瓷廠的錘子和鐮刀印記。

——那就是他們的意識形態。

在布爾什維克掌權不久之後，皇家瓷器廠（Imperial Porcelain Factory）就被收歸國有、改名為國家瓷器廠（State Porcelain Factory）、歸「人民文明指導委員會」（The People's Commissar of Enlightenment）辦公室這有著響亮烏托邦式名稱的單位管轄。國家瓷器廠的人民委員在寫給委員會的信裡指出：

> 瓷器和玻璃工廠……不能只是扮演工廠和工業企業的角色而已。它們必須是科學和藝術的中心。它們的目標是要能鼓勵俄羅斯陶瓷和玻璃行業的發展，在生產製造方面尋求和發展新的途徑……來研發藝術的形式。

在西元一九二一年、也就是我們這個盤子完成的那一年，俄羅斯亟需散播各種精誠團結和充滿希望的訊息。當時全國陷入了內戰、貧困、乾旱和飢荒：有四百多萬名俄羅斯人餓死。工人當家作主的工廠、就像這塊瓷盤上所顯示的這座一樣，和革命之前並沒有什麼兩樣，只能生產出小部分零散的產品出來、餵不飽眾多嗷嗷待哺的嘴巴。艾瑞克・霍布斯邦認為，以這件瓷盤為代表所呈現出來的藝術樣貌，彰顯了在看似絕望的情況下、希望給人們帶來的力量：

它所完成的年代，幾乎就是大家都在捱餓的那個年頭。在窩瓦河（Volga）一帶鬧著饑荒，有人死於飢餓和傷寒。就在這麼個時候，你會問說：「這個挺屍躺平了的國家，怎樣才能恢復元氣？」而我認為，人們必須訴諸想像力來重新創造的做法是人們進行重建的唯一動力，他們會說：儘管如此，我們還是要來打造未來，而且我們會滿懷信心的期待著未來。

我們從這件瓷盤上看到了一名陶瓷藝術家所謂的「來自光芒四射未來的消息」。正常來說，所有的統治政權都會重新審視、並重新安排自身的過去，視目前的需要來竄改挪用、就如同我們之前不只一次看到的一樣，但是布爾什維克想讓人們相信，過去的已經過去、而新的世界得要從頭開始建立起來的。

這個無產階級新的平等世界圖像被繪製在瓷器上——這種奢華的材料在歷史上和貴族文化與特權階級有著千絲萬縷的糾葛。用手繪的方式畫在釉面上，只能用來展示、而不能實際拿來使用。這個盤子擁有扇貝褶邊、非常的精緻——其實它原本是個革命以前製作出來的素面瓷盤，被人給留在帝俄時期的瓷器廠裡。十八世紀的時候，俄羅斯的伊莉莎白女王就已經在聖彼得堡附近成立了皇家瓷器廠，專事生產足以匹敵歐洲最優質的瓷器、以供應宮廷所需和作為皇室的官式禮品，誠如俄羅斯的國立艾米塔及博物館（State Hermitage Museum）館長，彼亞特羅夫斯基（Mikhail Piotrovsky）所解釋的：

俄羅斯瓷器成了俄羅斯文化創生相當重要的一環。俄羅斯皇家瓷器自此聲名大噪：這些美麗的碟子現在在世界上的拍賣價格都極其昂貴。這是藝術結合了經濟和政治的絕佳例證，因為它向來都是一種俄羅斯帝國的表現方式——軍事照片、軍事遊行、熱愛生活的普通人、以及來自艾米塔及的照片——所有一切俄羅斯希望以最美麗的樣貌展現在世人和自己眼前的東西。

這個瓷盤是一個縮影，呈現出蘇維埃式、完全割裂的花言巧語永遠不可能符合現實的狀況：考慮到革命進行的速度，布爾什維克必須接收他們能夠接管的既有組織，使得大半個蘇維埃的俄羅斯仍然持續呼應著沙皇時代的模式。他們不得不這樣做——但在我們看到的這個例子裡，他們是特意選擇了這麼個做法。這個瓷盤的背面有兩個工廠的標記。釉面下的標記是這個素面瓷盤在西元一九〇一年剛做好時、印上的皇家瓷器廠沙皇尼古拉二世（Tsar Nicholas II）的戳記。在釉面上彩繪的是代表蘇維埃國家瓷廠的錘子和鐮刀和西元一九二一年的日期。這個彩繪瓷盤分成兩個階段才完成，相隔了二十年的時間、而且政治環境也驚人的大不相同。

你原本或許會認為，人們會覆蓋掉沙皇的花押、抹去與帝制時代的連結，就如同人們往往都會這麼做一樣。但在工廠裡有人卻相當清楚，知道同時留下這兩個標記能帶來天大的好處。這會讓原本已經是收藏家追捧的東西更加令人垂涎，在海外就能夠賣上更好的價錢。這個統治政權不顧一切地想要提高外匯存底，而販賣像這種瓷盤的藝術作品和歷史文物，顯然就是所採取的部分手段。新的國家瓷廠所記錄的報告指出：「對國外市場而言，他們對於蘇維埃印記旁還出現了這些標記的情況大感興趣，而如果以前的印記沒有被覆蓋掉的話，這些物品在海外的售價無疑是可以定得更高一些。」

因此我們就看到了這個令人驚訝的情況：社會主義的革命政權製作了奢華的商品販售給資本主義世界。而你可能會辯稱這一切完全合乎邏輯：從瓷盤獲得的利潤支持了蘇維埃的國際行動，目的就在於腐蝕那些購買的資本主義者，同時也把瓷盤上鼓吹的蘇維埃訊息宣揚給俄羅斯的敵人知曉。「藝術產業」，評論家葉科夫・屠根霍德（Yakov Tugenkhold）在西元一九二三年寫道，「是那把幸福的攻城錘，敲開了國際孤立的高牆。」

這種在蘇維埃和資本主義世界之間的衝突與共生的關係——一開始被當成是一種過渡性的必要，直到工人階級和共產主義虜獲了西方世界——變成了二十世紀在接下來時間裡的一種常態。我們在瓷盤的正面看到了早期布爾什維克十分具有說服力、而又清晰通透的夢想。瓷盤的背面讓我們看到了務實的妥協——帝俄的過往和政治的現實彼此讓步，還有與資本主義世界交往時所採用複雜的經濟權宜之計。大體而言，這種模式將在接下來的七十年裡持續下去，而全世界也將分成兩個巨大、但在許多方面卻也相互競爭與依存的意識形態集團。這個瓷盤的正面和背面，描繪出從全球革命通向了冷戰時代穩定狀態的道路。

▼同性戀：這是我的一部分

97 霍克尼的〈平淡的村莊〉蝕刻版畫

蝕刻版畫，來自英國；西元一九六六年；
高三十五公分、寬二十二・五公分

性愛開始於
一九六三年
（對我來說已相當遲了）——
就在「查泰萊夫人」禁令解除
和披頭四第一張黑膠唱片發行之間。

詩人菲利浦・拉金（Philip Larkin）如是寫道：這位惆悵抒情詩大師在他一首比較愉悅的詩作裡，凸顯了他認為「搖擺的六〇年代」（Swinging Sixties）當中最重要的幾個層面——性愛、音樂、然後再來更多的性愛。所有世代的人都認為是他們創造了性愛，但卻沒有人認為自己可以像一九六〇年代的年輕人那樣、把性愛發揮到那麼酣暢淋漓的地步。當然六〇年代還有比那個還多太多的東西，但那個十年，到現在已經擁有了神話般的地位、被當成是個自由經歷轉型的時代

——或毀滅性自我放縱的年代——而這樣的迷思也不見得毫無道理。在世界各地，既定的權威當局和社會結構受到了挑戰、且在某些情況下還遭到了推翻，而這些自發性的激進群眾所要追求的就是政治、社會、以及性愛方面的自由。

在前面兩章，我們探討了究重大的政治議題——全體社會各個階層權利的實現，無論是爭取婦女的投票權、抑或者是捍衛無產階級（理論上）的權力。在一九六〇年代的諸多運動更在乎的是，確保個別公民都能夠行使這些權利、主張每個人都應該能自由地在社會上充分發揮自己的角色、並且在不傷害別人的前提下依自己的意願來選擇生活方式。有些新的自由得來不易，而且人們還為它們付出了生命：這個十年，在美國有馬丁・路德・金恩（Martin Luther King）和黑人民權運動；有布拉格之春（Prague Spring），那些英勇的捷克反抗軍起來對抗蘇聯的共產主義；有西元一九六八年巴黎學生暴動的「五月風暴」，從而形成一波波校園不滿的浪潮、席捲了歐亞各地；有各種各樣反越戰的運動，也有支持裁減核武軍備（Nuclear Disarmament）的各種活動。

這個十年，同樣也屬於迷幻的「愛之夏」——在胡士托（Woodstock）和舊金山的音樂聲中進行到淋漓盡致的，是披頭四（Beatles）樂隊和死之華樂團（Grateful Dead）。而在私領域裡則出現了性革命——婦女解放運動和避孕藥——再加上同性戀關係的合法化。

沒有哪個更早的十年，能讓大衛・霍克尼（David Hockney）有機會把他的蝕刻版畫〈平淡的村莊〉（*In the Dull Village*）拿來出版面世。霍克尼在一九五〇年代開始攻讀藝術、但卻是一九六〇年代成就了他的盛名，而他也反過來幫助這十個年頭的形塑與發展。他是一名同性戀、並準備公開自己的性取向、讓人知曉他無論在生活或工作上就是個徹底的同性戀，而當時男人之間的同性戀活動在英國還是違法行為，而且被起訴告發的情況也時有所聞。他把時間分割成加州和英國兩個部分；他在加州創作深藍泳池裡裸體年輕男子的著名畫作，在英國就畫畫家人和朋友的畫像。

在這幅蝕刻版畫裡，有兩名年紀可能都在二十歲左右的裸體男子並排躺在床上、一條毯子將他們半遮掩著；我們是從畫作的底部來俯視他們。其中躺著的一個人把胳膊枕在腦後、雙眼彷彿在打瞌睡似的閉著，而另外一個人正用熱切的目光看著他。我們不知道這兩人之間的關係是才剛開始、還是已有時日，但是在第一眼看到的時候，這看起來似乎就像是個平靜、完全令人滿意的事後餘韻。

這是靈感來自希臘詩人康斯坦丁・卡瓦菲（Constantine Cavafy）詩作的蝕刻版畫系列、當中的一幅作品，是霍克尼在西元一九六六年就開始著手進行的一個系列，而當時的內政大臣羅伊・詹金斯（Roy Jenkins）正在草擬法案，要讓同性戀在英格蘭和威爾斯除罪；這幅作品發表於西元一九六七年，適逢國會也通過了詹金斯版的《性犯罪法案》（*Sexual Offences Act*）。霍克尼作品裡的景象在當時讓許多人大為震驚、即便到了現在也仍令有些人覺得駭人聽聞，儘管這幅畫根本就沒有明確表明什麼——毯子一路蓋到了兩名男子的腰部。然而這幅畫也提出了一些令人困惑的質疑，想找出哪些社會能夠接受或無法接受、容忍與個人自由的極限何在、以及是否有可能改變人類歷史數千年來的道德結構。

在我們講述的這套世界歷史當中有些恆常不變的事物，且毫不令人意外的，性愛一直就都是其中的一項——或者更確切地來說，性的吸引力和情愛。在我們所檢視的一百件文物當中，我們有發現於耶路撒冷附近、一萬一千年以前的小型石雕，呈現出目前已知為最古老的夫妻做愛景象；我們有後宮的女性；我們還看到了諸多縱慾的女神和羅馬銀杯上的同性戀性行為。令人驚訝的是，即使有這種描繪人類性行為的悠久傳統，大衛・霍克尼這相對端莊得體的版畫，在當年的英國卻仍然是一種勇氣十足——實為煽動挑釁——的行為。

霍克尼蝕刻版畫裡的年輕男子可能是美國人或英國人；然而他們所居住的地方，是圖畫標題所顯示、呼應了卡瓦菲詩作標題的所在——〈平淡的村莊〉。這首詩談到了一名年輕男子受困於自身所處的環境，藉由夢想著自己完美的性伴侶來逃避那令人沮喪的周遭一切。所以，或許霍克尼那個打瞌睡的男孩也正在靜靜地幻想著自己那熱情如火的同伴；這個伴侶是想像出來的，而不是實際存在、被渴望的肉體。

> 今晚他躺在床上心煩意亂的想著愛的真諦，
> 他一切渴望著肉體的青春年歲突然注意到
> 在一種可愛的緊張情緒裡揮灑所有他那可愛的青春。
> 而在他寤寐中喜悅來到了他面前；在他的睡夢中
> 他看到並抱住了他想望的形貌與胴體……

深受多國文化影響的康斯坦丁・卡瓦菲（西元一八六三—一九三三年）家族在土耳其、英國和埃及徙居，而且也算得上是龐大希臘僑民的一份子；這些人在兩千年多來，一直主宰著地中海東部的經濟、知識與文化方面的生活。他生活在一個遼闊的希臘語系世界，而基本上界定這個世界的依據並非以希臘本土為標準、而是以君士坦丁堡和亞歷山卓這兩個中心為範圍。這個世界，從亞歷山大大帝在西元前四世紀征服了埃及開始、到二十世紀中葉才宣告終止——這是我們先前在這部歷史裡就領教過好幾次的世界，特別是在和希臘文與埃及文並陳的羅塞塔石碑邂逅時，體會更深。卡瓦菲很明白這豐富遺產的意義是什麼，他那亞歷山大風格的詩作洋溢著濃郁而悠遠的歷史與希臘世界的情懷，而男人之間的情愛在那樣的世界裡是被人認可的生命成分。

年輕的霍克尼在布拉福（Bradford）所體驗到的一切，讓他有種與眾不同的感受。在一九五〇年代的約克郡，同性戀是不可告人的主題，而藝術家要處理它也得承擔極大的風險。因此卡瓦菲的詩作，霍克尼在布拉福的圖書館裡找到的那些，對他不啻為上天的啟示。

我又讀了更多他寫的詩，被詩裡的率直和真誠深深打動；然後在一九六〇年的夏天，我在布拉福圖書館裡找到了約翰・馬浮羅葛達托（John Mavrogordato）的譯本，就把它偷出來。這本書我現在還留著，我很肯定。我現在不再感到良心不安、因為這本書已經重印了，但在當時根本就買不到這本書、因為它根本就絕版了。提醒你一下，在布拉福圖書館裡你得用問的，因為這本書從來就沒有擺在書架上過。

霍克尼後來為他的蝕刻版畫系列挑選了十四首詩，都是關於渴望與失落、和未來戀人第一次相遇與興奮而難以自持的心情、還有充滿激情的邂逅；這些詩不但是激動人心的素材、能讓他用在自己藝術作品當中，同時也是個絕佳的例證，說明藝術家如何以如此私人的體驗做出這麼公開的宣示。在開明的父母撫養長大的過程裡，受到的教導是順從自己的興趣、別去管鄰居會怎麼想，因此霍克尼覺得自己有責任站出來，透過自己的藝術來爭取自己的權利，並且還投入了逐漸壯大的運動行列，替其他與他一樣的人爭取權利。深具代表性的是，他決定自己所採取的方式決計不能是笨手笨腳的粗暴模式。這些蝕刻版畫從不說教，它們大笑、歡唱：

對於其中的一些圖畫，人們必須記住的是，它們有部分是在宣傳某種尚未被宣傳過、尤其是讓學生當成一個科目來研讀的東西：同性戀。我覺得這應該是要這麼做才對。這是我的一部分；那是個我能夠幽默以對的課題。

同性戀的權利，當然只是六〇年代所主張和爭取的諸多自由其中的一種，然而那卻是在普遍人權的背景下、一種特別具有挑戰性的議題。大多數關注團體的人們會用性別、宗教或種族等種種理由來加以歧視，但是在第二次世界大戰之後的餘波盪漾當中，人們取得了廣泛的共識，認為這樣的歧視是錯誤的。然而在另一方面，性取向和性行為的議題卻被人當成是完全不同的東西——事實上，在西元一九四八年聯合國通過的《世界人權宣言》（*Universal Declaration of Human Rights*）當中，甚至連提都沒提。霍克尼和與他同為同性戀的運動推動者終於改變了辯論的條件，堅決讓性行為的議題進入歐洲和美洲的人權競技場中。在某些國家，他們的活動改變了法律，但在世界上有許多地方，偏離公認標準的私密性行為仍無法獲得宗教界的認可、被認為對社會具有威脅性，被視為犯罪行為而遭受處罰——在有些情況下甚至還會被處死。

聯合國大會在西元二〇〇八年通過了一項聲明，譴責因性取向或性別認同的理由而進行殺害與處決、酷刑與任意逮捕的行為。這份聲明有五十多個國家背書認可，然而卻也促使了反對的聲浪出現，而且問題依然沒有得到解決。

霍克尼的蝕刻版畫明顯呈現出相當稀疏的畫面。幾道黑色的線條顯示了這邊有一面牆，那邊還有一條毯子。沒有什麼東西可以告訴我們床在哪裡。我們甚至不知道這兩個人物是確實存在、或者只是夢裡夢到的。這種堅持不表現明確形象的做法提醒了我們，性行為儘管完全私密、但也是普世共有的。在另一方面，整個社會對它的回應卻全然不是那麼回事。四十年過後，這個人權的邊境仍然還在進行著血腥的討價還價：我們的世界並沒有我們寧可相信的那麼全球化。

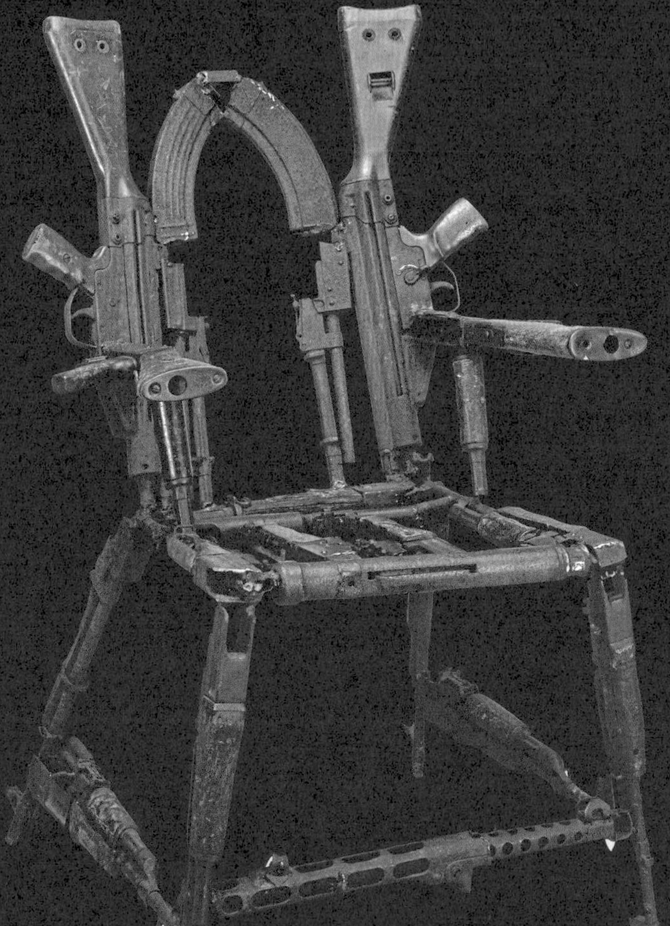

▼槍桿子出政權的經典作品

98 武器寶座

武器零件製作而成的椅子，來自莫三比克的馬布多；西元二〇〇一年；
高一百零一公分、寬六十一公分。

有史以來我們第一次看到有一件物品記錄了戰爭，卻不是在美化戰爭或歌頌發動了戰爭的統治者。「武器寶座」（Throne of Weapons）是一把椅子——或王者御座——用的材料是產自世界各地、並出口到非洲的槍枝零件。

如果十九世紀最引人注目的特點是大眾市場和大眾消費的增長，那麼二十世紀就可以被描繪成一個大規模戰爭和大屠殺的時代：兩次世界大戰、史達林的大清洗、猶太人大屠殺、廣島與長崎的原爆、柬埔寨的殺戮戰場、盧安達的大屠殺——這樣的例子實在不勝枚舉。如果這樣的毀滅蹂躪能有什麼小小的正面意義，那就是二十世紀對於這種戰爭平凡受害者的大規模苦難，比起過去任何時代都還擁有更多的記錄和清楚的闡釋——這些受害者，就是犧牲了生命的普通士兵和平民百姓。世界各地都有許多無名戰士紀念碑；「武器寶座」就是這種傳統下的產物。這是個紀念碑，緬懷著所有在莫三比克內戰中遇難的人，並記錄了危害到整個國家的斑斑罪行——事實上，那是危害到整片大陸的罪惡。而以這麼一件紀念性質的東西來說，它最不尋常的地方就在於，它還是一件向我們明白宣示了希望與決心的藝術作品。「武器寶座」所表達的不僅是人類的悲劇，同時也彰顯了人類的勝利。

在我們的歷史收尾的這幾章裡，記錄了在整個十九世紀興盛、成長和衰落的各大帝國，也描繪了新興起的全球意識形態和國家認同。然而卻沒有哪一個地方會像後殖民時代的非洲一樣，把血腥暴力的手段進行得這麼的徹底。十九世紀末期的「非洲爭奪戰」導致了在英國、法國和葡萄牙這些殖民大國的主導下，與德國、義大利、西班牙和比利時一起聯手瓜分了整個非洲大陸。整個大陸在第二次世界大戰結束後就瀰漫著要求獨立的請求，而從西元一九六〇年開始才一步步得到了實現。但這種從歐洲強權的切割分離往往都得經歷殘酷的戰爭、而且因為經常只有在大戰一場後才能獲得獨立，而常常給新的國家帶來巨大的內部問題，包括了內戰。對於這種情形，迦納外交官、前聯合國祕書長科菲・安南（Kofi Annan）所擁有的個人和專業經驗是：

> 我想我們要從這個前提來看，那就是這些國家大多數都還沒有執政的經驗——不懂如何維持國家運作、處理各項議題——他們幾乎一切都得從零開始。考慮到這些國家的歷史因素，過去也有公務人員，但他們卻很少真正領導和管理國家。而且，我認為爭取獨立和管理國家所需的技能是不一樣的，然而卻有一種自動化的假設，認為那些爭取獨立的人也都做好了執政的準備。因此就產生了許多邊做邊學的情況，同時也在不同群體間醞釀出諸多嫉妒的情緒，讓人覺得某個部落、或團體居然比其他人享有更多的權力或利益，而這也就經常導致緊張的態勢、造成針對稀有資源所爆發的衝突——這衝突往往都是既緊繃而又殘酷的。

這些脆弱、又沒有經驗的政府能夠尋求的支持，若不是朝向共產主義的東方、就是轉往資本主義的西方，而這兩大陣營也都急於爭取支持者。非洲在經歷了十九世紀的領土爭奪戰之後，在二十世紀迎來的則是意識型態的混亂爭搶。結果造成了大量的武器湧入了這一片大陸，爆發了一連串充滿仇恨的內戰。莫三比克的內戰，可以說是當中最為血腥而殘酷的。

儘管完全用切碎了的槍枝來加以打造，這個「武器寶座」看起來卻像是個傳統的木製扶手椅——那種家常樸實的樣子，就如同你在廚房或餐桌旁看到的那種椅子一樣。但是，這把椅子唯一傳統的部分也就只有這樣而已。打造這把椅子所使用的槍枝，其實可以讓人追溯出莫三比克在二十世紀裡的完整歷史。從最早開始，拿在當成椅背的是兩把陳舊的葡萄牙製G3步槍——這實在是恰如其分，因為葡萄牙在這個國家殖民統治了將近五百年、直到它在西元一九七五年獨立才告終止。取得這場獨立抗爭勝利的是左派抵抗運動人士、「莫三比克解放陣線」（FRELIMO，簡稱為「莫解陣線」），由蘇聯和其他盟國所扶植上台的。這就解釋了為什麼這把椅子所有其他的組成零件，都是從共產集團所製造的槍枝肢解而來：椅子的扶手取自蘇聯製的AK47、椅面用的是波蘭和捷克製造的步槍、而其中的一條前腿用的是北韓製的AKM槍管。這是把「冷戰」製作成家具，呈現出戰鬥中的蘇聯集團（Eastern Bloc）、在非洲和世界各地為共產主義而戰的景況。

當莫解陣線於西元一九七五年上台後，新的莫三比克就成為一個馬克思—列寧主義的國家，公然表現出對於鄰國政治體制的敵意——白人控制的羅得西亞（現在的辛巴威）和當時仍實施種族隔離制度的南非。對此，羅得西亞和南非的政權就扶植建立了一個名為「莫三比克民族抵抗運動」（RENAMO）的反對派組織、試圖顛覆這個國家；因此在莫三比克獨立後的第一個十年裡，舉國經濟崩潰、殘忍內戰不絕。用來製作這把王者御座的槍枝，就是那些內戰當中所使用的武器。內戰帶來了數百萬人死亡、數百萬名難民、以及三十萬名亟需照顧的戰爭孤兒。和平的腳步在十五年之後才姍姍來遲，雙方在西元一九九二年進行了協商，而且該國的領導人也開始展開國家的重建。然而即便戰爭已經結束，槍枝還是隨處可見。正如聯合國祕書長安南所認知的一樣，要想重新教育一個軍事化的世代、帶他們重返和平的平民生活當中，是出了名的艱鉅；而在這裡所遇到的情況是，許多士兵除了作戰之外、什麼都不會：

這讓我想起了在獅子山共和國的衝突，當時在那裏有許多娃娃兵。這些士兵只有八歲、十歲，拿著幾乎和他們一樣高的卡拉什尼科夫衝鋒槍接受殺戮的訓練。我還記得自己曾以聯合國維和行動主管的身分，帶領了一些維和人員前往獅子山訪查，試圖找出解救這些孩子們的方法，讓他們透過訓練來為衝突結束後的人生做好準備。

如果一個社會要來處理自己的過去，有幾件事情是一定得去做的。他們一定要能夠處理和解調停的事宜。你也必須面對這個社會，問問自己，「這是怎麼回事兒？」、「我們是怎麼走到這一步的？」、還有「我們該做些什麼，來確保這些可怕的事情不會再重複的發生？」

莫三比克面臨的主要挑戰是要讓這些倖存下來的數百萬支槍械退役，同時還得替這些卸甲的士兵和他們的家庭重建他們的生活。在這樣的復甦過程裡，「武器寶座」就成了一個鼓舞人心的元素。它的誕生，是源自一項至今仍持續進行的和平計畫、名為「化武器為工具」（Transforming Arms into Tools）；這個計畫提出特赦的條件，讓雙方的戰鬥人員把曾經使用過的武器繳交出來，並且用實用而具建設性的工具來和他們進行交換——諸如鋤頭、縫紉機、自行車、以及搭建屋頂的材料……等等。繳交槍械，對這些曾經的戰士是一種真正勇敢的行為，而對他們的家庭和整個國家更是有著重大不凡的意義。這項行動幫助戒除了擁槍自重的癮頭，並打破了困擾莫三比克多年的暴力文化。自從這項計畫開始運作以來，已經繳收了超過六十萬件的武器，並且轉交給藝術家將它們的功能廢止、轉變成雕塑作品。這項計畫的贊助者是格拉薩・馬謝爾（Graca Machel），她是莫三比克獨立後第一任總統薩莫拉・馬謝爾（Samora Machel）的遺孀、目前為南非前總統曼德拉的第三任妻子；她認為這項計畫的目的，就是要「從年輕人的手上拿走帶來死亡的工具，並且給予他們機會來發展具有生產力的生活」。這些槍械本身會被人改造成藝術作品。這項計畫從西元一九九五年開始、由莫三比克基督教理事會（Christian Council of Mozambique）的聖公會主教（Anglican Bishop）迪尼斯・暹由廉（Dinis Sengulane）主持，而有基督徒互援會（Christian Aid）從旁協助：

> 這項計畫的目的是解除人們頭腦裡面的武裝、也解除人們手上的武裝。為什麼這個世界居然會有捱餓的人？為什麼這個世界居然會有藥物不足的情況？然而，能夠動支的金錢幾乎馬上就被用在擴充軍備的目的上，其數額之龐大，我只能以令人震驚來形容。
>
> 我覺得自己應該投身到塑造和平的過程當中。當然我們也在《聖經》裡讀到了〈彌迦書〉

（*Book of Micah*）和〈以賽亞書〉（*Book of Isaiah*），書裡說，它們將把刀劍變為犁頭，而人們將坐在自己栽植的樹下、無有恐懼。

我們發現到許多紀念碑都被用來歌頌戰爭，而我們也知道這些紀念碑都是藝術家的作品。因此我們也邀請了藝術家，並且告訴他們：「你們覺得怎麼樣？能不能用你們的技能和手藝來歌頌和平？我們有這些槍械——你們有沒有什麼辦法，可以利用這些槍枝的零碎東西來傳遞和平的訊息？」就是在這種背景下，藝術家開始製作出各式各樣不同的藝術作品。而其中一個作品，就是這張「武器寶座」。

製作這張王者御座的是莫三比克藝術家，大家叫他凱斯特（Kester）。他選擇製作了一張椅子、並稱之為王者御座，這立刻就讓人有種特定宣示的聯想。椅子顯然和凳子大不相同、在傳統非洲社會裡並不常見，而且經常是保留給部落的酋長、王子和國王所享用；他們都是「寶座」這個字眼的真正歸屬。但是這裡的這個寶座並不是讓人來坐的；它不屬於個別的統治者，而是要來傳遞一種新的莫三比克統治精神——和平的和解。

這件作品似乎帶給我一種非常特別的感傷，就因為它被做成了一張椅子的樣子。在我們談到椅子的時候，我們總把它們當成像是人一樣的東西——我們會說它們的（扶）手啦、腿啦、背啦……之類的。終究，它們就是迴響著人類的形貌的物品，而且幾乎就是被當成活生生的人類的暗喻。所以，這個利用讓人致殘的武器所做成的椅子，就特別讓人感到不安。

凱斯特家族裡的成員也在內戰的衝突當中受傷致殘：

我本身並沒有直接受到內戰的影響，但我有兩個親戚在內戰中把腿給廢了。其中有一個踩進了地雷區而失去了一條腿；另一條是我表哥，因為與莫解陣線作戰而把自己的腿給弄殘了。

然而，凱斯特也把這張王者御座當成是一種傳達希望的手段。他用兩個槍托做成了椅背。如果你仔細看著它們的話，它們彷彿就像擁有了臉孔一般——兩個螺絲孔就像是眼睛，而那綁槍帶的溝槽就像是嘴巴一樣。它們看起來的樣子似乎就像是在微笑一樣。凱斯特發現到了這種這種視覺上的意外收獲，決定好好利用它來發揚拒絕槍枝的主要目的、並用它來賦予這件藝術作品最基本的意涵，正如他自己所解釋的：

我們之間不再會有衝突了。這個笑臉並不是我雕刻出來的，它本來就是槍托的一部分。那是螺絲孔和槍帶穿過槍托的地方。所以我選擇了這些最具有表現力的槍枝和武器。你在頂部可以看到一張笑臉。而且還有另外一張笑臉——在另一個槍托上。它們彼此笑臉迎人的望著對方、彷彿在說：「現在我們自由了。」

HSBC
Amanah
Gold
1234 1234 1234 1234
4249
VALID THRU 06/11
TARIQ ADEL
VISA

▼合乎伊斯蘭律法，我不是高利貸

99 匯豐銀行守約信用卡

發行於阿拉伯聯合大公國；西元二〇〇九年；
高四．五公分、寬八．五公分。

如果讓你去問大家，當今對他們日常生活影響最大的二十世紀發明是什麼，他們可能會不假思索的告訴你，手機、或個人電腦：不會有太多人會先想到擱在自己皮夾或錢包裡那些長方形的小塑膠片。然而，打從一九五〇年代末期頭一次出現以來，信用卡和同類產品已然成為構成現代生活的一環。銀行信貸有史以來第一次不再是菁英階級的特權，而且對數百萬的民眾來說，有人認為這是自由經濟的極致象徵、也有人認為這是英美消費文化抬頭的終極展現，而且──也許還帶來這樣的結果──讓有關貨幣使用和濫用的宗教與倫理議題，從長期休眠的狀態裡再次復甦。

我們在前兩章裡討論了性愛和戰爭。現在也來探討世間人事裡第三個不變的事物、也就是金錢的時候了。貨幣在我們這部歷史裡，從傳奇巨富里底亞國王克里索斯的金幣（見第二十五章），明太祖朱元璋的紙鈔（見第七十二章），到第一種全球貨幣、貨幣中的王者、西班牙的八里亞爾幣披索（見第八十章），一直都扮演著相當重要的角色。現在也該輪到貨幣的現代樣貌──也就是塑膠貨幣隆重登場了。

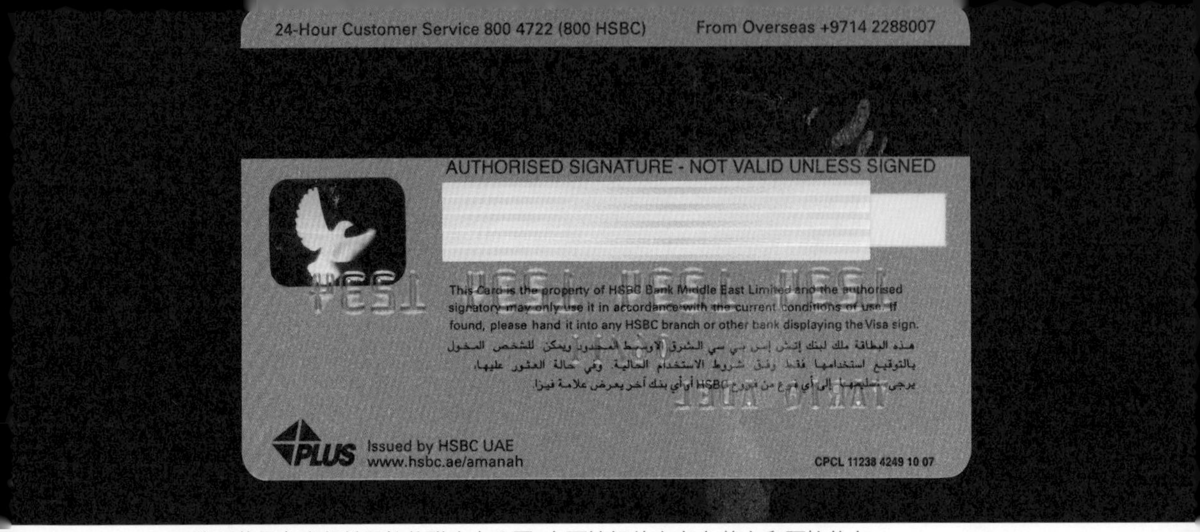

▲ 這張信用卡發行於阿拉伯聯合大公國，上面註記的文字有英文和阿拉伯文。

現代的信用卡誕生於美國，是創始於二十世紀初期的零售信貸機制的後繼產物。在第二次世界大戰結束之後，美國取消了戰時的種種貸款限制，迎來了一波信用貸款的熱潮。全球的第一張通用簽帳卡是大來卡（Diners Club），在西元一九五〇年問世。接下來在西元一九五八年就出現了第一張真正的信用卡，由銀行發行、普遍獲得了各行各業的使用。這就是美國商業銀行信用卡（BankAmericard），它是威士卡（VISA）的前身、也是第一張以塑膠做成的一般信用卡。然而，一直要到了一九九〇年代，信用卡才真正通行全球、廣泛流傳到北美和英國以外的地區。

當然，信用卡本身並不是貨幣——它是提供一種花錢、調動資金和承諾償還的方式。貨幣在這個時候反倒比較像是對帳單和發票上的數字，而不是實際的硬幣和紙鈔。我們沒有人曾經設想過，要把自己大半的儲蓄兌換成現金、甚至連在銀行金庫裡過過眼癮都沒有。信用卡和現金卡讓我們深深了解到，貨幣現在已經喪失了本身必要的物質形式；用這些卡片花掉的錢，永遠都是嶄新而未經使用過的。我們幾乎在世界上任何角落都能馬上調動資金，無視於國家疆界的存在。所有我們到目前為止看過的硬幣或紙鈔上面都有國王或國家的印記，但這張卡片在設計和使用範圍上並沒有哪個統治者或國家的確認標記、只有卡片的有效期限。這種新型的貨幣跨越了國界，而且似乎已經征服全世界。然而即使是在信用卡身上，我們也還能看到傳統貨幣的餘緒：這張要來訴說故事的卡片，很熱切的要讓人知道它本身是一張「金卡」。

這張卡片的功能當然是要能夠保證付款。一個完全陌生的人也能夠有把握，相信自己最終可以請領到款項。對於英國央行英格蘭銀行行長默文・金來說，這些卡片只不過是個古老問題的新解決方案而已：

> 在各種用於金融交易的貨幣或卡片當中，可承兌性、也就是交易中的另一方對它有多高的信任度，是至關重要的。我可以舉出一個不同的例子，來說明信任感的重要性：一九九〇年代，當阿根廷的金融崩潰、國債違約的時候，該國貨幣變得一文不值，而在阿根廷某些村莊用借據來代替紙鈔的情況就開始成長起來。然而借據的問題是，借方得要信任貸方，但情況卻並不總是如此。於是當時的情況是，有些村莊裡的人會把借據拿到當地本堂的神父那裏請他背書。所以我們在這裡看到的例子就是，利用宗教來處理基本上和宗教根本無關的事情、用宗教來加強人們對這種使用中工具的信任度。

在沒有村莊神父來替我們全球通行的借據背書之下，我們就使用全世界暢行無阻的信用卡。我們這張金卡的發行單位是總部位於倫敦的匯豐銀行（ＨＳＢＣ）。它有來自總部設在美國的信用卡聯盟組織、威士卡發卡機構的支持，卡片上還寫著阿拉伯文——總之，它能與全世界產生連結、是全球金融體系的一部分，背後有著複雜的電子上層結構，是我們多數人在輸入自己個人識別碼時幾乎沒有去想過的。我們所有的信用卡交易都會留下蹤跡和記錄、建構起我們所有活動的龐大檔案，並且在世界的另一邊寫下我們經濟活動的傳記。

現代銀行的規模遠遠超出了我們以前所知道的任何東西，而且現在它們的全球實力也超越了國界的藩籬。正如默文・金所強調的：

> 各式各樣金融交易的蔓延，無論是使用國際銀行發行的卡片或它們提供的其他服務，都已造就了許多跨國機構、規模超過了國家監管機構能力所能控制的範圍，而且，倘若它們陷入了財務上的困境——幸好並沒有很多——就可能造成巨大的金融混亂。

在過去，統治者可以無視於它們的債務、放任銀行倒閉，但是在今天，顯然要聽任銀行倒閉，比起看著政府垮台都還要來得困難得多。

有關信用卡的一切，其實並不需要太多的描述。全世界的每一張信用卡都是國際公訂的大小和形狀，以便能夠塞進所有在都市裡到處可見的「牆上的插孔」（自動櫃員機）。在某一方面，卡片就像傳統的硬幣和紙鈔，都有正反兩面，各自寫著重要的訊息。把這張卡片翻到背面會看到一個磁條，那是電子驗證系統的一部分，能讓我們在世界各地相對安全地調動資金，並且能容許即時的通訊、交易，以及即時的滿足。許多卡片現在更整合了一種更加複雜的電子晶片，化身為晶片卡。正是這種微晶片技術、這種上一代人了不起的全球性偉大成就，讓信用卡得以在全球暢行無阻——而且有了它，也讓全球金融的概念得以實現。這條黑色的磁條就是這一章要來介紹的英雄——或惡棍。所有其他要談的都只不過是它所帶來的後果。

信用卡讓大多數人做到了以前根本就不可能做的事：它們能讓你借貸、而不必去和傳統的當舖和高利貸打交道。但不可避免的是，機會也會帶來風險。寬鬆的信貸破壞了諸如節儉之類的傳統價值觀，因為你不再需要先存錢、然後才有錢花。所以我們毫不訝異信用卡會引起衛道人士的關注，被認為本質上充滿危險性、甚至是邪惡而不道德的。毫無疑問的是，用信用卡支付確實會提高使用者的花錢意願——花掉比他們負擔得起的還要來得多。所以銀行業務的這個領域馬上就引發了道德和宗教層面的論戰。

也許令人感到驚訝的是，我們這張卡片本身就出現了宗教的標記。在卡片中間有裝飾花紋、是一種紅色的回紋裝飾，看起來像空心的星星、呈長方形的帶狀。這就讓人怪異地聯想到我們在前面討論過的一件物品（見第九十四章）：當那個蘇丹的裂縫鼓被帶到伊斯蘭統治的蘇丹北部時，雕刻在它側邊的伊斯蘭圖案，昭告了它所隸屬的新世界。在這張卡片上的類似圖案也有異曲同工之妙，因為這張卡片的發行單位並不單只是匯豐銀行，而還得再加上匯豐守約銀行（HSBC Amanah）——這是匯豐集團的環球伊斯蘭金融服務機構。也就是說，這張信用卡的行銷符合伊斯蘭律法。

所有奉亞伯拉罕為祖先的宗教都很擔心高利貸、放貸取利這些醜惡的社會現象，認為那樣很容易就會讓窮人債台高築、最終落入窮困潦倒的境地。《聖經》和《古蘭經》對高利貸都有直截了當的訓示，從《舊約聖經・利未記》（*Leviticus*）禁令——「你借錢給他，不可向他取利；借糧給他，也不可向他多要。」——到《古蘭經》裡不留情面的話語：「那些靠放高利貸維生的人將來到真主面前，與被惡魔碰觸而精神錯亂的人一般無二。」

因此，猶太教、基督宗教和伊斯蘭教全都曾經在先進金融系統的道德觀上掙扎奮鬥過：把錢財和貨品分開界定、把金錢和成就加以區隔，尤其是助長借貸在社會上所帶來的諸般後果。這種千年以來的關注，在最近的具體展現就是在一九九〇年代興起、符合伊斯蘭教規的伊斯蘭金融服務——伊斯蘭的銀行現在也在全球六十多個國家裡，提供合於伊斯蘭宗教信仰和社會行為的各項服務。匯豐守約銀行的全球副總裁，拉齊・法奇（Razi Fakih）解釋說：

> 伊斯蘭金融是一個很新的產業。如果我們都還記得的話，傳統的銀行和金融業務早就已經存在了。伊斯蘭金融大概是在一九六〇年代就從埃及開始出現，但我認為一直到一九九〇年代才迎來了實質的進展，所以從這一點來看，它只有短短不到二十年的歷史。

這張信用卡當然是中東經濟地位日趨重要所產生的結果。但它同時也是某種其他事物的象徵，因為這種在整個二十世紀當中的銀行業務發展，恰好和前人的智慧背道而馳。從法國大革命開始，大多數的知識分子和經濟學家——包括馬克思在內——都假定宗教在公共生活領域的影響力將逐漸式微，而且以長遠的眼光來看，上帝的力量將敵不過財神（Mammon）的威力。然而在二十一世紀的第一個十年裡，有一項引人矚目的事實就是，宗教在全世界許多地方又回歸到政治和經濟舞台的中心。在這不斷成長的全球現象當中，我們這張信用卡金卡也占了個小小的、但卻很重要的一席之地。

▼廉價且讓人類愉悅的解決方案

100 太陽能燈具與充電組

製造於中國廣東省的深圳市；西元二〇一〇年；
高十七公分、寬十二・五公分、長十三公分。

我們該如何總結這趟世界歷史的穿越之旅呢？對於當今世上大多數的人來說，有什麼單一物件，能總結現今的世界、能體現人類關心的事物與渴望的目標、能顯示出普遍的經驗、又能夠同時展現現實與物質方面的重要性呢？

事後看來，這個物件當然是顯而易見的。我相信，西元二一一〇年的大英博物館館長將會有非常明確的概念，知道該蒐羅什麼東西來讓人類的故事維持最新的發展，而且還會面露微笑——或冷笑以對——看著我們實際挑選出來的東西。到了那時，顯然就能清楚知道是哪些重大的事件或發展形塑了二十一世紀的第一個十年。但是，我們必須在目前一無所知的情況下做出決定。

我們想知道，這件物品是否應該要往南極洲去找——這是人類在地球上最後才永久定居的地方、是從非洲向外遷徙移居的最終停靠的一站。我們能在那裡生活是因為我們有能力製作裝備，所以，為了在南極生活和工作所設計的服裝，應該可以成為人類身為工具製造者這種矛盾悖論的縮影：就是我們所製造出來的東西，讓我們能夠主宰我們的環境，然後我們就變成得全盤依賴這些東西才得以生存下去。但是，把用在地球上最不適合居住的地方穿著、最多只有幾千人使用的一套服裝拿來當成人類努力的至高表現，似乎太過於偏頗。

在二十世紀最後的幾十年當中，有一項最引人注目的發展就是數以百萬計的人口遷移到城市、有時還得長途跋涉才能達到目的。這些移民已然改變了全世界的人口結構。他們創造了全新的全球化都市的現象，來自各大洲的居民緊密的生活在一起、彼此倒也相安無事。就以倫敦的居民來說，現在所使用的母語就有三百多種。還有一個普遍的事實說明了不管人們在遷徙時拋下了什麼，他們總是隨身帶著自己家鄉口味的烹飪技術；人性在這一方面始終是不變的。因此，我們原本認為我們的第一百件文物應該可以選擇一套炊具，讓人得以一窺這些現在同居在世界最偉大城市裡、各種文化和美食的驚人多樣性。然而，這部歷史早就已經講述過烹飪和飲食、也談過了幾千年來都市的發展；而且在基盧瓦發現了大量各國鍋碗瓢盆的殘片（見第六十章），也反映了一千多年以前彼此相互關連的烹飪世界。所以，廚房用具也不考慮。

然而，還有一種愛好已經完全席捲了全世界：那就是足球。西元二〇一〇年的主流風味無疑就是在南非所舉辦的世界杯。體育競技活動早就已經團結成共同的社會，如同我們在第三十八章看到的儀式用球賽腰帶一樣，而現在足球似乎也已經讓整個世界團結在一起了：西非的球星替英國的俱樂部球隊踢球，幕後老闆卻是俄羅斯商人；這些球隊的紀念衫在亞洲生產製造，被銷售到南美洲、讓當地人穿在身上。所以我們就買了一件足球衫來當做博物館的收藏品。它可以輕鬆愉快地闡明現況——但也許它沒辦法告訴我們太多未來更重大的議題。

然而，到最後我們還是決定，第一百件文物必須在某種意義上和科技有所關連，因為新的設備幾乎逐年改變著人類彼此的相互關係、也改變著我們處理自己事務的方法。行動電話——或更確切地說是「智慧型手機」——就是一個很好的例子。它的大小約莫等同於人類首次嘗試遠距離通訊的美索不達米亞文書泥板，而且也改變了書寫的技巧、讓費解難懂的「火星文」變成嶄新的楔形文字。智慧型手機能夠即時將全球數百萬人連結在一起，可以比任何戰鼓更有效率的集結大批群眾，而且只要連上網際網路，所開啟的知識領域更遠遠超出了啟蒙運動時代的夢想。在現在先進的社會裡，沒有行動電話的生活幾乎讓人無法想像。然而它們得依靠電力才能發揮作用。要是沒有電，行動電話就一無是處了。

所以，我們在挑選第一百件物品時選擇了發電設備，能讓十六億人口不必連接到輸電網路、就能夠獲得加入這場全球對話所需要的電力。而且這件物品還不僅止於此而已。它讓他們擁有全新的掌控能力來控制環境，而且容或還能改變他們的生活方式。它，是一個太陽能燈具。

大英博物館所取得的這盞燈具收藏品其實是一組小工具，包含了一個塑膠電燈、一個六伏特充電式電池、以及一個獨立的小型太陽能光伏電池板。這盞燈有一個握把、大小差不多像個大型的咖啡馬克杯，而太陽能電池板看起來就像個小巧的銀相框——就像你在書桌前或床頭櫃看到的那種。當太陽能電池板暴露在燦爛的陽光下八個小時後，這盞燈就可以提供高達一百小時穩定的白光照明。把亮度開到最大，這盞燈就可以照亮整個房間——足以讓一個沒有電力的家庭過上一種嶄新的生活方式。整個套件的售價大約是兩千兩百五十印度盧比（四十五美元），然而一個簡單的燈具，只需要少少的四百九十九印度盧比（十美元）。買了這盞燈具之後，接著要付出的成本就只是陽光而已。

太陽能光伏電池板能夠把太陽光轉化為電能。如果我們能更有效地做到這一點，我們所有的能源問題就能夠獲得解決。地球在一小時內所接收的太陽能，比全世界人口在一整年裡所消耗的能源都還要來得多。太陽能電池板是一種最簡單而實用的方式，能夠利用無窮無盡的太陽能來提供潔淨、可靠和廉價的電力。

這些電池板由矽質的太陽能電池所組成，彼此以電線相連在一起、包裝在塑膠和玻璃的盒子裡。在陽光下曝曬時，這些電池可以產生電力來對電池進行充電。這個套件採用了已經在最近改變了我們生活的一系列新技術：它大半都以塑膠材料製成；它的太陽能光伏電池所仰賴的，是實現了個人電腦和行動電話的矽晶片技術；而它所用的充電式電池也最近的創新產品。這種看似低科技的能源來源，其實當中還是有一些令人歎為觀止的高科技元素。

從我們這盞燈的層次來看，這是一種廉價而令人愉悅的解決方案，能夠滿足基本的能源需求。這項科技以經濟實惠、且長效持久的方式，提供了適度能源的來源。「適度」非常重要，因為即便矽很便宜、陽光又免費，但是太陽能電池板若要大到足以產生富裕國家每小時所吞噬掉的大量電力，造價又會非常的昂貴：所以弔詭的是，這項科技對富人來說所費不貲，但對窮人卻是價廉物美。

世界上有許多最貧窮的人口都生活在陽光最充足的緯度，這也就是為什麼這種新型能源來源在南亞、撒哈拉沙漠以南的非洲和美洲熱帶地區是如此的重要。在貧困的家庭裡，一點點的電力就可以帶來很大的改變。如果你住在沒有電力供應的熱帶地區，那你的每一天生活都會很早結束。夜晚的照明得依賴蠟燭或煤油燈。燭光昏暗、而且無法持久。煤油相當昂貴——平均耗掉了非洲農村約百分之二十的收入——而且還會散發出有毒的煙霧。煤油燈和爐灶每年造成了高達三百萬人的死亡，其中多數都是婦女，因為煙霧在多數進行烹調的封閉空間裡特別具有危險性。當地的房屋多為木造、或用其他天然材質所搭建，也因此特別容易著火——經常都得擔負著煤油濺灑所帶來的風險。

光伏太陽能電池板幾乎可以在各方面改變這種居家的生活方式。在家裡不受節制的可用照明，就意味著孩子們——還有大人——可以在晚上讀書學習、改善他們的教育水準，也因此就改善了他們的未來。家庭會變成一個更安全的地方。較大的電池板可以提供做飯所需的熱源，讓大家可以免於承受煙霧和火災的危險。它們還能夠提供電力給冰箱、電視機、電腦和抽水泵浦。許多城鎮裡才能擁有福利設施，現在也可以提供給鄉村了。

我們這個簡單的燈具套件當然不可能做到這一切，但它除開提供了照明之外，同時還提供了某種具有重大意義的東西。在插座的旁邊有一個大家都認得的符號——那是個行動電話的輪廓。行動電話已經改變了非洲和亞洲農村的樣貌——讓各個社區保持聯繫、獲取有關工作和市場的訊息、並且還能提供非正式而高效率的銀行網路基礎，使得在地的企業在幾乎沒有投資的情況下也可以來開展工作。

最近有一項針對印度喀拉拉邦（Kerala）捕撈沙丁魚的漁民所進行的研究，發現了行動電話所帶來的一些改變。電話給他們帶來了氣象資訊，讓捕魚變得更安全；得到的市場訊息，讓他們得以減少浪費、平均利潤增加了百分之八。在另一項南亞地區使用行動電話的研究裡也指出，臨時工、農民、妓女、人力車夫和商店老闆都表示，他們的收入在使用行動電話以後都有很大的提升。而太陽能電池板正在這個全世界最貧窮的農村社區裡，逐步提高使用行動電話的普及率。

這項科技一定有些什麼神奇的驚人之處，才能夠帶來在健康和安全、教育、以及通訊和商業等各方面的好處。太陽能電池板迴避了對於昂貴基礎設施的需求，而儘管它們本身也包含了最初的成本，但隨著微型貸款計畫日益普遍，分期支付也變得更加普及，所以像我們這種燈具就可以利用一到兩年分期付款的方式、用從煤油開支節餘下來的金錢來購買。隨著這種低成本、潔淨、綠色科技產品的產量提高，它就能帶給世界上最貧窮的人無窮的機會。

它也可能有助於穩定我們的環境：太陽能發電可能有一天能夠解決一部分我們目前對於化石燃料的依賴、以及它們對氣候變遷所造成的問題。這種可能性，是在將近一百年前把我們帶進了依賴電力方式生活的最大功臣、或罪人的愛迪生（Thomas Edison）。這個人不但發明了電燈泡和其他的電器設備，同時對於再生能源也擁有令人意想不到的遠見。在西元一九三一年，他對他的朋友亨利・福特（Henry Ford，福特汽車創辦人）和哈維・費爾斯通（Harvey Firestone，費爾斯通輪胎創辦人）說：「我寧可把錢投資在太陽和太陽能上。那是多麼了不起的動力來源啊！我希望我們不必等到石油和煤都用完了，才來著手應付這個問題。」

太陽能似乎是總結這部全球歷史的好地方。太陽能可以讓人類更公平地分享生命中的所有機會，而且它還可能讓我們大家享有這些機會、但卻不會對地球造成危害。這是一種對於未來的夢想，呼應了最深刻、也是最普遍的人類神話——也就是有關賦予生命的太陽神話。你可以把我們的太陽能供電燈當成是向盜取火種的普羅米修斯這個神話謙卑致敬的版本——層次降到廚房裡的好幫手。正如我們學會了把夏季水果進行防腐保存或裝瓶收存，好讓夏日的溫暖和滋養能夠陪伴我們度過整個冬天，每個人也都曾夢想著虜獲太陽，以任意使用它的陽光和能量。在這部歷史的第一章，埃及大祭司洪尼吉鐵夫帶著一個聖甲蟲寶石，神奇的象徵著再生的太陽光芒、照亮了黑暗的來世。如果有機會，他現在可能會帶著一個太陽能燈以備不時之需。

這第一百件物品帶領著我走向這部世界歷史的終點。其他的文物可能各自講述了不同的故事、帶領著我們踏上不同的路途。這些可能性是永無止境的。但是，我希望這本書能夠展現出這些物品的力量，能夠讓我們和直接就和那些身處遙遠時空的人產生連結，讓全體人類在我們共同的故事裡都能擁有發言權。諾貝爾經濟學獎得主阿瑪蒂亞·森（Amartya Sen）就反思：

> 當我們回顧世界歷史的時候，重要的是要知道我們所見到的歷史並不是不同文明的截面、也不可以將它們彼此分離對待。文明牽涉到大量的接觸，並且還有一種相互的連通性。我一直認為世界歷史不應當只是一部文明史，而是一段記錄了世界上各種文明的演變，時而相似、時而不同，但總是彼此互動的過程。

最重要的是，我希望這本書已經展現了「人類一家」並不是一個空洞的隱喻，不管這個家庭再怎麼功能失調；全體人類擁有相同的需求和關注、恐懼和希望。這些文物迫使我們謙卑地承認，自從我們的祖先離開了東非、在世界各地開枝散葉以來，我們的改變並不是太大。不管是用石頭或紙張、黃金、羽毛或者是矽，可以肯定的是，我們仍然會繼續製作許多的物品，來形塑或反映我們的世界，而那樣的作為將會是後代子孫眼裡所看到的我們。

Maps

地圖

一百件文物的源頭

13	印度河圖章	發現於巴基斯坦旁遮普省印度河流域的哈拉帕
14	玉斧	發現於英國坎特伯里附近
15	早期的寫字板	發現於伊拉克
16	大洪水記錄板	發現於伊拉克北部摩蘇爾附近（尼尼微古城）
17	蘭德數學莎草紙書	發現於埃及盧克索附近（底比斯古城）
18	米諾斯跳牛飛人	發現於希臘克里特島
19	莫爾德黃金披肩	發現於英國威爾斯的莫爾德
20	拉美西斯二世石像	發現於埃及盧克索附近（底比斯古城）
21	拉吉浮雕	發現於伊拉克摩蘇爾（尼尼微古城，西拿基立王王宮）
22	塔哈爾卡人面獅身像	發現於蘇丹北部的卡瓦
23	西周康侯簋	發現於中國西部
24	帕拉卡斯紡織品	發現於祕魯帕拉卡斯半島
25	克里薩斯金幣	鑄造於土耳其

列表 1–25 的文物名稱

1	大祭司洪尼吉鐵夫的木乃伊	發現於埃及盧克索附近（底比斯古城）
2	歐都外石頭砍砸器	發現於坦尚尼亞的歐都外峽谷
3	歐都外手斧	發現於坦尚尼亞的歐都外峽谷
4	游泳的馴鹿	發現於法國蒙塔斯特拉
5	克羅維斯矛頭	發現於美國亞歷桑納州
6	鳥形杵	發現於巴布亞紐幾內亞歐洛省艾寇拉河邊
7	安莎赫利情侶雕像	發現於伯利恆附近猶太沙漠中旺地卡瑞吞
8	埃及牛的泥塑模型	發現於埃及盧克索附近的阿拜多斯
9	馬雅玉米神像	發現於宏都拉斯的科潘
10	日本繩文人的陶罐	發現於日本
11	鄧王的涼鞋標籤	發現於埃及盧克索附近的亞比多斯
12	烏爾旗	發現於伊拉克烏爾王陵

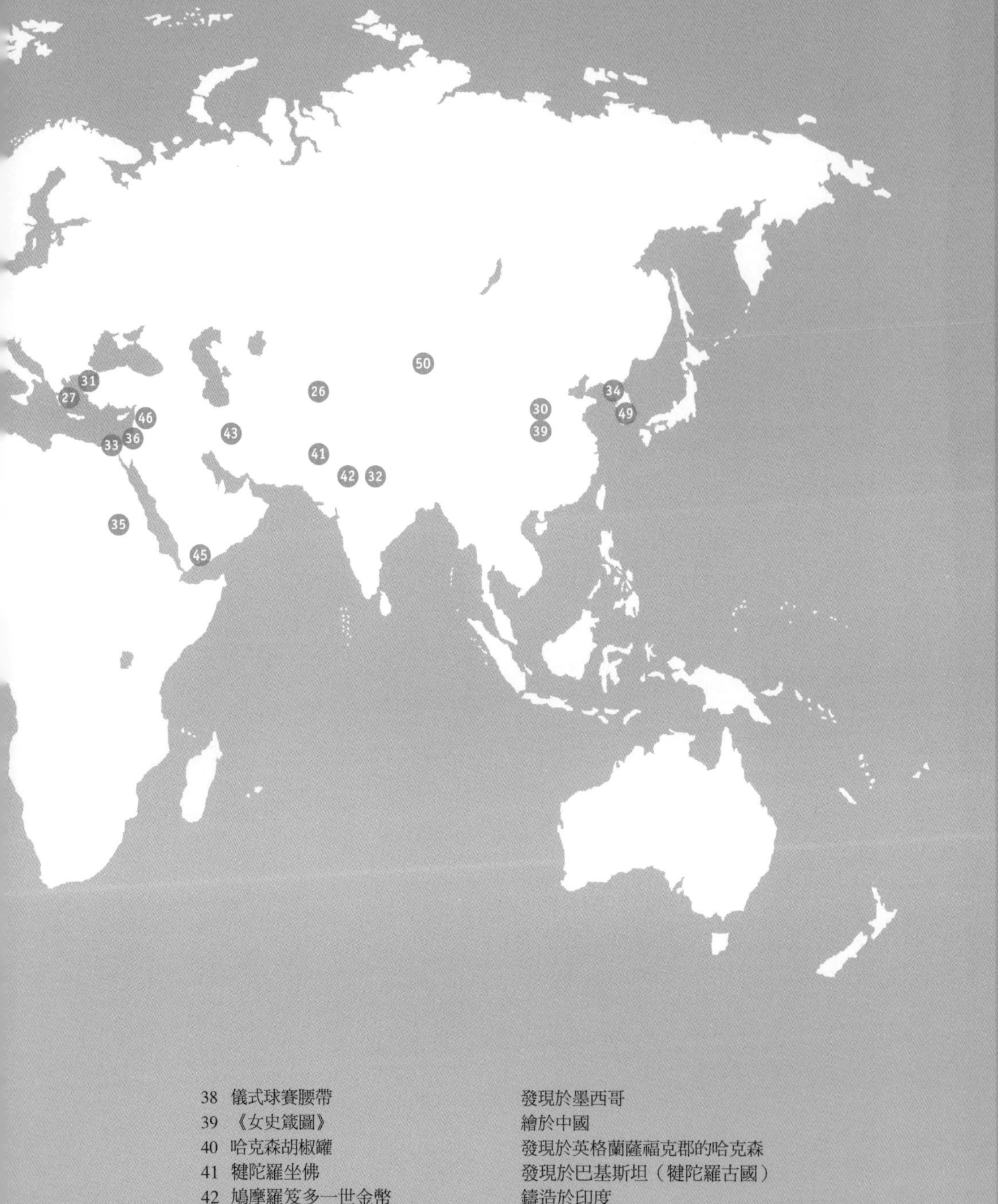

38	儀式球賽腰帶	發現於墨西哥
39	《女史箴圖》	繪於中國
40	哈克森胡椒罐	發現於英格蘭薩福克郡的哈克森
41	犍陀羅坐佛	發現於巴基斯坦（犍陀羅古國）
42	鳩摩羅笈多一世金幣	鑄造於印度
43	沙普爾二世銀盤	製造於伊朗
44	欣頓聖瑪麗別墅馬賽克	發現於英格蘭多賽特的欣頓聖瑪麗別墅
45	阿拉伯銅手掌	發現於葉門
46	阿布達・馬力克金幣	發現於敘利亞大馬士革
47	薩頓胡船葬頭盔	發現於英格蘭薩福克郡（薩頓胡）
48	莫希戰士陶壺	發現於祕魯
49	高麗屋瓦	發現於南韓
50	傳絲公主畫版	發現於中國新疆維吾爾自治區

列表26–50的文物名稱

26	奧克薩斯黃金戰車模型	發現於阿富汗、塔吉克邊境的奧克薩斯河
27	帕德嫩神廟雕刻：人頭馬與拉畢斯人	製於雅典帕德嫩神廟
28	下于茨酒壺	發現於法國東北部摩澤爾
29	奧爾梅克石頭面具	發現於墨西哥東南部
30	中國銅鐘	發現於中國山西省
31	亞歷山大大帝銀幣	鑄造於土耳其拉舍基（連沙科斯古城）
32	阿育王圓柱	發現於印度北方省的密拉特
33	羅塞塔石碑	發現於埃及拉希德鎮（羅塞塔是該地名的英文名字）
34	漢朝金銀扣漆耳杯	發現於北韓平壤附近
35	奧古斯都頭像	發現於蘇丹申地鎮附近（米羅古城）
36	華倫酒杯	發現於耶路撒冷附近的比提爾
37	北美水獺菸斗	發現於美國俄亥俄州土塚市

64	大維德花瓶	製於中國江西省
65	泰諾人儀式用座椅	發現於多明尼加共和國聖多明尼哥
66	聖荊棘聖髑盒	製於法國巴黎
67	東正教凱旋聖像畫	繪於土耳其伊斯坦堡（舊名君士坦丁堡）
68	濕婆與雪山神女雕塑	發現於印度奧里薩邦
69	瓦斯特克女神雕像	發現於墨西哥
70	復活節島雕像「荷瓦」	發現於智利復活節島（原稱拉帕努伊）
71	蘇萊曼大帝的花押	製於土耳其伊斯坦堡（舊名君士坦丁堡）
72	明代的紙鈔	製於中國
73	印加黃金駱馬	（可能）發現於祕魯
74	帖木兒的翡翠龍形杯	製於中亞
75	杜勒的犀牛	製於德國紐倫堡

列表51–75 的文物名稱

51	馬雅王室放血浮雕	發現於墨西哥恰帕斯州（亞旭蘭古城）
52	後宮壁畫殘片	發現於伊拉克撒馬拉城
53	洛泰爾水晶	可能製於日耳曼
54	度母菩薩像	發現於斯里蘭卡
55	唐墓葬陶俑	發現於中國河南省
56	約克郡河谷寶藏	發現於英格蘭哈羅蓋特附近
57	聖海德薇的寬口大酒杯	可能產於敘利亞
58	日本青銅鏡	發現於日本
59	婆羅浮屠佛頭	發現於印尼爪哇
60	基盧瓦瓷器碎片	發現於坦尚尼亞基盧瓦的基西瓦尼
61	路易斯西洋棋	發現於蘇格蘭路易斯島
62	希伯來星盤	可能製於西班牙
63	伊費頭像	製於奈及利亞伊費城

88	北美鹿皮地圖	製於美國中西部
89	澳洲樹皮盾牌	發現於澳洲西南威爾斯的植物灣
90	玉璧	製於中國北京
91	小獵犬號的航海天文鐘	製於英國倫敦
92	維多利亞時代初期的茶具	製於英國斯塔福德郡
93	葛飾北齋的〈神奈川沖浪裏〉	製於日本
94	蘇丹的裂縫鼓	製於中非
95	爭取婦女參政者所毀損的一便士硬幣	製於英國
96	俄羅斯革命紀念瓷盤	製於俄羅斯聖彼得堡
97	霍尼克的〈平淡的村莊〉蝕刻版畫	製於英格蘭
98	武器寶座	製於莫三比克的馬布多
99	匯豐銀行守約信用卡	發行於阿拉伯聯合大公國
100	太陽能燈具與充電組	製於中國廣東省深圳特別行政區

列表76–100 的文物名稱

76	機械式大帆船模型	製於德國奧格斯堡
77	貝南雕飾版	發現於奈及利亞貝南
78	雙頭蛇雕像	製於墨西哥
79	日本柿右衛門大象	製於日本
80	西班牙的八里亞爾幣披索	鑄造於玻利維亞的波托西
81	什葉派宗教遊行儀杖	製於伊朗
82	蒙兀兒王子小畫像	繪於印度
83	印尼皮影戲偶「比瑪」	發現於印尼爪哇
84	墨西哥手抄本地圖	繪於墨西哥特拉斯卡拉
85	宗教改革百年紀念大報	製於德國萊比錫
86	阿坎族的鼓	發現於美國維吉尼亞州
87	夏威夷羽飾頭盔	製於美國夏威夷

國家圖書館出版品預行編目資料

看得到的世界史：99樣物品的故事 你對未來會有1個答案（精裝下冊）／尼爾·麥葛瑞格Neil MacGregor 著；劉道捷 拾已安 譯
--初版. --臺北市：大是文化，2012年3月
面； 公分. --（ Biz；077）
譯自：A History of the World in 100 Objects
ISBN 978-986-6037-25-2（精裝）

1. 世界史　2. 文明史

711　101002486

Biz 077

看得到的世界史：
99樣物品的故事 你對未來會有1個答案（精裝下冊）

作　　者　尼爾・麥葛瑞格Neil MacGregor
譯　　者　劉道捷（作者序—第50章）・拾已安（第51章—第100章）
審　　閱　周志宇（建國中學歷史老師）
執行編輯　周詩婷・林螢瑄・徐仲秋
校對編輯　皮海屏・吳依瑋・郝麗珍
封面設計　斐類設計
內頁排版　尼瑪
副總編輯　吳依瑋
總 編 輯　徐仲秋
顧　　問　蘇拾平
會　　計　陳佳琳
版權助理　許訓彰
版權經理　郝麗珍
業務助理　王俐雯・林偉婷
行銷經理　陳雅雯
總 經 理　陳絜吾

出 版 者　大是文化有限公司
台北市100衡陽路七號八樓
電話：（02）23757911　傳真：（02）23756999
讀者服務 E-mail: haom@ms28.hinet.net
購書相關資訊請洽：（02）23757911 分機121

郵政劃撥帳號：19983366　戶名：大是文化有限公司
讀者服務專線：（02）2375-7911
24小時讀者服務傳真：（02）2375-6999
讀者服務E-mail: haom@ms28.hinet.net

香港發行　大雁（香港）出版基地・里人文化
香港荃灣橫龍街78號 正好工業大廈25樓A室
電話：（852）2419-2288　傳真：（852）2419-1887
E-mail：anyone@biznetvigator.com

印　　刷　高典印刷有限公司
出版日期　2012年3月5日初版首刷　Printed in Taiwan
定　　價　550元（缺頁或破損的書，請寄回更換）
ISBN 978-986-6037-25-2

A History of the World in 100 Objects by Neil MacGregor
First published in Great Britain in the English language by Penguin Books Ltd.